本书为 2013 年度国家社科基金西部项目

中国特色社会主义"四大特色"的哲学意蕴及内在逻辑关系研究

(13XKS0006)研究成果

中国特色社会主义的
哲学意蕴与内在逻辑关系

张小飞 著

人民出版社

目　　录

前　言

　　一部科学社会主义运动史,就是一部科学社会主义从理论到实践的历史,也是一部各个时期无产阶级不断探索奋斗的历史。一百多年来,科学社会主义经历了重重障碍,克服了各种困难,同时也取得了辉煌成就。特别是中国共产党团结带领中国人民在百年奋斗中"创造了中国式现代化新道路,创造了人类文明新形态"①,充分证明了科学社会主义理论的真理性价值,展示了其运动本身的光明前景。

　　在马克思主义经典作家看来,实践是一种物质性和对象性活动,是主体客体化和客体主体化的过程。实践的过程就是主体不断适应客观环境同时不断改造环境的过程,是主体精神不断外化的过程。从历史的维度看,实践是人类所特有的社会历史性活动,人类社会的历史就是一部实践史。从发展的维度看,实践随着人类历史的发展而不断丰富其内容和形式,不同历史时期人类实践形式呈现明显的差异性。因此,马克思恩格斯在谈到社会主义运动时认为,作为无产阶级获得自由和解放的必由之路,社会主义运动有其特定的内涵与形式,具有不同于其他社会运动的自身规律,但同时,不同社会历史条件下的运动形式又有其特殊性。为此,马克思在晚年通过对东方社会发展道路的研

---

　　① 习近平:《在庆祝中国共产党成立 100 周年大会上的讲话》,人民出版社 2021 年版,第 14 页。

究形成了东方社会发展道路思想,提出了东方社会可以跨越"卡夫丁峡谷"而建设社会主义。这种依据不同国家的国情建设社会主义的思想对中国特色社会主义道路选择提供了理论遵循。

1881年2月16日,俄国革命者维拉·伊万诺夫娜·查苏利奇写信请求马克思谈谈他对俄国历史发展的前景的看法,马克思在准备给她回信的过程中草拟了四个草稿,其中对俄国革命的道路问题进行了深入的分析。在马克思看来,19世纪的俄国虽然经过了农奴制改革,但这种改革只能算不彻底的改革,经济上仍然保留了大量的农奴制残余,政治上仍然是一个专制国家,"是在全国范围内把'农业公社'保存到今天的唯一欧洲国家"[1],其发展程度远远落后于老牌的西欧资本主义国家,如果在这样的国家中走上社会主义道路,是不是必须经历资本主义的成熟发展阶段呢? 在对俄国社会发展进行深入研究以后,马克思在写给《祖国纪事》编辑部和给查苏利奇的回信中明确指出,19世纪的俄国革命不能按部就班,而是要从自己国家的实际出发选择一条发展道路。具体而言,"俄国可以不通过资本主义制度的卡夫丁峡谷,而把资本主义制度所创造的一切积极的成果用到公社中来"[2]。恩格斯在《论俄国的社会问题》中也表达了类似的看法,认为"较低的经济发展阶段解决只有高得多的发展阶段才产生了的和可能产生的问题和冲突,这在历史上是不可能的。"[3]指出"每一种特定的经济形态都应当解决它自己的、从它本身产生的问题;如果要去解决另一种完全不同的经济形态的问题,那是十分荒谬的。"[4]列宁更是从理论与实践上解决了这个问题。在列宁看来,马克思主义提供给我们的只是一般原理,在实际运用中还需要同具体的实际结合起来,这才是对马克思主义的科学运用。列宁在《论马克思主义历史发展中的几个特点》中讲

---

[1] 《马克思恩格斯选集》第3卷,人民出版社2012年版,第824页。
[2] 《马克思恩格斯选集》第3卷,人民出版社2012年版,第825页。
[3] 《马克思恩格斯选集》第4卷,人民出版社2012年版,第312页。
[4] 《马克思恩格斯选集》第4卷,人民出版社2012年版,第313页。

道:"正因为马克思主义不是死的教条,不是什么一成不变的学说,而是活的行动指南,所以它就不能不反映社会生活条件的异常剧烈的变化。"①马克思主义经典作家关于东方社会发展道路和把马克思主义基本原理与各个国家具体实际相结合的思想为中国革命和建设提供了方法论指导,为中国特色社会主义提供了理论依据和行动指南。

中国共产党人把马克思主义与中国实际相结合,创造性地走出了一条具有中国特色的民主革命和社会主义建设道路,1978 年召开的中国共产党第十一届三中全会拉开了改革开放的大幕,开启了改革开放和社会主义现代化的伟大征程,创造了改革开放和社会主义现代化建设新时期的伟大成就。党的十八大以来,中国特色社会主义进入新时代,党和国家的事业取得历史性成就、发生历史性变革,中华民族迎来了从站起来、富起来到强起来的伟大飞跃。经过 40 多年的努力奋斗,中国共产党人不断推进理论创新、实践创新、制度创新、文化创新以及各方面创新,赋予中国特色社会主义以鲜明的实践特色、理论特色、民族特色、时代特色,这些特色构成了中国特色社会主义的鲜亮底色,创造了中国特色社会主义新时代的伟大成就。

中国特色社会主义在实践上表现为开拓性、务实性和专注性特色,这些特色形成了中国特色社会主义的实践经验:开拓性体现为实践道路、实践路径和实践方式上的开创性实践;务实性则体现为实践的思想路线、发展阶段的科学定位以及改革方法的务实稳重;专注性主要表现在中国特色社会主义实践始终坚持为绝大多数人谋利益,始终坚持发展是第一要务,始终坚持以经济建设为中心。

中国特色社会主义在实践中形成的理论创新成果具有科学的理论前提,是对时代之问的准确回答,其理论自身具有内在的逻辑关联,是与马克思列宁主义、毛泽东思想既一脉相承又不断创新的理论体系,因而具有科学性、传承

---

① 《列宁选集》第 2 卷,人民出版社 2012 年版,第 281 页。

性和创新性的显著特征。中国特色社会主义理论的科学性源自理论渊源的科学性、自身内在逻辑的自洽性以及实践的检验与证明,理论创新成果既继承了马克思主义的科学原理,又与中国实际相结合进行了创新性发展,对马克思主义的发展与完善作出了历史性贡献。

中国特色社会主义充分体现了民族历史特色、民族价值认同特色和民族理想特色。中国特色社会主义实践不是无源之水、无本之木,而是深深扎根于中华民族发展的历史沃土之中,是中华民族发展历史的接续,体现了中华民族优秀价值观和民族理想的特色,是马克思主义基本原理与中国具体实际相结合、与中华优秀传统文化相结合的产物。

中国特色社会主义是立足于时代,又引领着时代的伟大实践,表现出开放性、发展性和引领性特征。中国特色社会主义道路,是一条在高举中国特色社会主义伟大旗帜前提下的开放包容之路,也是一条弘扬和平、发展、公平、正义、民主、自由的全人类共同价值的发展之路。中国特色社会主义的发展不仅引领中华民族大踏步走上民族复兴的大道,而且对人类文明进程也产生了重要的引领作用。中国特色社会主义的实践证明,中国离不开世界,世界同样离不开中国的繁荣与发展。

中国特色社会主义不仅具有丰富的实践基础,而且蕴含着深刻的哲学意蕴,包含着中国共产党和中国人民在建设社会主义过程中的哲学智慧。主要表现在:

一是关于人、自然及二者关系的哲学认知,这种认知集中体现在尊重自然、顺应自然和保护自然、实践——认识——再实践——再认识的认识观和坚持实践是检验真理标准的真理观以及以人为本的价值观,其中包含了马克思主义哲学唯物论和辩证法的科学内涵,汲取了中国传统哲学智慧,表现了中国特色社会主义的世界观和方法论意蕴。

二是关于坚持和发展中国特色社会主义的唯物史观,主要表现在对时代主题和中国国情的准确把握、坚持以改革开放推动社会发展进步的历史动力观、坚持人民群众主体地位的历史主体观和具有世界眼光的世界历史观。可以看出,自改革开放以来,中国共产党人始终坚持中国处于并将长期处于社会主义初级阶段的判断,坚持从中国作为世界上最大的发展中国家的实际出发确立大政方针,不断推进改革开放,释放社会生产潜力,推进中国特色社会主义沿着正确的方向不断推进。同时始终尊重人民群众的首创精神和主体地位,充分发挥人民群众参与社会主义建设的积极性,用世界眼光处理中国问题,表现了丰富的唯物史观意蕴。

三是中国特色社会主义的方法论意蕴。中国特色社会主义的伟大实践和取得的巨大成就的背后,离不开科学方法论的指导,包括矛盾分析方法、质量互变方法、辩证否定方法和系统分析方法等,这些方法源自马克思主义哲学方法,同时又赋予了特定的中国内涵和中国特色,是科学社会主义运动中的精神财富。

从实践与理论的关系来看,中国特色社会主义理论的科学性首先决定了实践方向的正确性,没有理论的科学性作支撑,中国特色社会主义不可能取得历史性成就。而实践的探索性为理论的创新性提供了实践前提和主体条件,特别是40多年来改革开放的探索性实践,使我们对什么是社会主义和怎样建设社会主义、建设一个什么样的党和怎样建设党、实现什么样的发展和怎样发展以及新时代坚持和发展什么样的中国特色社会主义、怎样坚持和发展中国特色社会主义,建设什么样的社会主义现代化强国、怎样建设社会主义现代化强国,建设什么样的长期执政的马克思主义政党,怎样建设长期执政的马克思主义政党等重大时代课题,有了全新认识。广大人民群众对中国特色社会主义的积极参与,又为理论创新提供了主体条件,使中国特色社会主义理论获得源源不断的创新灵感。

中国特色社会主义实践是立足于中国大地的实践,中华民族优秀传统文化为中国特色社会主义建设提供了丰富的文化滋养。一方面中国特色社会主义实践过程中所表现出来的自强不息的精神气质、实现共同富裕的社会理想以及尊重自然的发展理念等,都对中国特色社会主义实践特色的形成产生了重要的价值支撑作用;另一方面,从中华民族发展的历史维度看,中国特色社会主义实践所体现出来的特色本身就是对中华民族在历史长河中形成的民族特色的丰富和发展。

实践是在一定时代条件下的实践,中国特色社会主义实践特色与时代特色具有紧密的逻辑关系。实践作为人类所特有的活动形式,既塑造着时代特征,又决定着时代的转化;同时,任何实践又都是在一定时代的实践,实践的内容和方式都受到特定时代的制约,实践必然打上时代的烙印。一方面从实践特色与时代特色二者的关系上看,全球化的时代特色不仅为中国特色社会主义刻上了全球化的印记,同时全球化也使中国特色社会主义实践更加开放,更加具有世界眼光。而发展作为时代的重要特征,使中国特色社会主义始终围绕"发展才是硬道理"不断向前推进,发展的成效越来越大,越来越丰富,人民的获得感不断增强;另一方面,中国特色社会主义的实践特色是时代特色的中国元素,中国在世界上的影响力不断增强,当今时代特色的中国色彩越来越靓丽。

在新时代,以习近平同志为核心的党中央带领全国人民在新的历史起点上开始了中国特色社会主义建设新征程,开创了中国特色社会主义建设新局面,极大地丰富了中国特色社会主义的内涵。

首先,继续高举改革开放的大旗,不断加快改革开放的步伐,全面深化改革,使改革的整体性和系统性更强,不断加强对改革开放的统一领导,凝聚共识,鼓舞人心。面对进入深水区的改革,以巨大的勇气和超人的胆略面对改革中出现的各种问题,坚持改革的科学方法,出台了一系列重大方针政策,推出了一系列重大举措,推进了一系列重大工作,战胜了一系列重大风险挑战,解决了许多长期想解决而没有解决的难题,办成了许多过去想办而没有办成的大事,推动党和国家事业取得历史性成就、发生历史性变革。全面提升国家与社会治理能力,为"两个百年"目标的实现打下了良好基础。

其次，坚持把马克思主义基本原理同中国具体实际相结合、同中华优秀传统文化相结合，坚持毛泽东思想、邓小平理论、"三个代表"重要思想、科学发展观，深刻总结并充分运用党成立以来的历史经验，从新的实际出发，创立了习近平新时代中国特色社会主义思想，实现了马克思主义中国化新的飞跃。

再次，习近平新时代中国特色社会主义思想蕴含着丰富的民族内涵，汲取了中华民族优秀传统文化的精华，是中国优秀传统文化在新时代的创造性转化和创新性发展。而新时代中国特色社会主义实践也不断彰显着中国特色社会主义的民族特质。

最后，新时代是一个继续开创社会主义建设新局面的时代，也是全面建成小康社会的时代，是全体中国人民努力奋斗创造美好生活的时代，也是中国更加走近世界舞台中央的时代。这一时代特征的判断，丰富了马克思主义时代理论，为新的历史时期继续夺取新时代中国特色社会主义的伟大胜利指明了奋斗的方向。

总之，中国特色社会主义道路的形成具有深刻的理论逻辑和实践逻辑，其特色的内涵表现了中国共产党和中国人民的哲学智慧，是科学社会主义运动史上的伟大创举。对中国特色社会主义的哲学意蕴和内在逻辑关系的研究，不仅有利于全面准确把握中国特色社会主义之特色的内涵，为增强道路自信、制度自信、理论自信和文化自信提供理论帮助，更有利于在实践中不断丰富中国特色社会主义的特色，使中国特色社会主义伟大旗帜在中国大地上高高飘扬！

第一章 马克思主义经典作家关于不同国家社会主义发展道路的思想

"中国特色社会主义,是科学社会主义理论逻辑和中国社会发展历史逻辑的辩证统一,是根植于中国大地、反映中国人民意愿、适应中国和时代发展进步要求的科学社会主义。"①科学社会主义的理论是由马克思恩格斯所创立,由后来的马克思主义者不断丰富和发展的理论体系。因此,中国特色社会主义的逻辑起点在马克思恩格斯关于社会主义,尤其是不同国家社会主义发展道路的思想之中,而列宁作为将马克思主义成功运用到一个国家的马克思主义革命家,在苏联革命和建设中形成的社会主义发展道路思想,对于中国化马克思主义的产生以及中国特色社会主义实践都起到了指导性作用。因此,梳理马克思、恩格斯和列宁关于不同国家社会主义发展道路的思想就成为本书的起点。

第一节 人类社会的历史本质上是一部实践史

作为马克思主义的创始人,马克思恩格斯把社会历史运动规律的考察作

---

① 《习近平谈治国理政》,外文出版社 2014 年版,第 21 页。

为自己创立新学说的重要起点,希望在社会运动的考察中找到解决历史问题的钥匙,在"包含着新世界观的天才萌芽的第一个文献"——《关于费尔巴哈的提纲》中对其进行了科学阐释,尤其指出了旧唯物主义所存在的在认识问题上的直观性错误,认为旧唯物主义不能从现实的人出发去认识事物,未能看到实践作为人的本质的事实,因而唯心主义就抽象地发展了人的能动性,但往往忽略了人的感性活动本身,忽略了实践的批判意义。在这里,马克思恩格斯批判了不彻底的唯物主义(以费尔巴哈唯物主义为代表)和唯心主义对实践在历史运动中的重要作用的忽视,认为他们不能理解社会生活的本质——实践,更无法理解在实践基础上所形成的复杂的社会关系。其中,唯心主义将人的能动作用夸大为历史发展的根本动力,看不到客观的物质性的实践活动在历史发展中的决定性作用;而不彻底的唯物主义尤其是费尔巴哈唯物主义者看不到实践在人的本性形成中的作用,把人抽象地归结为"类",把人的自然本质作为人的根本属性。所以,马克思恩格斯在《关于费尔巴哈的提纲》中特别强调,实践是社会生活的本质,人们对于社会生活本质的看法不能陷入神秘主义的泥潭,而"凡是把理论诱入神秘主义的神秘东西,都能在人的实践中以及对这种实践的理解中得到合理的解决"①。

一、实践是人类认识世界和改造世界的客观的对象性活动

实践作为一个哲学范畴是亚里士多德首先提出来的。亚里士多德把实践理解为人与人之间的伦理行为和政治行动,是关于对人的善和恶的真正理性的活动。后来,人们对实践赋予了多种内涵,从不同角度对实践进行了界定,但是实践内涵发生革命性转变的则是马克思恩格斯把实践与人的客观历史活动联系起来理解以后,这种革命性转变也使人类活动从此被赋予了全新的内涵。

---

① 《马克思恩格斯文集》第1卷,人民出版社2009年版,第505—506页。

在马克思恩格斯这里,实践首先是人们认识世界和改造世界的客观物质性活动,不能把实践理解为人的精神或者某种神秘力量的运动。马克思恩格斯认为,自人产生以来,世界就划分为物质世界和精神世界两大部分或两个对立面,但人又不是将自己直接对立于外部世界,而是要寻找与外部世界的联系,人所依靠的力量就是实践,实践是人与他所生活的外部世界实现统一的关键,实际上就是由人的理念向其对立面转化的关键。因此,在马克思恩格斯看来,"哲学家们只是用不同的方式解释世界,问题在于改变世界。"①哲学家的根本任务不是在概念中兜圈子,而应该是去观照现实世界,关注人们的生活。

实践也是一种对象性活动。马克思恩格斯在批判旧唯物主义者时认为,"从前的一切唯物主义——包括费尔巴哈的唯物主义——的主要缺点是:对对象、现实和感性,只是从客体的或者直观的形式去理解,而不是把它们当做人的感性活动,当做实践去理解,不是从主体方面去理解。"②马克思恩格斯在这里特别强调认识对象与认识主体之间的关系其实不是绝对对立的关系,而是一种相互作用、相互渗透的对象性关系。作为一种对象性活动,人与他所作用的对象之间具有内在的本质关联,即实践对象与实践主体不是分离的,对象是因为人的产生而出现的,不是游离在主体之外的纯粹自在的存在,而是一种对象性存在。而在实践活动中,主体改造客体是要为其所用,同时主体又将自己的内在精神通过自己的活动在客体上予以呈现;而被主体改造的对象又不是被动地接受主体的改造,客体的运动变化也会对主体产生作用甚至影响主体的行动方式,尤其是在改造社会的实践过程中。

实践同时也是一种社会性活动。在马克思恩格斯看来,实践活动与动物对自然界的适应不一样,不是一种简单的条件反射和适应性活动,人对环境的适应始终伴随着人的主体性活动,即受到人通过社会活动获得的主观能动性的作用,因此人不是被动地接受外界环境的制约,而是主动地将自己的精神和

---

① 《马克思恩格斯选集》第 1 卷,人民出版社 2012 年版,第 136 页。
② 《马克思恩格斯选集》第 1 卷,人民出版社 2012 年版,第 137 页。

意志作用于外界事物,是一种具有主观能动性的对象性活动。在人与外界对象发生关系的过程中,人与人之间不是一个相互分隔的关系,而是相互作用的关系,是一种社会性关系。作为一种相互协作的社会性活动,实践在不同的历史时代和不同的国家、民族则会呈现不同的形式,是一种社会历史性活动。

二、实践是理解人类社会历史运动的钥匙

在《德意志意识形态》这部标志着马克思主义唯物史观基本确立的著作中,马克思恩格斯指出,"全部人类历史的第一个前提无疑是有生命力的个人的存在"①,正因为有个体生命的存在,全部人类历史才得以开始。要保证个体的生存,人类必须首先解决吃喝住穿等问题,这样才能维持基本的生存。所以,生产出能够满足人类需要的物质资料的活动必然成为人类第一个历史活动。马克思恩格斯在哲学史上第一次把物质生产看作是人类生存的基本方式和基本条件,看作是实践的首要形式。

在马克思恩格斯看来,人类社会的历史从根本上说就是物质生产的历史,是人类的实践史。"一当人开始生产自己的生活资料,即迈出由他们的肉体组织所决定的这一步的时候,人本身就开始把自己和动物区别开来。人们生产自己的生活资料,同时间接地生产着自己的物质生活本身。"②社会由低到高的发展和社会形态更替的根本动因不是精神的力量,而是实践过程中的矛盾运动,核心是生产力与生产关系的矛盾。只有准确把握实践过程中的各种矛盾关系,才能解开历史运动之谜。所以马克思在对黑格尔法哲学进行批判时指出,"法的关系正像国家的形式一样,既不能从它们本身来理解,也不能从所谓人类精神的一般发展来理解,相反,它们根源于物质的生活关系,这种物质的生活关系的总和,黑格尔按照18世纪的英国人和法国人的先例,概括

---

① 《马克思恩格斯选集》第1卷,人民出版社2012年版,第146页。
② 《马克思恩格斯选集》第1卷,人民出版社2012年版,第147页。

为'市民社会',而对市民社会的解剖应该到政治经济学中去寻求。"①"物质的生活关系的总和"即由人的实践创造的生产关系。

实践的过程也是生产力与生产关系、经济基础和上层建筑矛盾运动不断变化的过程。生产力作为人们认识世界和改造世界的能力,在人类认识世界和改造世界的进程中不断发生着改变,由此使得生产过程中人与人的协作关系也发生着改变,具体表现为社会形态的历史性变迁。正如"手推磨产生的是封建主的社会,蒸汽磨产生的是工业资本家的社会。"②马克思恩格斯这一著名论断非常形象而准确地表达了生产力与生产关系在社会运动中的相互作用,这种作用主要表现在两个方面,一是社会的生产力状况决定着这个社会的生产关系,如手推磨作为一种生产工具所代表的生产力水平,产生了以土地为生产资料主要形式的封建社会,而蒸汽机作为已经发展了的生产力,产生了以资本(物质形式表现为机器、厂房、原材料等)为主要形式的资本主义社会;二是生产关系的状况,尤其生产关系是否能够有效地适应生产力的发展要求对生产力的发展起到反作用。当生产关系适应生产力的时候,它为生产的开展提供了恰当的所有制占有形式和人与人之间适合的交往方式与产品分配方式,进而促进生产力的发展。

然而,当人们不能建立一种适应生产力要求的生产关系的时候,生产关系就会成为生产力发展的障碍,生产力各要素的功能就不能得到有效发挥。所以生产力与生产关系是一种决定和被决定、作用与被作用的关系。生产力的发展水平决定生产关系的发展程度,正如马克思所说:"一个民族的生产力发展的水平,最明显地表现于该民族分工的发展程度。"③生产力水平越高,社会的分工就越细,所以,生产力作为一种认识和改造世界的能力,每一次根本性的进步都会引起社会分工的进一步发展,分工的变化则推动所有制的变化,因

---

①　《马克思恩格斯选集》第2卷,人民出版社2012年版,第2页。
②　《马克思恩格斯文集》第1卷,人民出版社2009年版,第602页。
③　《马克思恩格斯文集》第1卷,人民出版社2009年版,第520页。

此,"分工的各个不同发展阶段,同时也就是所有制的各种不同形式。"①

通过对实践过程中产生的生产力(根本上是一种人处理与自然关系的能力)和生产关系(人处理人与人之间关系的能力)的矛盾运动的分析,为进一步认识社会运动规律提供了基本思路。

第二节　社会运动形式的一般性和特殊性

从人类历史发展的全过程看,社会运动既有一般性,也会在不同国家呈现出不同形式而具有特殊性,一般性寓于特殊性之中,而特殊性则不能偏离一般性的要求。社会运动一般性和特殊性相互影响、相互作用的原理,是理解不同国家在实现特定社会形态时可以采取不同方式的哲学基础。

一、社会运动的一般性和特殊性

在历史唯物主义的分析框架中,马克思恩格斯通过经济基础和上层建筑的关系深入分析了社会形态更替的基本规律。经济基础(在《德意志意识形态》里马克思恩格斯将其称为"市民社会")指社会生产交往关系的总和,在社会结构要素中介于生产力和社会上层建筑之间的中间环节。一方面,对生产力而言,经济基础是生产力借以运动的形式,对生产力的实现具有反作用;另一方面,经济基础是任何社会和历史时代政治及其观念上层建筑的基础,对上层建筑起着决定性作用。经济基础和上层建筑的有机统一构成了社会形态,不同的社会形态虽然都具有其特殊性,但都要遵循生产力与生产关系、经济基础与上层建筑的矛盾运动规律,正是在这种不停的矛盾运动中社会形态发生着合乎一定规律的更替,人类社会才经历了一个从简单到复杂、从低级到高级的运动变化过程。

---

① 《马克思恩格斯文集》第 1 卷,人民出版社 2009 年版,第 521 页。

在马克思和恩格斯看来,不同国家经历的社会运动过程首先要服从历史运动的一般规律,这个规律是由生产力与生产关系、经济基础与上层建筑的矛盾运动规律决定的,从外在形式上表现为社会形态的更替。马克思恩格斯在表达这种观点时指出,"从直接生活的物质生产出发阐述现实的生产过程,不同这种生产方式相联系的、它所产生的交往形式即各个不同阶段上的市民社会理解整个历史的基础,从市民社会作为国家的活动描述市民社会,同时从市民社会出发阐明意识的所有各种不同的理论产物和形式,如宗教、哲学、道德等等,而且追溯它们产生的过程。"①因此,唯物史观对历史的理解不是以历史而论历史,而是在生动的历史活动中去寻找,以每一个时代的历史活动为基础。唯心主义历史观颠倒了观念与实践的关系,从观念中去理解实践活动,从抽象的精神中去认识物质生产。唯物史观将唯心主义颠倒了的认识颠倒了过来,从物质生产的实践出发来解释观念,把物质生产产生的交往关系作为理解整个历史的基础,然后从这种基础出发来理解物质生产实践中产生的各种观念形式。

现实的物质生产是人类获取生产生活资料的基本形式,生产的实现过程实际上也是人与人之间社会关系的形成过程,一定的生产水平必然产生一定的交往形式,形成与之基本适应的交往关系,当一个社会的生产力与生产关系形成协调关系的时候,双方都能得到有效的发展,但物质生产的运动频率和变化速度远远大于生产关系的变化速度,当社会生产能力和生产水平不断向前推进的时候,生产关系的变化速度往往表现出滞后性,这种滞后性导致对生产关系的阻碍。这时,随着生产力的不断发展,生产关系发生变化引起上层建筑的改变来适应生产力的发展要求,社会形态由此出现更替,为新的生产力的发展提供制度和观念上的支持,在生产力出现革命性变化之前,社会形态就处于一个相对稳定的状态,而一旦生产力发生革命性变化,而社会形态不能容纳新

_____

① 《马克思恩格斯文集》第 1 卷,人民出版社 2009 年版,第 544 页。

的生产力的情况下,社会形态的更替就势在必行了。

在《德意志意识形态》中,马克思恩格斯将社会形态的更迭顺序归纳为:"第一种所有制形式是部落所有制","第二种所有制形式是古典古代的公社所有制和国家所有制","第三种形式是封建的或等级的所有制"。在《政治经济学批判(1857—1858年草稿)》中则提出了"三大社会形式"或"三大阶段"①的观点,这三大阶段是:第一阶段是最初的社会形态,表现为"人的依赖关系",这种关系最初是完全自然发生的关系,发生的前提是人的生产能力较低,生产能力所能作用的对象极其有限,同时未能形成大范围的人类交往形式。第二阶段或者第二种形态是"物的依赖关系",在这个阶段,决定人与人关系的不是"人的依赖关系",而是建立在普遍物质交换基础上的"物的依赖关系",这种关系在很大程度上已经取代了"人的依赖关系"。人对物的依赖关系刺激人产生了多方面的需求并形成全面的能力体系。但在马克思恩格斯看来,这种"物的依赖关系"对人本身是一种异己的力量,表面上通过普遍的交往发展了个人的能力,但本质上对人的全面发展产生了制约。因此,从人的自由的需要出发,人类必然发展到第三个阶段,即"个人全面发展阶段",在这个阶段中,社会生产力高度发达并能创造出更多的社会财富,在此基础上,人发展出自己的自由个性,实现人的全面而自由的发展。

在《〈政治经济学批判〉序言》中,马克思又提出了四种社会形态的看法:"大体说来,亚细亚的、古希腊罗马的、封建的和现代资产阶级的生产方式可以看做是经济的社会形态演进的几个时代。"②

从以上几处关于社会形态更替的观点可以看出,在社会形态更替的问题上,马克思恩格斯明确了人类社会的发展必然经历一个社会形态从低到高的变化过程,决定形态变化的根本原因是生产力的发展,在此基础上形成一定的社会分工和交往方式。在马克思恩格斯看来,因为社会形态的核心在于社会

---

① 《马克思恩格斯全集》第46卷(上),人民出版社1979年版,第104页。
② 《马克思恩格斯文集》第2卷,人民出版社2009年版,第592页。

生产资料的所有制,因而在社会分工的不同阶段实际上就是所有制的不同表现形式。这里的社会分工不是一般意义上的分工,而是生产力发生根本性变化基础上决定的社会分工形式,不同的分工形式决定了在劳动材料、劳动工具和劳动产品等方面的不同关系。如在生产力水平较低的原始时代,人们的生产主要集中在狩猎捕鱼和原始的耕种等形式上,劳动材料极其有限,劳动工具也非常原始,劳动产品较少,因而社会产品只能满足人们的基本生存需要而没有剩余,所有制只能选择原始的公有制形式。而青铜和铁器开始出现的时候,人们对自然界的利用能力得到有效提升,社会分工就不再仅仅局限于原始狩猎的领域而拓展了更大的范围,社会产品有了剩余,因而所有制发生根本改变,社会形态发生变化。

马克思恩格斯在分析古代公社所有制和国家所有制形态时指出,在古代的公社所有制和国家所有制这个阶段,人类社会的生产能力得到提高,带来了分工的发达以及城市的发展。这个阶段中,私有制得到快速发展,社会结构较第一阶段复杂。《政治经济学批判(1857—1858 年草稿)》中提到的三种状态,事实上也是由生产力水平和社会分工所决定的。人的依赖关系之所以是第一阶段,根本原因是生产力水平低下所决定的,在人类社会发展的早期,由于生产力水平很低,人与人只有相互依赖才能与自然相抗衡,当生产力水平提升以后,人类认识和利用自然的能力得以提高,人从自然获得物的能力增强,物逐渐成为影响甚至控制人的行为的因素,人与物形成了依赖关系。而当人的生产能力达到很高水平,人的全面发展得到保证,社会生产能力得到充分的释放时,人才回到自由的发展状态之中。

二、资本主义被取代的必然性

在《共产党宣言》中,马克思恩格斯首先肯定了资本主义这种社会形态的历史必然性和历史贡献,分析了在资本主义社会之前的旧的生产关系已经无法适应新的生产力发展要求,生产关系在这个时候成为生产力发展的严重障碍,如果不打破这种生产关系,生产力就无法实现发展,在这样的历史背景下,资本主义生产方式的产生就具有了历史必然性。资产阶级作为资本主义生产方式的代表者在历史进程中起到过革命性作用,作为"生产方式和交换方式一系列变革的产物",资产阶级推翻了封建社会,破坏了封建的生产关系。资产阶级利用发达的科学技术创造了较以前更为发达的生产力,从对自然的认识和改造能力来看,资本主义时代的生产力超过了以往全部时代的生产力。由于使用了机器,以化学为代表的科学技术在生产中的应用,轮船、铁路、电报等新的科学技术成果的大量出现与使用,使社会蕴藏的生产潜力得到极大释放,生产力水平发生了实质性变化。

资本主义社会本身也仅仅是人类历史发展长河中的一个特定阶段,资本主义有其自己的发展优势,但也存在致命的弱点,这种弱点决定了它必然被一种新的社会制度所取代,特别是随着生产的社会化程度不断提高,资本主义的生产关系已经无法适应生产力的要求,生产力与生产关系的矛盾日益突出,生产力无法促进生产关系的进步,生产关系不能适应生产力的发展要求,整个社会因为这种无法共生的矛盾陷入混乱,资产阶级赖以存在的所有制基础受到威胁,即"资产阶级的关系已经太狭窄了,再容纳不了它本身所造成的财富了"①。资本主义社会的这一矛盾在阶级斗争上表现为资产阶级与无产阶级的矛盾,资产阶级凭借生产资料占有上的优势对无产阶级进行剥削,无产阶级要摆脱资产阶级的统治成为社会的主人,只有通过斗争推翻资本主义制度,用新的社会制度来取代,这就是建立在生产资料公有制基础上的社会主义制度。

列宁后来在分析社会形态的更替时指出,人类社会发展具有规律性的基本事实是不可否认的,如从原始社会到奴隶制社会,从奴隶制社会到农奴制社会,这种变化背后隐藏着社会形态变化的必然规律。在农奴制的后期,商业得

---

① 《马克思恩格斯选集》第1卷,人民出版社2012年版,第406页。

到较充分发展,在商业普遍发展的情况下货币流通成为普遍现象。商品交换范围的扩大出现了世界市场,于是,一个新的阶级就产生了,这就是资产阶级。资产阶级为了保障自己的权利,维护自身利益,必然要建构自己的上层建筑,于是一种新的社会形态——资本主义社会就应运而生。资本主义社会产生了两大对立的阶级,资本主义社会的内在矛盾决定了无产阶级必然通过斗争而获得自身的解放,在此基础上建立维护自己利益的政权来掌握国家机器,运用国家机器维护自己的权利。列宁认为,无产阶级建立自己的政权还不是最终目的,最终目的是消灭剥削,消灭阶级和国家。在未来社会,"那时就不会有国家,就不会有剥削了"①。

　　虽然,马克思恩格斯对社会形态的更替和社会发展做了一般性规律的说明,但他们从来没有否定不同国家和民族的发展道路既要服从一般规律的制约,又要表现出自己的特殊性,这种看法的方法论基础在于他们所坚持的唯物辩证的认识方法,即矛盾的特殊性分析方法,现实基础则在于19世纪后期世界各国经济社会发展状况,特别是无产阶级斗争实践,为马克思恩格斯思考不同国家社会发展道路的选择提供了现实的素材,而布尔什维克党的斗争实践以及"十月革命"胜利和苏维埃政权的建立,又为列宁思考这个问题提供了生动的案例。

　　对于从普遍性和特殊性相结合的视角审视社会运动的历史观,马克思恩格斯在《德意志意识形态》中讲道,人类社会经历的每一段历史并没有像有的人认为那样"消融在'自我意识'"②之中,而是通过每一个阶段创造的"物质性结果"③、生产力总和以及形成的生产关系而传递给下一个时代,尽管一个时代已经被改变,但这个时代所创造的生产条件和生活条件总会使它得到发展。在这里,他们特别强调历史在每一个阶段的"物质结果",正是这些不同

---

①　《列宁选集》第4卷,人民出版社1995年版,第40页。
②　《马克思恩格斯文集》第1卷,人民出版社2009年版,第544页。
③　《马克思恩格斯文集》第1卷,人民出版社2009年版,第544页。

的"物质结果",产生了每一个时代发展的特殊性,"使它得到一定的发展和具有特殊的性质"①。而历史唯物主义关于社会发展的根本动力与运动规律,只是从最一般意义上讲的社会发展的客观规律,既然社会运动的根本动力在于生产力与生产关系的矛盾运动,而每一个国家和民族的生产力状况在一定历史时期发展状态肯定是不一样的,因而也就不能要求所有国家和民族走出一条完全一样的发展道路。根本原因在于,每一个国家和民族所处的历史条件不同,特别是生产力与生产关系的矛盾特点不一样,因而不可能所有国家都走出一样的发展道路。与此同时,社会形态的转化对不同国家和民族而言也具有不同的意义。

从根本意义上讲,社会形态的转化是由社会基本矛盾决定的,阶级矛盾和阶级斗争的激化也会加速社会形态的转化。在不同的国家和民族,阶级矛盾和阶级斗争的激化并不一定是在生产力和生产关系矛盾激化的时候才发生,"由广泛的国际交往所引起的同工业比较发达的国家的竞争,就足以使工业比较不发达的国家内产生类似的矛盾"②。所以马克思在 1877 年 11 月左右写的《给〈祖国纪事〉杂志编辑部的信》和 1881 年 2—3 月写的《给维·伊·查苏利奇的复信》中谈到了两个非常重要的观点,即说明在资本主义生产过程的描述是"明确地把这一运动的'历史必然性'限制在西欧各国的范围内"③。并且反对把"关于西欧资本主义起源的历史概述彻底变成一般发展道路的历史哲学理论"④。另一个重要观点是提出了像俄国那样具有"东方社会"特征的国家可以不经过资本主义制度的"卡夫丁峡谷"而直接走向社会主义。这两个重要观点最鲜明地体现了马克思恩格斯在社会发展道路选择上的辩证思维。

---

① 《马克思恩格斯文集》第 1 卷,人民出版社 2009 年版,第 545 页。
② 《马克思恩格斯文集》第 1 卷,人民出版社 2009 年版,第 568 页。
③ 《马克思恩格斯文集》第 3 卷,人民出版社 2009 年版,第 570 页。
④ 《马克思恩格斯文集》第 3 卷,人民出版社 2009 年版,第 466 页。

第三节 东方社会发展道路的特殊性

到马克思恩格斯的晚年,随着无产阶级革命形势的变化以及资本主义发展所出现的一些新的特征,他们对东方社会的历史和发展道路进行了专门研究,特别是马克思,查阅了大量东方社会历史的文献资料,做了大量摘录和笔记,希望通过对东方社会发展道路的探索,进一步丰富唯物史观,解决社会发展道路的一般规律与特殊规律的关系。这些思想,一方面是马克思恩格斯社会发展思想一以贯之的延续和深化,是全面理解马克思恩格斯社会发展思想必须重视的内容;另一方面对于我们今天理解中国走自己的道路具有非常重要的启发意义。

一、俄国社会发展道路的选择

19 世纪中叶以后,马克思恩格斯开始关注俄国的社会变革问题。当时的俄国是个东方专制国家,在经济上远远落后于老牌的西欧资本主义国家,如英国、法国等,而俄国在 1853—1856 年发生的克里米亚战争又被英国和法国打败。为了维护自己的统治,俄国统治者被迫于 1861 年实行农奴制改革,3 月 3日沙皇签署了废除农奴的法令,决定分阶段从上到下解放农奴,宣布农奴获得人身自由,可以获得土地以及从事其他职业,同时重新设置了管理农民的组织机构。俄国农奴制改革是俄国由封建生产方式向资本主义生产方式过渡的转折点,在一定意义上是一次资产阶级改革,但又是不彻底的改革,改革后的农奴虽然在人身上获得了自由,但在经济上却依附于地主,改革并没有彻底废除农奴制而是仍然保留了大量的农奴制残余,生产力和社会发展仍受到严重阻碍,改革后的人民群众受到封建主义和资本主义的双重压迫,因而国内矛盾激化,引发了国内不断的革命斗争。

俄国的社会变革以及向何处去的问题成为俄国当时知识界思考的问题,

也成为马克思关注的问题之一。从19世纪40年代开始，一些民粹派知识分子在赫尔芩和车尔尼雪夫斯基等人关于俄国社会发展独特道路的观点的基础上，对俄国的发展道路问题进行了继续探索，其中的焦点问题是赫尔芩提到的"俄国必须经过欧洲发展的一切阶段呢，还是俄国的生活要依着别的法则来前进呢？"①这个问题的实质是如何处理社会形态更替的一般性和特殊性的问题，也就是俄国是否也要经历西欧的资本主义发展道路才能走上社会主义道路，可不可以在保存公社的基础上走上社会主义道路的问题。民粹派知识分子根据俄国仍然在全国范围内保存着完整的农村公社这一基本事实认为，从俄国当时的国情来看，西欧式的资本主义发展道路并不适合俄国，俄国的农村公社从制度来看优越于资本主义。因而俄国可以在农村公社的基础上直接建成社会主义，当然，民粹派理解的社会主义还不是科学社会主义，只是"空想的农业社会主义"。

马克思从19世纪中叶开始关注俄国的社会发展问题，为了便于研究，他学习了俄文，同时研究了大量的俄文文献，对俄国社会发展道路进行了系统的思考，其中在1877年到1883年三次较集中和系统地谈到了俄国社会道路的发展问题。

在写给俄国《祖国纪事》杂志编辑部的信中，马克思谈到了不希望在自己的思想方面留下一些让人去揣测的东西，俄国面临着与其他资本主义国家不一样的特点，因为俄国保留了大量的农村公社，因此俄国在选择自己的发展道路的时候一定要从自己的实际出发，否则，就要抓住历史提供的"最好的机会"，如果俄国选择资本主义制度，那就会遭受这种制度所带来的"一切灾难性的波折"②。马克思在这里实际上已经给出了一个非常明确的答案：俄国不能按部就班，一定要从自己国家的实际情况出发去选择一条发展道路。

1881年，俄国女革命家查苏利奇写信给马克思，向马克思请教俄国发展

① 《普列汉诺夫哲学著作选集》第1卷，三联书店1959年版，第143页。
② 《马克思恩格斯文集》第3卷，人民出版社2009年版，第464页。

的道路问题,提出了是不是世界各国的发展都需要经历资本主义发展阶段这个问题。马克思为了谨慎,在给查苏利奇回信中曾写了四个草稿,就她提出来的问题给予了回答,其中涉及以下几个问题:

(1)俄国农村公社所具有的特性是它得以保存的内在因素。马克思在信中谈到,在考察西欧历史发展的过程中发现,曾经存在过的古代公有制随着社会的进步都消失了,但只有俄国得以保存,而且摆脱了古代公有制的原始特征,并直接作为集体性因素在全国范围内发展起来。同时,俄国农村公社处在一个特殊的历史环境中,"它也不像东印度那样,是外国征服者的猎获物"①。在这样的历史环境中,俄国一方面可以避免经历资本主义社会发展所经历的各种波折,同时也可以占有资本主义社会发展的各种积极因素。所以,俄国公社之所以能够保存下来,是因为它不仅是和资本主义生产同时存在的东西,而且经历了这种社会还没有受到触动的时期而幸存下来。同原始的公社相比,俄国的农业公社不再是建立在血缘亲属关系上,而是建立在与外界有更多接触的扩大了的氛围基础上,在俄国的农村公社中,耕地仍然是公有财产,但这种公有财产会定期在公社成员之间进行分配,公社中的农民经营自己所分配的土地并占有产品。从这个意义上看,俄国的农村公社对土地的公有使得这种社会的基础更加稳固,农民对土地的经营和对产品的占有又使得人的个性能够得到充分发展,这就使俄国的公社所有制与古代的公有制不同,一方面,这种所有制为俄国公社赋予了强大的生命力,又为俄国公社的解体埋下了种子。

(2)俄国可以跨过"卡夫丁峡谷"。俄国之所以可以跨过"卡夫丁峡谷",按照马克思的理解,其根本原因在于,一方面,从俄国内部来看,俄国存在着可以直接跨过"峡谷"的制度基础,原因在于,在公社土地所有制的前提下,国家可以直接把已经分配给农民的小块土地转化为集体耕种,并且事实上就存在

———————————
① 《马克思恩格斯文集》第3卷,人民出版社2009年版,第571页。

农民在没有分配的草地上进行集体耕作的情况,而俄国土地具有集体耕种的天然优势,很适合使用机器化耕种,俄国农民本身就习惯于进行组合,在这种背景下,让俄国农民实现从小块土地向合作劳动转变就变得可能;另一方面,随着资本主义的发展,俄国与资本主义和世界市场同时存在,19世纪末期的资本主义已经发展到了较为成熟的阶段,同时创造了更高水平的生产力和社会财富,所以俄国就可以充分利用资本主义的发展成果用来发展公社,不需要经过资本主义的发展阶段。如果俄国向西方那样也经历一段很长时间的机器工业的孕育期,但资本主义发展需要几个世纪才能建立起来的诸如银行、股份公司等交换机构俄国怎么可能一下子就引进过来呢? 既然资本主义已经发展了一套成熟的可以利用的制度和机构,为什么不可以直接跨过资本主义发展所要经历的各个阶段而直接向社会主义过渡呢? 所以,俄国的发展道路不要机械地套用西方(主要是西欧)的模式,而应该选择自己的道路。

(3)俄国要跨越"卡夫丁峡谷",需要以俄国发生革命为前提。虽然马克思认为俄国可以跨越"卡夫丁峡谷",但同时也认为,俄国要跨越"峡谷"还需要一定的前提条件,这就是俄国革命。原因在于,虽然俄国可以不经历资本主义制度而直接占有资本主义的发展成果,但要想真正建立自己的制度还得从理论回到现实中来。现实情况是,旧势力不可能乖乖地交出手中的权力,俄国必须抓住适当的时机充分发动群众起来革命,这样俄国的农村公社就会成为俄国社会的新生因素,成为新制度产生的积极因素而不是障碍。

在1882年《共产党宣言》俄文版序言中马克思又再一次进行了说明。在这篇序言里,马克思恩格斯分析了俄国公社所有制的现状,又一次谈到了俄国农民公社这种形式可以成为"共产主义发展的起点","假如俄国革命将成为西方工人革命的信号而双方相互补充的话"[①]。

同样,恩格斯在自己个人的著作中对俄国社会发展道路也给予了高度关

---

① 《马克思恩格斯文集》第2卷,人民出版社2009年版,第8页。

注。在《论俄国的社会问题》一文中指出,俄国革命日益迫近,这是因为俄国农民正受到摆脱农奴地位以后的一种新的奴役,其处境非常艰难,但俄国农民这种受奴役的状况不可能持续长久,随着俄国农民的觉醒,革命的到来就是不可避免的。在恩格斯看来,俄国革命将实现西欧社会主义追求但没有实现的社会形式,重要基础在于"俄国人可以说是社会主义的选民,而且他们还有劳动组合和土地公社所有制!"①在具体谈到俄国的公社所有制时,恩格斯认为,俄国的公社所有制从发展阶段来看已经过了它的繁荣时期,并且正在趋于解体,但是必须注意到,俄国的公社所有制发展到条件成熟,并且让农民不再单独耕种土地而是进行集体耕种的时候,公社所有制这种形式就可以将公有的成分充分发挥而进入更高级的形式。所以他判断"俄国无疑是处在革命的前夜"②。在后来的著作中,恩格斯还从俄国革命出发分析了"刚刚进入资本主义生产而仍然保全了氏族制度或氏族制度残余的国家",认为这些国家"可以利用公有制的残余和与之相适应的人民风尚作为强大的手段,来大大缩短自己向社会主义社会发展的过程,并避免我们在西欧开辟道路时所不得不克服的大部分苦难和斗争"。③

在认识东方社会发展道路问题上,列宁首先坚持马克思主义唯物史观的基本立场,从俄国现实存在的客观历史事实出发去认识问题。在《论马克思主义发展中的几个特点》中列宁讲道:马克思和恩格斯说过自己的理论不是教条,而是行动的指南,这一观点往往被许多人所忽视,如果我们教条主义地理解马克思主义,把马克思主义变成片面的、畸形的和僵死的东西,那么我们就会丢弃马克思主义的活的灵魂,破坏马克思主义根本的理论基础,就是马克思主义辩证法。马克思主义辩证法是我们认识世界的根本方法,是关于事物联系、发展和矛盾的学说,如果不坚持马克思主义辩证法,就不能科学地认识

---

① 《马克思恩格斯文集》第3卷,人民出版社 2009 年版,第 393 页。
② 《马克思恩格斯文集》第3卷,人民出版社 2009 年版,第 401 页。
③ 《马克思恩格斯文集》第4卷,人民出版社 2009 年版,第 459 页。

社会发展问题,不能认识"即可能随着每一次新的历史转变而改变着的一定实际任务之间的联系"①。因此,坚持马克思主义辩证法,就是坚持用联系的观点、发展的观点和矛盾的观点去看待问题,就是去认识"异常剧烈"变化了的社会生活条件。

列宁将马克思主义辩证方法运用到俄国革命和建设的现实分析之中,反对考茨基等人将马克思主义教条化的做法,主张应从理论上探讨不同国家走社会主义道路的特殊性,他特别要求俄国的社会党人要独立地探讨马克思主义理论,要用辩证法的眼光看待马克思主义,马克思主义提供给我们的是一般性原理,这些原理在不同国家的具体运用是不同的,"在英国不同于法国,在法国不同于德国,在德国又不同于俄国"②。所以俄国可以探索走社会主义道路的特殊性问题。在列宁看来,马克思主义理论已经给我们提供了这样一个思想,这就是世界上一切民族最终都将走向社会主义,这是历史发展的必然趋势,是无法避免的,但每一个民族到底在什么时候、以什么样的方式走向社会主义却是不一样的,同时,每一个民族在实现民主的形式上,在无产阶级专政的形态上,在社会生活的各个方面等,都会有自己的特点,不能要求所有国家和民族都走出一样的模式,这样并不违反历史发展的一般规律,历史发展的一般规律正是在这种大量特殊性中总结出来的,普遍性离不开特殊性。在具体涉及俄国的问题时,列宁在《论我国革命(评尼·苏汉诺夫的札记)》中认为,俄国是这样一个国家,它既不同于已经发展起来的"文明国家",也不同于被战争(作者注:指第一次世界大战)卷入文明行列的东方各国。俄国能够表现而且必然表现出某些特殊性,这种特殊性不是离开普遍性的特殊性,是符合世界发展的特殊性,而且俄国还必须表现出这种特殊性,这决定了俄国革命与西欧等其他地方革命不同的特点。同时指出,"这种特殊性到了东方国家又会

_____

① 《列宁选集》第2卷,人民出版社2012年版,第278页。
② 《列宁专题文集论马克思主义》,人民出版社2009年版,第96页。

产生某些局部的东西"①。列宁在这里不仅为俄国革命和建设指出了选择自己道路的必要性,同时也对不同民族和国家尤其是东方国家的革命和建设走出一条适合自己的道路提供了理论指导。

二、马克思恩格斯东方社会发展道路理论的启示

马克思主义经典作家关于不同国家社会发展道路的理论在今天具有非常重要的现实价值,在理论上,为中国特色社会主义建设提供了理论依据;在实践上,为中国特色社会主义实践提供了行动指南。

首先,马克思、恩格斯、列宁的社会发展道路尤其是东方社会发展道路理论为中国特色社会主义道路选择提供了理论依据。

习近平在庆祝中国共产党成立 100 周年大会上讲道:"1840 年鸦片战争以后,中国逐步成为半殖民地半封建社会,国家蒙辱、人民蒙难、文明蒙尘,中华民族遭受了前所未有的劫难。从那时起,实现中华民族伟大复兴,就成为中国人民和中华民族最伟大的梦想。"②中国共产党一经诞生,就把为中国人民谋幸福、为中华民族谋复兴确立为自己的初心和使命,领导中国人民进行了新民主主义革命并取得了胜利,建立了新中国。从新中国成立到改革开放前夕,党领导人民完成社会主义革命,消灭一切剥削制度,实现了中华民族有史以来最为广泛而深刻的社会变革,实现了一穷二白,人口众多的东方大国迈进社会主义的伟大飞跃,社会主义革命和建设取得了独创性理论成果和巨大成就,但如何继续探索中国建设社会主义的正确道路,进一步释放生产潜力,成了党在新时期面临的主要任务。

虽然马克思、恩格斯、列宁并没有对中国社会道路问题的具体选择作出系统的论述,但马克思恩格斯高度肯定中华文明对人类文明进步的贡献,科学预

---

① 《列宁专题文集论社会主义》,人民出版社 2009 年版,第 358 页。
② 习近平:《在庆祝中国共产党成立 100 周年大会上的讲话》,人民出版社 2021 年版,第 2 页。

见了"中国社会主义"的出现,甚至为他们心中的新中国取了靓丽的名字——"中华共和国"。东方社会道路理论特别是列宁对无产阶级革命和社会主义建设的理论阐述,事实上蕴含了中国可以根据自己国家的现实情况选择一条适合自己发展道路的理论意蕴,他们学说中所包含的辩证思维方式和历史哲学构成了中国特色社会主义道路选择的内在逻辑支撑。正如马克思所讲:"极为相似的事情,但在不同的历史环境中出现就引起了完全不同的结果。"①马克思提倡对不同事物的发展过程进行个别研究并加以比较,在比较中发现历史运动的一般规律,如果我们认为"一般哲学理论"可以作为"万能钥匙"去解决所有问题,那我们就永远达不到我们想要的目的,在运用一般原理的时候,必须既要坚持一般性原理,又要超越一般原理,把一般性原理与具体实际相结合,才能找到正确的发展道路。

改革开放以来,中国共产党人解放思想,实事求是,立足中国还处在社会主义初级阶段这一客观现实,把马克思主义社会发展的一般规律与中国社会的特殊性有机结合起来,创造性地发展了马克思主义,走出了一条既符合马克思主义基本价值又具有中国特色的社会主义道路,向世界提交了一份在落后的东方社会成功建设社会主义的"中国方案"。

其次,马克思、恩格斯、列宁关于社会发展的思想,为中国特色社会主义道路提供了实践上的行动指南。

习近平在庆祝中国共产党成立 100 周年大会上讲道:"中国共产党坚持马克思主义基本原理,坚持实事求是,从中国实际出发,洞察时代大势,把握历史主动,进行艰辛探索,不断推进马克思主义中国化时代化,指导中国人民不断推进伟大社会革命。"②中国共产党的成功秘诀就在于始终把马克思主义作为自己的行动指南,始终把马克思主义基本原理与中国革命和建设的具体实际相结合,与中华优秀传统文化相结合,不断推进理论创新和实践创新,走出

---

① 《马克思恩格斯选集》第 3 卷,人民出版社 2012 年版,第 730 页。
② 习近平:《在庆祝中国共产党成立 100 周年大会上的讲话》,人民出版社 2021 年版,第 2 页。

一条符合中国实际的道路。中国特色社会主义建设作为一项崭新的开拓性事业,无疑会开辟许多新领域,遇到许多新问题,面对许多新挑战。事实表明,马克思主义理论尤其是社会发展理论是破解这些难题的"金钥匙",中国共产党人在实践中用这把"金钥匙"与中国实际紧密结合,把中国特色社会主义不断推向新的境界。

中国特色社会主义建设面临的时代变化和发展的深度与广度远远超出马克思主义经典作家当时的想象,中国还处在并将长期处在社会主义初级阶段,社会主义事业越发展,新问题就越多,新情况就越复杂。中国共产党第十九次全国代表大会报告指出,经过长期努力,中国特色社会主义进入了新时代。时代转化的重要标志是社会主要矛盾的新变化,即由以前的人民群众日益增长的物质文化需要同落后的社会生产之间的矛盾转化为人民群众日益增长的美好生活需要和不平衡不充分的社会发展之间的矛盾。今天,中国特色社会主义建设需要满足人民群众日益增长的美好生活需要,不仅包含对物质文化生活的更高要求,而且包括满足对民主、法治、公平、正义、安全、环境等方面的需求。虽然自改革开放以来我们在经济、政治、文化、社会和生态文明建设方面取得了巨大成就,但总体来看发展是不平衡和不充分的特征比较明显,这种不平衡性表现在领域发展的不平衡、区域发展的不平衡、城乡发展的不平衡等方面,这种不平衡发展带来了许多社会矛盾和问题。中国特色社会主义的制度优势虽然在很多方面得到了显现,但总体看来还没有充分展现出来,许多制度设计并没有充分发挥应有的效应,各领域的发展仍然需要进一步提升发展质量和水平。

习近平在纪念马克思诞辰200周年大会上的讲话中指出:"当前,改革发展稳定任务之重,矛盾风险之多、治国理政考验之大都是前所未有的。我们要赢得优势、赢得主动、赢得未来,必须不断提高运用马克思主义分析和解决问题的能力,不断提高运用科学理论指导我们应对重大挑战、抵御重大风险、克服重大阻力、化解重大矛盾、解决重大问题的能力,以更广阔的视野、更长远的眼光来思考把握未来发展面临的一系列重大问题,不断坚定马克思主义信仰和共产主义理想。"①中国特色社会主义的成功经验表明,以马克思主义作为行动指南,在实践中不断创新和发展马克思主义,是中国特色社会主义取得成功的坚强保证。

---

① 《习近平谈治国理政》第三卷,外文出版社 2020 年版,第 74—75 页。

第二章 中国特色社会主义的
实践特色

中国特色社会主义辉煌成就的取得,得益于中国共产党人始终坚持"两个结合",探索形成了体现中国特色的社会主义实践道路,形成了具有中国特色的实践经验,表现出了鲜明的实践特色。本章我们主要分析中国特色社会主义实践特色中的开拓性、务实性和专注性等特色,希望通过对这些特色的认知,更加全面地把握中国特色社会主义的伟大实践。

第一节 中国特色社会主义实践的开拓性

中国特色社会主义从探索到开创再到不断推进的过程,是一个将科学社会主义理论创造性地运用到中国实际的过程,这种创造性鲜明地体现了中国特色社会主义实践的开拓性,为创造性地运用马克思主义提供了重要经验和中国智慧。

一、中国特色社会主义实践道路的开拓性

如何将科学社会主义的理论与具体实践结合起来,特别是如何选择一条适合自己国情的发展道路,是对所有希望成功实践社会主义的国家的一个挑

战。以 1978 年召开的党的十一届三中全会为标志,我国进入改革开放和社会主义现代化建设的新时期。40 多年来,中国共产党带领人民群众在改革开放中不懈探索,克服重重困难和障碍,努力解决我国社会主义现代化建设实践中面临的各种风险和挑战,在不断探索中找到了一条把马克思主义普遍真理与中国社会主义建设实际相结合的现代化建设道路,也是一条中华民族复兴之路,这就是中国特色社会主义道路。习近平在主持十八届中央政治局第一次集体学习时指出:"中国特色社会主义是改革开放新时期开创的,也是建立在我们党长期奋斗基础上的,是我们党的几代中央领导集体团结带领全党全国人民历经千辛万苦、付出各种代价、接力探索取得的。"①同时强调:"中国特色社会主义道路,既坚持以经济建设为中心,又全面推进经济建设、政治建设、文化建设、社会建设、生态文明建设以及其他各方面建设;既坚持四项基本原则,又坚持改革开放;既不断解放和发展社会生产力,又逐步实现全体人民共同富裕、促进人的全面发展。"②

然而,中国特色社会主义道路的确立不是一蹴而就的,而是经历了一个长期实践和不断开拓的过程。社会主义制度确立后,以毛泽东为主要代表的中国共产党人,面对在中国这样一个社会生产力水平十分落后的国家进行社会主义建设的现实,对社会主义建设模式进行了艰辛的探索,虽然其间经历了一些挫折,但为在新的历史时期开创中国特色社会主义提供了宝贵经验、理论准备、物质基础。

以邓小平为主要代表的中国共产党人在实践中面临了新的挑战,如何走出苏联模式立足中国国情选择一条发展道路,是当时必须要解决的重要问题。在重新确立实事求是思想路线的基础上,总结历史经验,对"什么是社会主义、怎样建设社会主义"这个问题进行了重新思考,确立了中国特色社会主义所处的历史阶段以及在这个阶段上的基本路线。披荆斩棘,迎接挑战,成功开

---

① 《习近平谈治国理政》,外文出版社 2014 年版,第 7 页。
② 《习近平谈治国理政》,外文出版社 2014 年版,第 9 页。

创了中国特色社会主义道路,社会主义建设实践的重心发生转移,从过去的
"以阶级斗争为纲"向"以经济建设为中心"转变,从封闭半封闭向改革开放的
转变,从计划经济体制向市场经济体制转变。从十三届四中全会到十六大,以
江泽民同志为主要代表的中国共产党人面对国际共产主义运动的困境以及国
内社会发展所出现的新的矛盾和问题,在继续坚持改革开放的基本国策,走出
一条始终代表中国先进生产力的发展要求、始终代表中国先进文化的前进方
向、始终代表中国最广大人民的根本利益的社会主义建设道路方面进行了全
面探索,形成了"三个代表"重要思想和社会主义道路新的实践模式,进一步
回答了中国特色社会主义道路的依靠力量和中国共产党人的利益追求,回答
了先进科学技术和先进文化在社会主义建设中的重要意义,开创了全面改革
开放新局面,推进了党的建设新的伟大工程,成功把中国特色社会主义推向
21 世纪。

　　党的十六大以后,以胡锦涛为主要代表的中国共产党人,立足于国内外形
势的发展变化,不断推进实践基础上的理论创新,围绕实现什么样的发展、怎
样发展这一重大历史课题,形成了一系列重大战略思想,使中国特色社会主义
实践道路的内涵更加丰富,成功在新的历史起点上坚持和发展了中国特色社
会主义。

　　党的十八大以后,以习近平同志为核心的党中央,站在新的历史起点上,
面对经济社会发展中的新情况和新问题,在治国理政方面进行了新的实践探
索,特别是在中国特色社会主义建设取得巨大成就,中国国际影响力不断提升
的情况下如何进一步提升发展水平,实现全面建成小康社会和中华民族伟大
复兴的中国梦,在治国理政方面进行了富有创新性的实践,产生了新时期治国
理政的新理念、新思想、新战略,形成了习近平新时代中国特色社会主义思想。
2013 年 11 月 12 日中国共产党第十八届中央委员会第三次全体会议通过的
《中共中央关于全面深化改革若干重大问题的决定》(以下简称《决定》),对
新时期若干重大问题的改革进行了整体规划,并对经济、政治、文化、社会、生

态和党的建设各领域的改革进行了全面部署,表达了不断深入推进改革的信心与决心。在 2020 年 10 月 29 日中国共产党第十九届中央委员会第五次全体会议通过的《中共中央关于制定国民经济和社会发展第十四个五年规划和二〇三五年远景目标的建议》中,"十四五"时期经济社会发展必须遵循的原则之一就是"坚持深化改革开放",在推动改革和扩大开放的过程中促进经济社会的全面发展,表明了中国共产党人不断推进改革开放的信心和决心。

我们知道,中国特色社会主义道路本质上是一条发展中国家逐步实现现代化的发展道路,发展中国家的基本国情决定了我们不可能照搬西方的现代化道路。这条道路是民族复兴之路,是国家富强和人民幸福之路,也是一条前所未有的道路。但由于中国特色社会主义道路是一条崭新的道路,没有可以直接复制的经验,因此在探索过程中必然面临许多问题和挑战、困难和风险,如改革开放之初是否应该改革与开放、市场经济初步发展的时候"姓社姓资"的质疑、苏和东欧剧变以后面临的社会主义大旗是否还能够高高飘扬、新的历史时代中国特色社会主义到底特在哪里等问题,都是中国特色社会主义道路发展进程中遇到的挑战。可以说,没有披荆斩棘、开拓创新的精神是很难坚持下来的,我们从中国特色社会主义道路已经走过的历程可以清楚地看到这一点。因此,开拓性最直接地体现了中国特色社会主义的实践特色。

在开启全面建设社会主义现代化国家新征程,在新时代坚持和发展中国特色社会主义的今天,坚持中国特色社会主义道路,持续探索、不断开拓,是我们党完成各项事业的前提和基础。中国特色社会主义道路不是空穴来风,更不是随心所欲,这条道路是在实践中探索形成的。习近平强调,中国特色社会主义道路的探索形成和成功实践,具有中华民族非凡创造力的基础,具有深厚的文化积淀,也具有现实必然性,这是一条符合广大人民群众实现中国梦,具有现实基础的道路。中华民族有能力开拓出这条道路,就有能力继续走好这条道路,我们必须坚定对这条道路的自信,在中国式现代化新道路所指引的方向上奋勇前进。

二、中国特色社会主义实践路径的开拓性

实践路径是实践主体行动的路线,是实现实践目的必须经过的过程与阶段。不同实践主体在特定的历史时空和条件下必须选择一定的实践路径,因而不同实践会呈现不同的特征。

一般说来,影响实践路径选择的因素不外乎这样三个方面:一是实践主体的能力状况。从广义上看,实践主体的能力主要包括主体认识问题和解决问题的能力,同时也包括主体的精神状态。实践主体的能力和精神状况影响其对实践活动本身的认识,进而影响路径的选择。主体的认知能力表现为对实践活动目的和对象的把握能力以及实践行动的执行能力,对实践活动目的的把握影响路径的方向选择,而对于实践对象的把握则影响实践方式的选择,实践的行动能力则是路径是否能够得以畅通的重要保障。二是实践对象的呈现状况。实践对象是实践活动的作用对象,对象的复杂和难易程度都会影响实践路径的选择。在社会实践中,实践对象的呈现较之自然事物更加复杂多变,特别是人既是实践的主体,又是实践的对象,人的社会存在状态比单纯的自然物具有更加多样的变化,这对实践主体的认知能力提出了更高的要求。三是实践的时空状态。对社会建设实践来说,实践的时空状态主要是指实践活动面临的国际国内环境和时代特征。这三个因素的共同作用决定着实践路径的选择,也决定着实践的最终成效。正确的实践路径是符合主体能力状况和对象特征并能回应时代要求的路径选择,反之则是错误的路径。一个正确的实践路径往往会起到事半功倍的效果。

从实践路径来看,中国特色社会主义所选择的从农村到城市、由点到面、由易到难、由浅入深的实践路径,进而使中国特色社会主义建设始终在稳定与发展中不断向前推进。

第一,由农村到城市,由经济到政治文化社会以及生态领域的改革发展之路。

改革开放的决策确定以后,全国上下开始将决策逐步予以实施,但到底应该怎么改、哪些东西应该改、究竟怎么改等问题开始困扰着人们。这个时候,早在1977年就开始尝试改变农村经济发展状况的安徽省,在1978年遭受旱灾以后开始了农村的更进一步改革,通过"借地度荒"的办法将集体无法耕种的土地借给农民耕种,鼓励多种多收,极大地调动了农民的积极性,同时鼓励农村进行"包产到户"和"包干到户"。特别是在凤阳小岗村,农民自发商量将属于生产队的土地承包给农民,结果当年就获得大丰收。在另一个农业大省四川,1978年由中共四川省委制定了《关于目前农村经济政策几个主要问题的规定》,允许农村实行包产到组,同时鼓励农民开展家庭副业,释放了农村的生产潜力,农业生产得到了迅猛发展。当时的其他省份也开始出现了包产到户的做法。总体看来,农村改革开了中国改革之先河,并取得了先期成效。

虽然农村在开始改革的时候城市也在某些领域启动改革的尝试,但改革的力度和广度在一开始是无法与农村的改革相提并论的。在农村改革取得阶段性成效以后,1984年中共中央召开了十二届三中全会,通过了《中共中央关于经济体制改革的决定》,开始了以城市为重点的整个经济体制改革,改革的重心从农村转移到城市。在整个经济体制的改革中,明确了把增强企业活力作为经济体制改革的中心环节,提出要建立合理的价格体系,实行政企分开,建立多种形式的经济责任制等。围绕增强企业活力这一重心,企业开始了改革的多种探索实践,在承包经营制、厂长负责制、劳动用工制和企业分配制度等方面进行了大胆改革。随着经济体制改革的深入推进,经济领域的改革取得了巨大成效,社会主义市场经济体制得以建立,国有企业在国民经济中的主体地位得到充分发挥,各种经济成分得到充分发展,工业体系逐渐健全,有力地推动了国民经济的健康良性发展。

从改革的具体内容上看,改革从一开始主要在经济领域进行探索。随着经济领域改革取得成效,我国在政治、文化、科技、教育、卫生等各领域的改革也相继展开。经济领域改革的成功意义在于,一方面说明我国改革的决策是正确的;另一方面,经济上取得的成就为其他领域改革提供了经济上的保障和精神上的动力,这使改革能够持续稳定地进行下去并取得巨大成效。

正是这种从经济到政治文化社会以及生态领域的改革发展之路,从根本上维护了中国经济社会发展的稳定性,也正是经济的快速稳定增长为政治文化社会领域的改革和保持社会长期稳定提供了重要保障。所以十八届三中全会在对全面深化改革进行安排的时候,我们仍然坚持以经济建设为中心,以经济体制改革为牵引,推动生产力与生产关系、经济基础与上层建筑之间的关系更加协调。这样的改革路径创造性地运用马克思主义于中国发展实际,具有重要的创新价值。

第二,由点到面、由局部到全局的改革发展之路。中国特色社会主义实践是一项探索性很强的实践活动,人们对这项实践的认知也有一个由浅入深、由表及里的过程,特别是对实践中出现的许多新情况、新问题,需要在实践中慢慢摸索,最后找到一个很好的解决办法。因此,由点到面、由局部到全局成了中国特色社会主义实践路径选择的又一种方式。

由点到面、由局部到全局的实践路径在中国社会主义建设历史上具有重要的开拓性意义。首先,作为一项全新的事业,选择什么点作为突破口,本身就是一个需要具有开拓精神的行为。新中国成立初期,特殊的发展背景使中国的工业主要集中在中西部和东北地区,特别是"三线建设"使大量的工厂从东部沿海向内地迁移。随着国内外形势的变化,东部沿海地区的开放优势凸显出来。1979 年 4 月,邓小平提出"出口特区"的概念,希望在沿海开办享受特殊政策的特区,后来将"出口特区"改为"经济特区"。1984 年初,邓小平对沿海城市和企业进行了视察,这些城市和企业的发展给他留下了深刻印象。1984 年 5 月,中央正式决定开放青岛、大连等 14 个沿海港口城市。继沿海城市开放以后,国务院又决定开放沿江城市,继而将长江三角洲、珠江三角洲、闽南夏漳泉三角地区、辽东半岛、胶东半岛等开辟为沿海经济开放区,后来经济开放区不断向内地延伸,形成了以点带面、由局部到全局的开放格局。这种从沿海沿江到内陆地区的开放路径,符合稳步推进中国改革开放的要求,符合对外开放的客观需要。其次,由点到面、由局部到全局的实践路径,在中国对外开放的历史进程中具有重要的开拓性价值。再就对外开放而言,在近代,中国的对外开放是一种"被动的开放",西方发达国家利用坚船利炮打开了中国的大门。中国特色社会主义实践的开放是一种"主动的开放",是中国主动向世界打开大门并欢迎各种力量参与中国的建设,表达了一种开放、自信、包容的精神和热忱的态度。由点到面、由局部到全局形成了中国的全域开放局面,使中国能够主动融入全球化进程之中,这个进程是一个需要不断探索与创新的开拓性过程,具有重要的理论价值和实践意义。

第三,由浅入深、由易到难的改革发展之路。从实践的深度上说,改革是一个由浅入深、逐步深入的过程。在农村,首先从生产力的解放开始进行改革,通过家庭联产承包责任制来激发农民的生产潜能,将生产收益与个人生活的改善联系起来,充分调动农民的生产积极性,有效地释放了农村的生产潜力,粮食生产增收,农民生活得到有效改善。随着农村改革的深入推进和城市改革的开启,农村剩余劳动力开始向城市和乡镇企业转移,部分农民从土地向工厂转移,在工业化进程不断推进的背景下农村开始出现了许多新的问题,"三农"问题成为制约农村发展的新问题,农村的改革从解决农民的吃饭问题开始向农村、农民和农业的综合发展转变,从生产力的释放到农村生产关系的进一步调整、经济基础进一步巩固和上层建筑进一步完善的方向发展。

城市改革也经历了一个由浅入深、由易到难的过程。从1978年到1984年,主要突破口是对国有企业进行财务改革、扩大企业财权等,这一段的改革还没有涉及国有企业改革的深层次内容。十二届三中全会通过的《关于经济体制改革的决定》,决定加快以城市为重点的经济体制改革步伐。经济体制的改革,充分发挥国有企业在国民经济中的主导地位,调动其他经济主体的积极性,在计划体制、生产管理、金融财政体制以及价格工资、产权制度、分配制度等方面进行了系列改革。党的十四大报告明确指出,中国经济体制改革的目标是建立社会主义市场经济体制,以利于进一步解放和发展生产力。1993年3月29日八届全国人大一次会议上通过的宪法修正案将"国家实行社会主义市场经济"写进了宪法,从宪法的高度明确了社会主义市场经济的地位。在1993年11月召开的十四届三中全会通过了《中共中央关于建立社会主义市场经济体制若干问题的决定》,集中表述了建立社会主义市场经济体制的目标和原则,对市场经济发展中的相关重大问题都做了明确的原则性规定,丰富了社会主义市场经济的理论成果与实践形式,推进了经济领域改革向纵深发展,为中国经济持续稳定的增长提供了体制基础。

随着中国特色社会主义建设的深入发展,改革在经济体制领域取得一定成效以后,逐渐向基层民主制度建设、社会治理、生态环境等领域不断推进,经历着一个从"浅水区"向"深水区"不断推进的过程,使改革不断走向成熟。习近平指出,要在更广和更深的层面上推进改革,必须看到当前的改革面临了许多新的问题,已经进入了深水区。改革就好像吃肉,好吃的肉都吃掉了,剩下的都是难啃的硬骨头。但改革再难也要向前推进,习近平要求要敢于啃硬骨头,敢于向困难挑战,敢于涉险滩,要有明知山有虎,偏向虎山行的勇气和毅力。"啃硬骨头""涉险滩""虎山行"就是发挥主观能动性,克服困难,砥砺前行。所以,要做好全面深化改革的工作,就要处理好尊重客观规律性和发挥主观能动性的关系,一切工作都要从实际出发,要研究实际情况,尊重客观规律,按客观规律办事,不能拍脑袋、瞎指挥、乱决策,否则就要受到规律的惩罚。另一方面,又要充分发挥主观能动性,特别是要发挥人民群众的主动性和积极性,鼓励人民群众在实践中大胆探索,不断总结经验和成就,发现事物发展的规律,特别是改革的规律,进而深化对改革规律的认识。

正如习近平在庆祝改革开放40周年大会上的讲话中指出的那样,"艰难困苦,玉汝于成。40 年来,我们解放思想、实事求是,大胆地试、勇敢地改,干出了一片新天地。""使改革开放成为当代中国最显著的特征、最壮丽的气象"①。

三、中国特色社会主义实践方式的开拓性

所谓实践方式,是指人们在确立实践目的和路径以后的具体实现方式。一般来说,人的实践方式的选择往往受到主客观因素的制约。从主观因素而言,实践方式受制于实践主体的认知能力和认知水平,实践主体的认知能力良好和水平较高,实践方式就能更好地切合实践目的的要求,也更容易选择到符合主客观条件的实践方式。反之,则容易使实践方式同实践目的背道而驰。从客观因素而言,实践方式受制于各种客观因素的制约,包括时代背景、实践工具和实践载体等。时代提供了实践的时空维度和社会制度框架,实践工具和载体是实践活动开展的基本条件。

所谓实践方式的开拓性,是指实践主体根据主客观条件所开展的创造性实践活动。在人类实践活动中,实践方式的创造性是体现实践创造性的最关键要素,正是依靠这种创造性的活动,人类在处理自然和自身的关系中不断产生新的关系模式,建构出新的社会实践模式。科学社会主义运动的实践历史证明,共产党人什么时候能够把马克思主义的基本原理创造性地运用于实践活动,科学社会主义运动就能不断向前推进,反之则会出现挫折。

从社会实践特别是社会改革的方式来看不外乎两种方式,一种是采取急风暴雨式的激进方式,一种是和风细雨式的循序渐进方式。中国特色社会主义在中华民族发展史上是一场伟大的事业,改革是中国共产党的一次伟大觉醒,是对中国社会主义建设认识上的一次新的思想解放。十一届三中全会以后,中国共产党作出了改革开放的历史性决策,工作重心转移到经济建设上

---

① 习近平:《在庆祝改革开放 40 周年大会上的讲话》,人民出版社 2018 年版,第 9—10 页。

来,并从理论上回答了中国特色社会主义建设的一系列基本问题。在实现从理论向实践转化的过程中,面对中国社会主义建设经历的严重曲折所带来的各种问题以及人民群众急于突破旧体制束缚的愿望,中国共产党人从中国实际出发,选择了有步骤、分阶段推进改革的方式。这种改革方式,不寻求一步到位,而是一步一步进行,边改革边总结,这一次的改革为下一次改革打好基础,改革实践一步一步深入进行。习近平在谈到全面深化改革时就指出,在改革中要处理好改革、发展、稳定的关系,"要把改革的力度、发展的速度和社会可承受度统一起来,把改善人民生活作为正确处理改革、发展、稳定关系的结合点"[①]。

渐进式改革实践,是根据我国社会具体实际作出的正确选择,它符合中国发展实际。从实际效果看,这种实践方式既保持了社会的稳定和连续性,又实现了经济社会的快速发展,是具有中国特色的实践,不仅在社会主义国家进行社会主义建设的方式上具有重要的开拓性意义,同时也为世界上那些后发国家如何在保持社会稳定性前提下实现经济社会快速发展提供了重要的借鉴。

自改革开放以来,在建设中国特色社会主义道路这一伟大历史进程中,中国共产党几代领导集体都始终围绕社会主义道路的发展问题,不断进行开拓探索,并逐步形成了具有中国特色的社会主义道路理论。正是在这些正确理论的指导下,中国特色社会主义一直具有蓬勃的生命力,中国经济一直保持腾飞之势,政治建设成效显著,文化建设日益繁荣,社会建设长足进展,生态建设效果明显。这种开拓性实践解决了中国改革开放过程中面临的许多困惑与犹豫,在不断开拓过程中披荆斩棘,奋勇向前,实现了中华民族发展的历史性跨越。

[①]　《习近平谈治国理政》,外文出版社 2014 年版,第 68 页。

第二节　中国特色社会主义实践的务实性

中国特色社会主义建设实践既是开拓创新的实践,同时也是务实稳重的实践。这种务实的实践表现在思想路线、对中国所处历史阶段判断和改革方法等方面,正是这种务实性的实践特征,使中国特色社会主义建设始终立足于中国实际而稳步推进并取得巨大成就。

一、中国特色社会主义实践在思想路线上的务实性

思想路线(又称认识路线)是一个群体或个人在认识问题、分析问题和解决问题过程中遵循的原则、方向和道路,思想路线是行动的先导,对群体与个人的行为起到指向性作用。在人类认识史上,人的思想路线不外乎两种,一种是唯物主义的思想路线,一种是唯心主义的思想路线。唯物主义的思想路线强调从客观存在的实际出发认识事物,尊重事物发展的客观规律,反对主观主义、本本主义的认识原则。唯心主义的思想路线则不重视事物存在的客观性而过分强调人的主观精神在认识中的作用,认识事物不是从客观存在的实际出发而是从人的主观精神出发,不是从生动的社会实践出发而是从本本出发。两种思想路线是两种世界观在认识问题上的体现,其对立贯穿于人类认识的全过程。

一切从实际出发、理论联系实际、实事求是、在实践中检验真理和发展真理是党的思想路线和认识路线。这条路线是中国共产党人一贯坚持的思想路线,是制定各项方针政策的重要依循。这条路线强调从事物的实际存在状况出发认识事物,体现了务实严谨的态度和作风。

一切从实际出发,理论联系实际,就是从中国革命和建设面临的实际状况出发,这是唯物主义思想路线的根本出发点。中国革命的实践证明,以毛泽东同志为核心的党的第一代中央领导集体,团结带领全党全国各族人民,经过长

期的反对帝国主义、封建主义和官僚资本主义的革命斗争,成功开辟了农村包围城市、武装夺取政权的中国革命道路,取得了新民主主义革命的胜利,建立了人民当家作主的中华人民共和国,实现了民族独立、人民解放。新中国成立以后的 70 多年的历史,中国共产党人坚持一切从实际出发的思想路线,从中国生产力发展水平不高的现实状况出发,找到了适合中国建设实际的发展道路并取得巨大成就。

"实事求是"就是从客观事物的实际存在状况中去发现事物运动变化发展的规律,"求是"的过程是一个"有的放矢"的过程。对中国特色社会主义革命和建设而言,"实事求是"就是立足于中国的实际,用马克思主义的"矢"去射中国改革与建设的"的"。

以邓小平为主要代表的中国共产党人在开创社会主义现代化建设新局面的过程中,也始终坚守着党的思想路线不动摇。"文化大革命"结束之后,为了突破"左"的思想的禁锢,邓小平同志高度重视"实事求是",认为一个国家和民族的发展,一个党的建设,都不能从本本出发,思想不能僵化。如果一切照搬书本,思想不能解放,那就失去了生机和活力,就不能发展。中国的社会主义建设就应该坚持我们党的思想路线,从中国面临的实际出发,把理论与实际有机结合起来,这样一方面我们的社会主义现代化建设能够顺利进行,另一方面,我们党的指导思想也才能顺利发展。党的十一届三中全会,邓小平同志的拨乱反正,彻底否定了"两个凡是",高度肯定真理标准大讨论,指出检验真理的唯一标准只能是实践,必须坚持解放思想、实事求是的思想路线。

江泽民在党的十五大报告中强调,在走向新世纪的形势下,我们要增强和提高解放思想、实事求是的坚定性和自觉性,不断开拓新局面,并根据新的发展要求,提出了"与时俱进"的重要思想,将其纳入党的思想路线之中。在党的十六大报告中再一次强调了坚持实事求是思想路线的重要意义,有效地丰富了党的思想路线,发展了实事求是这一马克思主义精髓。

胡锦涛在讲到实事求是思想路线时指出,中国共产党在历史上犯过一些错误,走过一些弯路,甚至遭遇过严重挫折,究其原因,从根本上说是当时的指导思想脱离了中国实际情况,而最后我们党都能在错误中醒悟,在挫折中奋起,带领广大人民群众取得一个又一个伟大的胜利,"根本原因就在于重新恢复和坚持贯彻了实事求是"①。

习近平高度重视实事求是思想路线在中国特色社会主义实践中的指导作用。在福建、浙江等地工作期间,习近平在自己的工作中就坚持了从地方实际出发,找到符合地方经济社会特点的发展模式,坚持了实事求是的思想路线。十八大以后,以习近平同志为核心的党中央从当代中国发展的历史方位出发,从实际出发,实事求是,产生了一系列适应新时代发展需要的新思想和新理念,制定了一系列治国理政的新措施,实现了在新的历史时代的新跨越。

当前,十九大确立了我国未来发展的战略目标和任务,全面建成小康社会进入关键时期,发展的不平衡与不充分问题较为突出,这些都要求我们要更好地坚持和贯彻落实实事求是的思想路线。习近平多次讲到实事求是的重要意义,指出"实事求是,是马克思主义的根本观点,是中国共产党人认识世界、改造世界的根本要求,是我们党的基本思想方法、工作方法、领导方法"②。所以,习近平要求在新的历史时期,必须深刻领会实事求是思想路线的科学内涵,掌握实事求是的精神实质,从中国实际出发,走好新一代人的长征路。

二、中国特色社会主义发展阶段科学定位的务实性

关于社会主义发展阶段问题,马克思恩格斯曾谈到了社会主义要经历不发达和发达的两个阶段,列宁在相关著作中也讲到了在经济落后国家如何进行社会主义建设问题,但由于时代的局限性,马克思、恩格斯、列宁并没有全面揭示出社会主义发展阶段的规律性特征。

---

① 胡锦涛:《在庆祝中国共产党成立 90 周年大会上的讲话》,人民出版社 2011 年版,第 11 页。
② 《习近平谈治国理政》,外文出版社 2014 年版,第 25 页。

　　新中国成立以来,以毛泽东为主要代表的中国共产党人在社会主义发展阶段问题上曾经做过有益的探索。毛泽东曾经说过,我国的社会主义制度还刚刚建立,还没有完全建成;从社会主义的发展阶段上可以将其分为不发达和比较发达两个阶段;在中国建设强大的社会主义经济,"五十年不行,会要一百年,或要更多的时间。"①他的这些论述,都是从中国基本国情出发的,不难看出其中已经孕育了社会主义初级阶段的思想以及对社会主义建设规律的正确认识。然而到后来,我们党出现的探索过程中的曲折过程,就是把社会主义制度确立后不久与以后的高级发展阶段相混淆,企图超越社会主义发展阶段,把将来才能办到的事情,拿到现在来办,超越了社会主义初级阶段的基本国情,导致社会主义建设出现曲折和遭受重大的损失。

　　改革开放以后,以邓小平为主要代表的中国共产党人,在充分研究马克思主义经典社会主义理论,科学分析、认真总结世界共产主义运动与我们党在社会主义建设过程中的成功经验和失败教训,准确把握全球与中国国内瞬息万变的要求的基础之上,确立了以经济建设为中心,坚持四项基本原则,坚持改革开放的基本路线,并根据我国的生产力发展水平,对中国所处的历史阶段作出了科学判断,形成了社会主义初级阶段理论。邓小平指出,我们指的初级阶段实际上就是不发达阶段,我们的一切工作都必须服从于这个基本国情的判断,根据我们所处的实际来制定各项方针政策。

　　中国特色社会主义处在初级阶段的论断,不仅为我们开展中国特色社会主义建设明确了历史方位,提供对于实践前提的理论判断,这在科学社会主义运动历史上具有重要的理论创新意义,而且在避免超越生产力与生产关系的实际状况而作出发展决策上具有重要意义。从内涵上看,社会主义初级阶段具有两层含义,一是我国已经进入了社会主义,二是我们的社会主义还处在初级阶段。作出这样判断的依据在于,新中国成立以后,我们实现了从新民主主

——————
① 《毛泽东文集》第八卷,人民出版社 2009 年版,第 301 页。

义向社会主义的过渡,社会主义就已经在中国建立起来。在基本政治制度上,确立了社会主义的国体和政体,体现了社会主义国家所具有的特质。这就是以人民民主专政制度为核心,人民当家作主的制度;在经济上,建立了生产资料公有制为主体的经济制度,为社会主义制度提供了经济基础;在思想文化建设上,坚持马克思主义在意识形态上的指导地位,体现了社会主义国家的文化特质;在政党制度上,中国共产党已成为中国特色社会主义事业的领导核心,充分体现了社会主义国家的政党特质。可以说,社会主义制度在中国已经得以巩固,中国特色社会主义的制度优势已经得到充分彰显。但另一方面,中国的社会主义还不完善,不成熟,与经典作家们理想的社会主义高级阶段还存在较大的差距,因此,中国特色社会主义还处在初级阶段。就生产力与生产关系的状况来看,虽然经过几十年的发展,我们在许多领域已经走在世界的前列,生产力水平有了极大提升,但人口多、资源人均占有量少、发展不平衡和不充分等现象仍然存在,社会主义制度的优越性还没有充分展现,因而,中国特色社会主义还处在初级阶段。

社会主义初级阶段这一重大理论判断,是中国共产党人将马克思主义普遍真理与中国发展实际相结合作出的科学务实的判断,也是对中国现代化建设所做的科学的历史定位。这一理论打破了过去对社会主义不切实际的幻想和超越实际的急躁冒进,既坚守了社会主义的根本方向,又对中国社会主义所处的历史方位进行了准确把握,这种科学务实的态度是中国特色社会主义实践的鲜明特色。

在十九大报告中,习近平再一次谈到了必须科学认识中国特色社会主义的历史方位的问题。中国特色社会主义进入了新时代,社会主要矛盾发生了变化,但并没有改变中国特色社会主义仍然处于初级阶段的现实。中国是世界上最大的发展中国家的基本国情没有变,这个基本判断对于新时代中国特色社会主义具有重要的指导意义。习近平要求全党要牢牢把握社会主义初级阶段这个基本国情,牢牢立足社会主义初级阶段这个最大实际,牢牢坚持党的基本路线这个党和国家的生命线、人民的幸福线,在充分把握国情的基础上朝着社会主义现代化强国的目标而努力奋斗。

三、中国特色社会主义改革方法的务实性

改革开放是中国特色社会主义建设的主旋律,根本目的是释放生产潜力,破除体制机制障碍,创造充满活力的社会氛围。但对于改革而言,如果没有科学的方法做指导,改革很难做到事半功倍,甚至有可能适得其反。正如邓小平所说,中国的改革是一项全新的事业,在马克思那里没有讲过,在改革开放前的社会主义建设实践中没有实行过,在世界上其他社会主义国家也没有干过,可以说是一件开先河的事情,没有成功的经验可以借鉴,因此,对改革既要有敢于"过河"的勇气,又要有"摸着石头过河"的方法,这样才能保证改革的稳步推进。

"摸着石头过河"主要有三层含义:一是指我们所从事的改革开放和中国特色社会主义建设事业是前无古人的一项伟大创举,没有现成的路可循,没有现成的经验可借鉴,路就在脚下,完全要靠自己探索;二是指我们进行改革开放和社会主义现代化建设,要准确判断中国所处历史方位,从实际出发,实事求是,绝不能不顾实际情况瞎干和蛮干。三是我们进行改革开放和中国特色社会主义建设不是一切都设计好了,有百分之百的把握了再干,而是一边摸索一边前进,边干边学,在干中学,在学中干。可以说,"摸着石头过河"的方法,既继承了中国优秀传统文化求真务实的优良传统,又体现了马克思主义唯物论的基本观点,是传统与现代、理论与现实有机结合的产物。

改革开放 40 多年来,我们主要依靠这种实践方法,通过在不同领域和方面的分头探索和突破,稳步推进,从试验区、小范围着手,在取得成功以后才大范围推广的做法,从而整体上推动改革开放不断取得成功。如对外开放、国有企业如何改革等问题,就是在"摸着石头过河"的过程中逐渐找到了正确的方法。以对外开放为例,我们知道,新中国成立以后到改革开放以前,中国的开

放程度仍然有限。十一届三中全会以后,中国的大门逐渐打开,但如何开、开到什么程度,对许多人来说是心有疑虑的。对此,党中央采取了在试验区(特区)和沿海沿江逐渐开放的策略,本着先试试看的态度,允许在试的过程中存在失误。结果证明,"摸着石头过河"的方法对于保证对外开放的有序推进起到了非常重要的作用,中国的大门逐渐敞开,开放的力度不断加大,程度不断加深,有力地推动了中国参与全球经济一体化的进程。

可以说,回顾和总结40多年来的改革开放事业,改革开放的每一项成就都是我们依据中国国情摸索开创出来的。由此可见,"摸着石头过河"的实践方法,是富有中国特色的改革方法。在今天,准确把握这一方法的精髓,对于进一步深入推进全面深化改革具有非常重要的实践意义。

习近平在谈到改革方法时讲到,我们的改革是一项前无古人的崭新事业,是当代中国的最鲜明特色,也是中国共产党最鲜明的旗帜,因此必须坚持正确的方法论。他认为,"摸着石头过河,是富有中国特色、符合中国国情的改革方法"①。这是因为中国的改革需要大胆探索,在不断探索中取得经验。有些东西拿不准,可以先行试点,待确定之后再进行推广。当然,在新的历史时期,改革所面临的问题比以前更加复杂,深层次问题暴露更多,改革的难度也更大,因此,在强调"摸着石头过河"的同时,必须注重顶层设计,要把二者有机结合起来。一方面,在改革的过程中我们仍然要坚持大胆探索的精神,先行先试,在探索中找到事物发展的规律,找到改革的思路;但另一方面,"摸着石头过河"不是可以随意而为的,不是脚踩西瓜皮,滑到哪里就到哪里。随着改革的进程不断向纵深推进,改革所牵涉的面会越来越广,力度和深度都会越来越大,如果只是"摸着石头过河"是不够的,因为改革已经进入了深水区,必须加强改革的系统性、整体性和协同性,加强顶层设计,把"摸着石头过河"的方法与系统性改革方法结合起来,把改革不断引向深入。这种整体性改革与大胆

---

① 《习近平谈治国理政》,外文出版社2014年版,第67—68页。

探索的有机结合,也是面对新的改革形势作出的科学的改革方法,体现了中国特色社会主义实践方法的务实性。

第三节　中国特色社会主义实践的专注性

中国特色社会主义道路是在中国社会主义建设经历过摸索和曲折以后在实践中探索形成的符合中国实际的发展之路,在改革开放 40 多年的实践中,我们遇到了一系列严峻的挑战和困难,但能够在各种挑战和困难面前一如既往、坚定前行地开展中国特色社会主义现代化建设,蕴含的实践特征就是始终如一开展建设的专注性,这不仅是中国特色社会主义建设的实践特色,也是新时代开创中国特色社会主义建设新局面的重要遵循。

一、始终专注于为人民谋利益

马克思恩格斯在《共产党宣言》中讲道:“过去的一切运动都是少数人的或者为少数人谋利益的运动。无产阶级的运动是绝大多数人的、为绝大多数人谋利益的独立的运动。”①同时指出,无产阶级要实现自身利益并为大多数人谋取利益,必须打破资产阶级的生产方式,建立属于自己的政权,才能实现自己的目的。这种为绝大多数人谋利益的原则是共产主义创始人为后来者确定的社会主义实践的目的,对后来的科学社会主义运动具有非常重要的指导作用。

中国特色社会主义实践目的遵从了科学社会主义创始人所确立的基本原则,即为绝大多数人谋利益,这种目的始终贯穿于中国特色社会主义伟大实践之中。无论经历什么困难,遇到什么压力,取得什么成就,中国特色社会主义实践始终紧紧围绕最广大人民群众的根本利益,为绝大多数人民群众谋幸福。

---

① 《马克思恩格斯选集》第 1 卷,人民出版社 2012 年版,第 411 页。

邓小平在 1978 年 12 月中央工作会议闭幕式上的讲话中讲道,允许一部分辛勤努力的人先富起来,就必然产生示范效应,从而带动周围的地区或人们也富起来,最后使全国各族人民都比较快地富起来。邓小平针对西北、西南和其他一些条件特别差的情况特别指出国家应该从各方面进行帮助,"特别要从物质上给予有力的支持"①。可以看出,邓小平强调先富起来并不是加快贫富差距,而是通过先富带动后富让绝大多数人民群众走向富裕。1984 年 6 月 30 日在会见第二次中日民间人士会议日方委员会代表团发表讲话时,邓小平用了"百分之几"和"百分之九十几"来非常形象地讲到了中国特色社会主义建设的目的。他指出,中国在落后情况下如果走资本主义道路,"可以使中国百分之几的人富裕起来,但是绝对解决不了百分之九十几的人生活富裕的问题。"②他认为,到了 20 世纪末,中国国民生产总值将有较大增长,但"如果按照资本主义的分配方法,绝大多数人还摆脱不了贫穷落后的状态,但如果按照社会主义的分配原则,就可以使全国人民普遍过上小康生活。"③所以,邓小平在始终强调我们的建设目的不是过大的贫富差距,而是要避免两极分化。

江泽民在回顾党的发展历史的时候指出,在 20 世纪,中国共产党团结和带领全国各族人民在民族独立、人民解放和国家富强、人民幸福方面进行了长期的伟大斗争,最根本的原因在于中国共产党坚持"三个代表"的精神。其中,代表中国最广大人民群众的根本利益,就是把人民群众的根本利益作为我们工作的出发点和归宿点,让人民群众在发展中获得切实的利益。江泽民特别指出在中国特色社会主义建设过程中要兼顾不同阶层和不同方面的群众的利益,"首先考虑并满足最大多数人的利益要求"④。

胡锦涛在谈到和谐社会时指出,我们要建设的社会主义和谐社会是在中

---

① 《邓小平文选》第二卷,人民出版社 1983 年版,第 152 页。
② 《邓小平文选》第三卷,人民出版社 1993 年版,第 64 页。
③ 《邓小平文选》第三卷,人民出版社 1993 年版,第 64 页。
④ 《江泽民论有中国特色社会主义》,中央文献出版社 2002 年版,第 581 页。

国共产党领导下,在中国特色社会主义事业中"全体人民共同建设、共同享有的和谐社会,是为中国最广大人民谋幸福的和谐社会"①,与社会主义社会之前的资本主义社会、封建社会和奴隶社会讲的和谐社会有本质的区别。在谈到以人为本、执政为民的时候指出,必须把"实现好、维护好、发展好最广大人民群众根本利益作为一切工作的出发点和落脚点,坚持权为民所用,情为民所系、利为民所谋"②,要求党员干部要认真处理好广大人民群众的利益问题,保持党同人民群众的血肉联系。

党的十八大以后,以习近平同志为核心的党中央始终把维护最广大人民群众的利益作为自己的工作目的,让绝大多数人能够共同享有发展的机会和成果。从党的十八大以来中国特色社会主义建设的实践看,中国共产党按照坚守底线、突出重点、完善制度、引导预期的思路,在收入分配、就业、教育、社会保障、医疗卫生、住房保障等方面推出一系列重大举措,注重加强普惠性、基础性、兜底性民生建设,推进基本公共服务均等化。人民生活全方位改善,社会治理社会化、法治化、智能化、专业化水平大幅度提升,发展了人民安居乐业、社会安定有序的良好局面,续写了社会长期稳定的奇迹。

可以看出,中国特色社会主义的建设过程,始终坚定地围绕如何为绝大多数人谋利益的目的而展开,始终围绕保障人民群众的根本利益和满足人民群众对美好生活的需要而进行,表现了实践目的的专注性。

二、始终专注于发展是第一要务

作为认识社会和改造社会的实践,中国特色社会主义建设要服从为绝大多数人谋利益的目的,对于一个有 14 亿多人口的国家来说,只有依靠发展才能实现这一目的。从改革开放 40 多年来的实践来看,始终如一地坚持发展是中国特色社会主义实践体现出来的鲜明特点。

---

① 《胡锦涛文选》第二卷,人民出版社 2016 年版,第 425 页。
② 《胡锦涛文选》第三卷,人民出版社 2016 年版,第 477 页。

十一届三中全会以来,发展成为经济社会生活的关键词,以邓小平为主要代表的中国共产党人认识到只有加快发展才能从根本上解决问题,特别是加快经济发展,实现经济的快速增长成为全党的共识。在全国科技大会开幕式上,邓小平在谈到为什么要大力发展科学技术、建设社会主义现代化时指出,现代化建设关乎人民群众的生活,最根本的关系到国家的实力和安全。没有现代化建设,人民生活就不能得到改善,社会主义的政治制度和经济制度就不能得到巩固,国家安全就没有可靠的保障。而我们现在的情况是"粮食问题还没有真正过关,我们钢铁工业的劳动生产率只有国外先进水平的几十分之一"。① 所以我们必须奋发图强,发展我国的科学技术,迅速掌握世界上最新的科学技术。后来,邓小平提出了"发展才是硬道理",要求我们在社会主义建设过程中始终抓住发展这条主线,一心一意搞建设,全心全意谋发展,在发展中解决中国面临的问题,实现"三步走"确定的战略目标。

十三届四中全会以后,以江泽民为主要代表的中国共产党人继续把发展作为第一要务,在不断推进党的建设的过程中进一步加快了发展的步伐,确立了社会主义市场经济体制的基本框架,为进一步发展提供了重要的制度框架。"建设有中国特色社会主义,是不断发展的伟大事业。"②江泽民指出,从 50 年代中期我国进入社会主义初级阶段开始,我们社会主义建设虽然取得了巨大成就,但人口多、底子薄、发展不平衡的问题仍然没有解决,必须依靠发展来缩小我们与发达国家的差距。他在谈到 90 年代如何抓住机遇实现发展的时候认为,对于中国这样的大国来说,发展的机遇不是很多,一定要抓住机遇实现发展。他指出,一定要注意解决前进道路上的各种问题,因为"发展是硬道理,解决好前进中的问题,也是为了更好地保证和促进发展"。③ 针对生产力

---

① 《邓小平文选》第二卷,人民出版社 1983 年版,第 90 页。
② 《江泽民论有中国特色社会主义》,中央文献出版社 2002 年版,第 23 页。
③ 《江泽民论有中国特色社会主义》,中央文献出版社 2002 年版,第 90 页。

发展落后的问题,他认为必须集中精力发展生产力,最终来满足人民群众不断
增长的物质文化需求。

　　党的十六大以后,发展继续成为各项工作的第一要务,发展的系统性、可
持续性和以人为本的发展理念逐渐深入人心。胡锦涛在党的第十六届三中全
会第二次全体会议上的讲话中就指出,我们在发展中要树立科学发展观,"这
对于我们更好地坚持发展才是硬道理的战略思想具有重要意义。"①他指出,
科学发展观就是坚持以人为本、全面协调可持续的发展观。发展的目的是为
了人,发展要从人民群众的根本利益出发,让发展成果惠及人民群众。发展的
同时要注意各方面的协调,要实现统筹发展。胡锦涛指出,要真正落实科学发
展观,就要认真做好发展这项工作。"科学发展观是用来指导发展的,不能离
开发展这个主题,离开了发展这个主题就没有意义了。"②

　　党的十八大以后,以习近平同志为核心的党中央继续坚持发展这个主题,
并形成了发展新理念,不断推进中国特色社会主义在发展这条道路上奋勇前
进。面对中国已经成为世界第二大经济体,在各方面已经取得巨大成就的现
实,习近平指出,"发展依然是当代中国的第一要务"③,认为必须依靠发展来
解决全面建成小康社会和实现社会主义现代化强国目标中遇到的问题,通过
发展来提高人民的生活水平,实现中华民族伟大复兴的梦想。

三、始终专注于以经济建设为中心

　　中华人民共和国成立以来,在实现向社会主义过渡和进行社会主义建设
时期,中国共产党人带领全国各族人民进行过有益探索,取得过重大成就。但
有一段时期我们把发展生产力的任务和加强经济建设放到了次要位置,而是
以"阶级斗争为纲",导致社会主义建设遭遇了严重挫折。十一届三中全会以

---

①　《胡锦涛文选》第二卷,人民出版社 2016 年版,第 104 页。
②　《胡锦涛文选》第二卷,人民出版社 2016 年版,第 167 页。
③　《习近平谈治国理政》第二卷,外文出版社 2017 年版,第 30 页。

后,我们把工作重心放到了经济建设上来,在党的十三大上确立了以经济建设为中心,坚持四项基本原则,坚持改革开放的社会主义初级阶段基本路线,经济建设的中心地位在各个时期的建设中都得到了保证,表现了中国特色社会主义实践的专注性。

作为开启改革开放历史进程的重要会议,十一届三中全会在公报中明确指出:"全党工作的着重点应该从一九七九年转移到社会主义现代化建设上来"①。1980年1月16日,在中央召集的干部会议上邓小平做了形势与任务的报告,他在报告中指出,在80年代我们要做好三件大事,包括在国际上反对霸权主义,维护世界和平,在国内是台湾的和平统一问题和加紧经济建设,就是加紧四个现代化建设。② 在邓小平看来,三件事情的核心就是现代化建设。他认为,十一届三中全会以来,我们的改革已经初见成效,根本原因是我们把工作重点转移到了经济建设上来,否则要想有现在的局面是不可能的。在党的十三大上明确将初级阶段的基本路线确定为"一个中心,两个基本点",强调必须坚持以经济建设为中心,集中精力搞好经济建设。在后来的实践中,经济建设始终占据各项工作的中心地位,始终贯穿于中国特色社会主义发展的过程之中,通过经济建设的巨大成就带动了各方面建设的顺利开展。

党的十八大以来,习近平多次谈到在我们的工作中要"矢志不移地执行党在初级阶段的基本路线和基本纲领"③,要通过全面深化改革,为经济建设创造良好的环境,促进经济持续健康发展。同时强调,在经济建设的过程中,在看到我国经济发展已经取得成效的同时,要看到我们在经济发展方式上存在的问题以及经济发展面临的风险与挑战。特别是在世界经济复苏乏力、增长缓慢的背景下,既要保持经济增长,又要实现经济增长方式的转换,加强农业基础地位,推动经济结构优化升级,提高开放型经济水平,充分用好

---

① 《三中全会以来重要文献选编》,中央文献出版社2011年版,第1页。
② 《邓小平文选》第二卷,人民出版社1983年版,第240页。
③ 《习近平谈治国理政》,外文出版社2014年版,第23页。

"看不见的手"和"看得见的手"在资源调配中的作用,努力实现经济高质量的发展。

随着中国特色社会主义进入新时代,以习近平同志为核心的党中央仍然抓住经济建设这个中心,提出中国经济发展已经进入新常态,发展中面临增长速度换档期、结构调整阵痛期、前期刺激政策消化期"三期叠加"的复杂局面,认为贯彻新发展理念是关系我国发展全局的异常深刻的变革,必须实现创新成为第一动力、协调成为内生特点、绿色成为普遍形态、开放成为必由之路、共享成为根本目的的高质量发展局面,推动经济发展质量变革、效率变革和动力变革。党的十八届五中全会、十九大、十九届五中全会和十八大以来历次中央经济工作会议集中对我国发展作出部署,作出坚持以高质量发展为主题、以供给侧结构性改革为主线、建设现代化经济体系、把握扩大内需战略基点,打好防范化解重大风险、精准脱贫、污染防治三大攻坚战等重大决策,巩固和发展公有经济,鼓励、支持和引导非公有经济的发展,在实施创新驱动战略、推进供给侧结构性改革、加强宏观调控、推动区域发展、解决"三农"问题等方面取得了显著成效,我国经济发展跃上了新的台阶。

总之,中国特色社会主义实践的专注性,是中国共产党人不忘初心,牢记使命的精神气质的现实体现,是中国特色社会主义现代化建设能够沿着正确道路继续前进的根本保证,也是中国特色社会主义的鲜明特征。

第三章　中国特色社会主义的
理论特色

中国特色社会主义实践中产生的理论创新成果是马克思主义理论与中国实际及时代特征相结合的产物,是指导中华民族实现伟大复兴的正确理论,这些理论创新成果所表现出来的科学性、创新性和传承性等特点,体现了鲜明的中国特色,在中国特色社会主义建设实践中具有非常重要的意义。

第一节　中国特色社会主义理论的科学性

列宁在谈到马克思主义为什么对世界各国社会主义者具有不可遏止的吸引力时曾指出,马克思主义把严格的和高度的科学性与革命性结合起来,给人们提供了完整的世界观,因而具有强大的吸引力。马克思主义理论的科学性,一方面体现在它是对自然、人类社会和人自身运动变化发展规律的科学性认识;另一方面也体现在马克思主义理论是一个具有内在逻辑关系且内部自洽的科学体系,马克思主义哲学、马克思主义政治经济学和科学社会主义是其三个基本组成部分,这三个部分既相互独立,又内在统一,共同构成了马克思主义理论的主体内容,同时,马克思主义还包含历史学、政治学、法学、文化学等知识领域。马克思主义理论的科学性决定了马克思主义的生命力和战斗力,也为马克思主义的发展提供了基本遵循。

中国特色社会主义理论是马克思主义基本原理与中国的社会主义建设实践相结合的产物,是立足于中国实际具有内在逻辑统一性的科学理论体系,具有鲜明的科学性。

一、中国特色社会主义理论基础的科学性

中国特色社会主义理论是对马克思列宁主义、毛泽东思想的坚持、发展和继承,马克思列宁主义和毛泽东思想是中国特色社会主义理论产生的理论基础,它们所具有的科学性是中国特色社会主义理论科学性的基本前提。

马克思主义有广义和狭义的理解,广义的马克思主义是指由马克思恩格斯创立并由后来的马克思主义者不断丰富和发展的理论体系;狭义的马克思主义则是指由马克思恩格斯创立的科学理论体系。这里指狭义的马克思主义。

第一,马克思主义理论是建立在对人类社会发展的历史进程尤其是资本主义历史发展的理性分析之上,其理论与现实之间具有紧密的逻辑联系。

与之前的思想家不同,马克思恩格斯不仅是理论家,更是革命家,他们积极投身于工人阶级的解放运动之中,领导工人运动,成立工人运动的国际组织,推动工人运动从一国向多国,从个体目标向阶级目标和人类共同目标的转化,将自己的理论与实践有机地结合在一起。马克思主义产生于 19 世纪 40 年代的欧洲,是当时资本主义比较发达的地区,英国、法国、德国等正在进行产业革命,其科学技术和生产力水平达到了前所未有的高度。但这个时代也是阶级矛盾非常突出的时代。随着资本主义的发展,有产阶级由于在生产资料的上占有的优势而实现了对无产阶级的剥削和财富积累,无产阶级由于在生产资料上的"无产"而被迫接受其剥削。

19 世纪既是生产水平和科学技术不断发展的世纪,也是无产阶级不断觉醒的世纪。19 世纪三四十年代发生在法、英、德三国的三大工人运动就是无产阶级作为独立的政治力量登上历史舞台的标志。法国里昂是资本主义生产

较为发达的城市,是法国纺织业的中心,但在工厂主和商人的残酷剥削之下,里昂工人的生活状况极其悲惨,于是在 1831 年和 1834 年分别举行了两场武装起义去争取自己的权利。英国是老牌的资本主义国家,也是工业革命的发祥地,但资本主义生产发展并没有带来工人权利的改善。1837 年至 1848 年,英国工人为争取自己的权利举行了请愿和示威游行,开始"世界上第一次广泛的、真正群众性的、政治性的无产阶级革命运动"。① 19 世纪德国(普鲁士王国)西里西亚地区的纺织业较为发达,但纺织工人却承受着残酷的剥削。1844 年 6 月,西里西亚纺织工人发动武装起义,人数一度达到 3000 多人。起义虽然后来被镇压而失败,但这次起义对工人运动的推动和对纺织业主的打击作用是非常显著的。

工人运动为马克思恩格斯思考无产阶级获得自身解放的道路提供了现实参考,立足日益突出的阶级矛盾和此起彼伏的工人斗争,马克思恩格斯从工人为什么受到剥削、怎样才能摆脱剥削出发进行了系统的理论分析,形成了从人的异化分析、资本主义生产矛盾(以剩余价值理论为核心)、社会运动的基本规律(以唯物史观为核心)到人的全面解放的理论分析框架和体系,实现了理论与现实之间的无缝对接。

第二,马克思主义理论是一个完整的理论体系,具有逻辑自洽性,体现了理论本身的科学性。

从研究对象和主要内容上看,马克思主义理论是关于无产阶级自身解放和全人类最终解放的科学世界观和方法论,是关于自然、社会和人类思维的普遍规律的学说,它是由一系列基本理论、基本观点和基本方法构成的科学理论体系,马克思主义哲学、马克思主义政治经济学和科学社会主义构成了马克思主义的主要组成部分,这三个部分不是独立的,而是具有内在联系和逻辑上自洽的有机整体,三者共同构成了马克思主义理论体系的主要内容。

---

① 《列宁选集》第 3 卷,人民出版社 2012 年版,第 792 页。

马克思主义哲学包含辩证唯物主义和历史唯物主义两部分。辩证唯物主义是对世界的本源及其运动规律、人类实践的本质与形式、人的意识的本质及其发展规律等问题的认识,包括本体论、辩证法和认识论等主要内容。辩证唯物主义是对世界一般规律的把握,是认识历史的世界观和方法论基础。在辩证唯物主义看来,世界的统一性在于所具有的物质性,这里的"物质"从外在形式上体现为具体的物质形式,但从根本性上讲不是指具体的可感知的实物,而是指这些具体"物质"在运动变化过程中所体现出来的不以人的意志为转移的客观实在性,物质是世界运动变化的基础,物质运动的所有形式都要受到内在规律的制约,服从一定规律的要求,其中对立统一规律、质量互变规律和否定之否定规律是物质运动的根本规律。人类认识世界和改造世界的过程就是发现和利用规律的过程,在这个过程中,物质世界的客观属性通过映入人的主观世界之中而形成人的意识,人的意识在形成后又不断地反作用于客观世界,于是形成了人的实践活动。实践作为客观物质世界和人的主观世界的联结中介,是人类存在的基本方式,是主体见之于客体的活动。人类在实践过程中形成了社会关系,产生了社会。社会运动变化发展服从物质世界的一般规律,但又具有自身特有的矛盾和规律。物质资料的生产是人类社会存在和发展的基础,社会运动的基本矛盾则在于生产力和生产关系、经济基础和上层建筑之间的矛盾,这两对矛盾的相互作用提供了社会发展的根本动力,也构成了社会运动的不同的历史图景。

马克思主义哲学为认识世界和改造世界提供了科学世界观和方法论,用马克思主义哲学的分析方法去分析资本主义生产的本质,发现资本家剥削的秘密,找到无产阶级受剥削的经济根源,这是马克思主义政治经济学需要完成的任务。在马克思恩格斯看来,生产资料占有上的私有制使得资本家先天就具有在生产上的优势,他们决定生产的方式以及产品的分配,因而资本主义生产的重要特点就是雇佣劳动制,工人由于在生产资料上的"一无所有"而成为雇佣劳动者,工人的劳动力成为商品。资本家剥削的秘密就在于依靠在生产资料占有上的不平等,从市场上获得了一种特殊的商品,这就是劳动力商品。劳动力商品在使用过程中会创造高于自身价值的价值,这就是剩余价值,这部分价值工人不能参与分配,全部被资本家占有。生产力和科学技术水平越高,工人创造的剩余价值就越大,受到的剥削就越严重。但随着生产的日益社会化,资本主义生产资料的私人占有制与社会化大生产的矛盾将越来越突出,工人争取自己权利的意识将不断增长,阶级矛盾和阶级斗争将日益激化,依靠资本主义自身的自我修复已经无法解决这些矛盾和斗争,必然有一种新的社会制度来取代,这就是社会主义制度。

在发现人类社会运动变化的规律和资本主义生产的秘密以后,马克思恩格斯通过对无产阶级实现自身解放的道路的分析,阐明了无产阶级的历史使命以及要建设的社会主义和共产主义社会的特征,形成了科学社会主义理论,使马克思主义成为包括哲学、政治经济学和科学社会主义在内的系统的理论体系。在马克思恩格斯看来,无产阶级要获得解放,首先要使自己成为统治阶级,建立维护自身利益的政权,因此推翻资本主义建立社会主义就成为无产阶级必须承担的历史使命。在资本主义向共产主义转变的过程中要经历社会主义这个阶段,这个阶段还存在旧制度的痕迹。到了共产主义这个高级阶段,生产力高度发达,社会产品极大丰富,实行各尽所能,按需分配,共产主义社会成为每一个人都能自由发展的社会。

马克思主义哲学、政治经济学和科学社会主义三个部分之间的这种自洽性使马克思主义理论成为一个具有内在紧密逻辑关联的科学理论体系,使马克思主义理论成了世界无产阶级革命和建设的行动指南。

第三,马克思主义理论的科学性在列宁领导的"十月革命"和社会主义建设中得到充分体现。

马克思主义自诞生以来就成为世界无产阶级取得革命胜利和进行社会主义建设的行动指南。科学社会主义的发展历史表明,什么时候坚持马克思主义,革命和建设就能取得成功,什么时候背离马克思主义的基本原则,革命和建设就会遇到挫折甚至走向失败。19世纪70年代以后,资本主义内部发生着一系列深刻的变化。这时,以伯恩施坦为代表的修正主义开始提出"马克思主义过时论",认为马克思主义的基本原理已经过时,不能适应新的时代需要,认为唯物主义是"宿命论",辩证法是"陷阱",剩余价值理论是"基于假设的公式",共产主义理想没有什么实际意义。伯恩施坦的这种修正主义得到了改良主义和机会主义的热烈响应,整个西欧的工人运动陷入低谷。当然,以普列汉诺夫为代表的马克思主义者始终在坚守马克思主义的阵地,坚持马克思主义的传播。

到了19世纪末20世纪初,资本主义由自由竞争阶段进入垄断阶段。垄断的出现,使资本主义生产的无政府状态有所缓解,而通过统治策略的调整以及社会福利与保障制度的实施,资产阶级与无产阶级的矛盾得到了一定程度的缓和,马克思主义的科学性继续受到来自内部和外部的挑战。对此,列宁立足于俄国革命的实际情况,提出了一系列关于无产阶级革命和斗争的观点,特别是在落后国家进行革命以及革命成功后如何建设的问题,对马克思主义发展进行了重要的理论创新。"十月革命"的胜利证明了列宁无产阶级革命理论的科学性。"十月革命"推翻了资产阶级临时政府而建立了苏维埃政权,世界上第一个社会主义国家产生,推动了世界社会主义运动的历史进程。

"十月革命"胜利以后,列宁领导布尔什维克党和人民开始建设社会主义。从战时共产主义到新经济政策再到对社会主义建设的思考,列宁形成了自己在落后国家如何建设社会主义的系列思想,这些思想后来都被证明是科学的,适应社会主义建设和发展规律。特别是到晚年,在身患重病的情况下,列宁没有停止对社会主义建设的思考,提出了许多在今天看来仍然具有非常重要价值的认识。如社会主义必须创造出比资本主义社会更高的劳动生产率,同时利用资本主义文明成果建设社会主义;无产阶级在夺取政权以后要实现党和国家工作重心的转移,即从革命转到建设上来、要通过合作社的形式引导农民走向社会主义、过渡时期要利用好商品货币关系、社会主义国家要加强国家政权和执政党自身建设,高度重视文化在社会主义建设中的重要作用等。

第四,毛泽东思想作为马克思主义中国化的第一个理论成果,是被实践证明了的科学的理论,具有鲜明的科学性。

毛泽东思想作为马克思主义中国化的第一个理论成果,其科学性主要表现在:

首先,毛泽东思想是立足于近代以来中国社会的历史变化以及中华民族伟大复兴这一历史主题而产生的,是对实践的科学回应。鸦片战争以后,在西方列强的侵略下,近代中国从封建社会逐渐沦为半殖民地半封建社会。为了挽救民族的危亡,实现民族复兴、国家富强和人民幸福的梦想,农民阶级、资产阶级改良派、资产阶级革命派都进行了斗争,特别是孙中山领导的辛亥革命,推翻了统治中国近三百年的清王朝,结束了两千多年的君主专制制度。但这些斗争最后并没有改变中国半殖民地半封建的性质,实现中华民族伟大复兴的光荣使命落在了无产阶级身上。"在中国人民和中华民族的伟大觉醒中,在马克思列宁主义与中国工人运动的紧密结合中,中国共产党应运而生。"①以毛泽东为主要代表的中国共产党人,在领导中国人民进行新民主主义革命的伟大实践中创立了新民主主义理论。从新中国成立到社会主义制度在中国的建立经历了一个过渡时期,这一阶段中国的社会性质是新民主主义社会,这是一种由新民主主义转变到社会主义的过渡性质的社会形态,不是一种独立的社会形态。这个时期,面对中国面临的复杂的社会经济政治文化状况,毛泽东提出了社会主义过渡理论,对新民主主义理论进行了进一步发展,为顺利实现过渡指明了方向。在社会主义制度建立以后,以毛泽东同志为主要代表的中国共产党人,结合新的实践丰富和发展毛泽东思想,提出了关于社会主义建设的一系列重要思想。这些思想以中国革命和建设的实践为基础,是对实践的科学回应,因而具有鲜明的科学性。

---

① 习近平:《在庆祝中国共产党成立 100 周年大会上的讲话》,人民出版社 2021 年版,第 3 页。

其次,毛泽东思想具有深刻的哲学意蕴,包含了科学的世界观和方法论,是中国革命和建设的科学指南。在《实践论》《矛盾论》和《改造我们的学习》等著作中,毛泽东把马克思主义哲学原理进行了中国化阐释,形成了具有中国共产党人特色的立场、观点和方法,这些立场、观点和方法对中国革命和建设起到了非常重要的指导作用。其中,在认识与实践的关系上,毛泽东指出,马克思以前的唯物论不是从人的社会性和历史性去看待认识问题,因而不了解认识与实践的关系。人的认识产生的客观前提是人的实践活动,只有在实践中才能产生人的认识,人的认识产生以后又反过来指导人的实践,而认识则是一个由浅入深,从现象到本质的不断深化的过程,是一个从实践到认识,又由认识回到实践,循环往复以致无穷的过程。毛泽东指出,中国革命过程中之所以出现错误,主要是我们的思想要么落后要么超前于不断发展的现实,在实践中表现为唯心论和机械唯物论,机会主义和冒险主义,表现为主观和客观相分离分裂,认识和实践相脱离。因此,无产阶级在改造世界的实践中一定要坚持科学的认识论。在对矛盾分析方法的认识上,毛泽东继承了马克思、恩格斯、列宁等经典作家关于矛盾问题的基本观点并进行了中国化的话语转换,为矛盾分析方法在中国革命中的运用提供了基本遵循。实践证明,毛泽东思想所蕴含的科学世界观和方法论意蕴不仅为中国革命和建设产生了科学的指导,而且为思想本身的科学性提供了哲学基础。

再次,毛泽东思想作为马克思主义中国化的第一个理论成果,既坚持了马克思主义的基本原则,又立足于中国实际,体现了马克思主义发展的理论品质。列宁作为第一个把马克思主义进行成功运用的无产阶级革命家和领袖,通过中心城市武装暴动夺取了政权,建立了苏维埃社会主义。中国是否也应该走俄国的革命道路通过城市武装起义建立政权,是当时摆在中国共产党人面前的迫切需要回答的问题。以王明为代表的"左"倾教条主义、机会主义者教条化地运用马克思列宁主义,导致了第五次反围剿的失败,中国工农红军被迫实施战略大转移。以毛泽东为代表的中国共产党人坚持从中国革命面临的实际出发,抓住国民党统治的薄弱环节,从而走出一条农村包围城市的革命道路,最终带领人民取得了新民主主义革命的胜利。

新中国成立初期,由于中国共产党缺乏社会主义建设的经验,采取苏联模式成为自然的选择。而苏联模式在长期建设社会主义中积累的问题在苏共二十大上被集中地揭露,引起毛泽东等中共中央领导人的密切注意。以毛泽东为代表的中国共产党人开始以苏联为借鉴来思考中国的社会主义建设应走什么样道路的问题。在后来的思考中,毛泽东指出了建设中要处理好"十大关系",提出要探索适合中国情况的社会主义建设道路的历史性任务。这"十大关系"的认知是对中国探索社会主义建设道路过程中的重要的理论成果。1956年9月15日至27日,中国共产党第八次全国代表大会在北京举行,提出了全面建设社会主义的一系列方针政策,是在坚持马克思主义基本原理的基础上对中国实际情况作出的实事求是的分析,是对马克思主义的创造性运用,体现了马克思主义的科学性品质。

二、中国特色社会主义理论内容的合时代性

理论的合时代性指理论来源于时代又回到时代中不断丰富与发展的特性。马克思主义理论的一个重要品质就是合时代性,这是马克思恩格斯在许多著作中都充分肯定了的,这种属性在中国特色社会主义理论体系上得到了充分的彰显,形成了中国特色社会主义理论的特色之一。

第一,邓小平理论科学回答了什么是社会主义,怎样建设社会主义的时代之问,为成功开创中国特色社会主义提供了科学的理论基础。

新中国成立以后,从1952年到1956年,新中国完成对农业、手工业和资本主义工商业的社会主义改造,使中国从新民主主义社会跨入社会主义社会。在中国这样的国家如何进行社会主义建设的问题在科学社会主义运动史上从来没有过先例,以毛泽东同志为核心的党的第一代中央领导集体在探索社会主义建设道路的过程中也进行了许多具有中国特点的实践。以毛泽东同志为

核心的中国共产党人在探索社会主义建设道路的过程中也进行了许多具有中国特点的实践,尤其是中共八大突出经济建设的主题,正确分析了国内形势和国内主要矛盾的变化,规定了党和全国人民在新形势下的主要任务,提出了既反保守又反冒进,即在综合平衡中稳步前进的经济建设方针,同时还着重提出了执政党的建设问题,宣告了社会主义革命的基本完成和社会主义制度的建立,提出了许多富于创造精神的新方针和新设想。党的八大以后,中国共产党领导全国人民开展了全面的大规模的社会主义建设。经过实施几个五年计划,我国建立起独立的比较完整的工业体系和国民经济体系,农业生产条件显著改变,教育、科学、文化、卫生、体育事业有了很大发展。

面对 20 世纪中叶以来新一轮科学技术革命浪潮和全球化的时代背景,在经历了"文化大革命"的挫折以后,中国在 70 年代末期面临着必须回答究竟什么才是社会主义、怎样建设社会主义的现实问题。这是因为我们曾经在社会主义建设的问题上走过弯路,究其原因是对到底什么才是社会主义以及应该怎样建设社会主义的理解不正确。如果这两个问题不解决,社会主义建设还有可能走弯路。邓小平曾经讲道,长期以来,我们一直存在一个如何正确理解马克思主义和社会主义的问题。曾经一段时间,我们对马克思主义的认识是不清楚的,马克思去世一百年以后,世界到底发生了什么变化,我们应该弄明白,搞清楚。对现实发展中的问题,我们不可能要求马克思为我们提供现成的答案。列宁也不可能为他去世以后社会发展中的问题提供答案,"真正的马克思列宁主义者必须根据现在的情况,认识、继承和发展马克思列宁主义。"[1]

邓小平对马克思主义的态度是一个真正马克思主义者的态度,对于时代的新变化向马克思主义提出的新要求,邓小平认为,当今世界,社会发展速度非常快,世界的形势也是日新月异,尤其是科学技术更是以很快的速度在发展,如果我们不以发展的眼光去看待马克思主义就不是真正的马克思主义者。

---

[1] 《邓小平文选》第三卷,人民出版社 1993 年版,第 291 页。

对于新的时代背景下如何继承与发展马克思主义,邓小平特别强调必须从时代特征出发,根据时代发展要求来不断丰富马克思主义。社会主义的本质就是解放生产力和发展生产力,最终实现共同富裕。为此,在和平与发展是时代主题的判断之下,邓小平提出了一心一意搞建设,首先把我们自己的事情处理好的发展观点,大胆开放,大力吸引一切积极力量用于国内建设的开放思想。在社会主义发展阶段、社会主义本质的认识、经济体制改革、政治建设、精神文明建设、国防军队现代化建设等方面,科学地回答了时代提出的问题,形成了具有时代特征的邓小平理论,体现了合时代性的理论特色。

第二,"三个代表"重要思想回答了在国内外形势十分复杂、世界社会主义出现严重曲折的时代特点下如何加深对什么是社会主义、怎样建设社会主义的认识,以及建设什么样的党、怎样建设党等问题,是对在21世纪党的建设面临的现实问题的科学回答。

20世纪80年代以来,新技术的不断涌现、国际政治格局的新变化以及世界社会主义运动遭受空前挫折等时代特点产生了广泛而深刻的社会影响。在中国,随着改革开放的深入推进,社会生活和党的自身状态都在发生深刻变化。特别是随着市场经济的不断发展,社会阶层发生了较大的分化,各阶层利益诉求出现较大差异,如何整合各阶层利益,协调阶层之间的矛盾与冲突,是党在新的历史时期必须要面对的现实课题。与此同时,中国共产党自身状态,特别是党员队伍构成、组织构成等都随着社会生活的变化而发生改变,这些变化对党的自身建设都提出了更高要求。

20世纪80年代末到90年代初,苏联、东欧剧变,尤其是苏联作为第一个社会主义国家,在戈尔巴乔夫"新思维"的催化下,党自身建设中积累的问题得到总爆发,苏联共产党丧失了执政地位,苏联社会主义制度被资本主义所取代。苏联、东欧剧变对世界社会主义运动带来的冲击是巨大的,特别是随着全球化的不断推进,各种文化相互渗透,各种价值观念相互影响的大背景之下,如何扛起社会主义大旗,让社会主义旗帜在世界高高飘扬,是当时摆在中国共产党人面前迫切需要回答的问题。特别是在新的历史条件下，面对国际国内形势的新变化，时代提出了"建设一个什么样的党和怎样建设党的问题"，中国共产党必须面对这些问题，不断加强自身建设，提高党的执政能力和执政水平。

"三个代表"重要思想系统地回答了党执政兴国的第一要务、党始终保持先进性的根本要求、党完成历史使命的依靠力量等根本性问题，是党在新的历史时期面对时代课题作出的科学回答，体现了党的创新理论的科学性特征。

第三，科学发展观是马克思主义同当代中国实际和时代特征相结合的产物，是党对新形势下实现什么样的发展、怎样发展等重大问题的科学回答，体现了鲜明的合时代性特征。

20世纪末，经过20多年的改革开放，我国社会主义建设取得了巨大成功。按照"三步走"战略设想，我们完成了第一步和第二步的目标，为现代化建设第三步战略目标的实现、应对各种经济风险和危机奠定了坚实的物质基础。经过改革与创新，社会生产潜力得到释放，中国特色社会主义市场经济体制基本形成，各种体制机制基本健全，对外开放格局越来越完善，人民生活水平不断提升。

但是，在实现快速发展的同时，生态环境、社会和谐、社会公平正义、人类持久和平等许多发展中的问题正成为影响中国进一步发展的问题。特别是40多年的发展虽然在经济上取得了显著成绩，但这种成绩取得所付出的资源消耗和环境代价太大，资源和环境问题成为制约中国不断发展的瓶颈。同时，人民群众的生活水平在得到改善的同时，社会贫富悬殊的差距仍然较大，社会公平正义还不能遍及所有领域。这些问题的产生，提出了我们到底应该"实现什么样的发展和怎样发展"的时代课题。以胡锦涛为主要代表的中国共产党人深刻分析当前我国发展的阶段性特征，正视我国经济社会发展中存在的问题，提出了科学发展观，回答了"实现什么样的发展、怎样发展"的问题，表现了鲜明的时代性特征。

第四,在新时代,习近平就坚持和发展什么样的中国特色社会主义、怎样坚持和发展中国特色社会主义,建设什么样的社会主义现代化强国、怎样建设社会主义现代化强国,建设什么样的长期执政的马克思主义政党、怎样建设长期执政的马克思主义政党等重大时代课题,提出了一系列原创性的治国理政新理念新思想新战略,形成了习近平新时代中国特色社会主义思想,表现了强烈的现实和时代关照。

2010 年,中国成为世界上第二大经济体,中国发展所面临的国际环境悄然发展变化。一方面,中国现在已经进入"发展起来的时期",经济总量、人民生活水平、国家综合国力都有了显著提升,中国正由大国向强国转化,从"富起来"到"强起来"已经成为时代的最强音,实现"两个百年"奋斗目标和中华民族伟大复兴的中国梦已成为党中央新一代领导集体和全体中国人民新的历史使命;另一方面,发展中面临的新的挑战已然出现。从国内来看,经济总量的增长并不意味着综合国力的自然提升,社会发展进步中的短板不断出现,许多深层次矛盾不断暴露出来,改革进入"深水区",发展中出现的不平衡、不协调和不可持续的问题没有在根本上得到解决;从国际上看,虽然和平与发展成为时代主题的基本判断没有变,但国家和地区间的矛盾和冲突时有发生,某些大国对中国发展进步所表现出来的怀疑、否定甚至打压都给中国的发展带来了挑战。

面对新的时代课题,以习近平同志为核心的党中央把握时代特点,回应时代要求,形成了习近平新时代中国特色社会主义思想,这是马克思主义中国化的最新理论成果,是当代中国的马克思主义、21 世纪的马克思主义,是中华文化和中国精神的时代精华,实现了马克思主义中国化新的飞跃,体现了鲜明的合时代性特征,是对时代面临的发展问题的最好回应。

三、中国特色社会主义理论体系的合逻辑性

合逻辑性是任何科学理论必须具有的基本属性,是理论准确反映客观现

实规律的基本要求。中国特色社会主义理论的合逻辑性主要体现在合科学社会主义的理论逻辑性、合中国社会发展的历史逻辑性两个方面,是客观规律性与主体选择性的统一。正如习近平指出的:"中国特色社会主义,是科学社会主义理论逻辑和中国社会发展历史逻辑的辩证统一,是根植于中国大地、反映中国人民意愿、适应中国和时代发展进步要求的科学社会主义,是全面建成小康社会、加快推进社会主义现代化、实现中华民族伟大复兴的必由之路。"①

第一,中国特色社会主义理论的内在逻辑根据是科学社会主义的理论逻辑,是科学社会主义理论与中国实际相结合的产物。

首先,科学社会主义理论有其自身的内在逻辑理论,这种逻辑就是贯穿于整个理论体系之中的内在关系,是科学社会主义基本原理科学性的内在依据。

作为马克思主义的基本组成部分之一,科学社会主义理论逻辑首先是与马克思主义哲学、马克思主义政治经济学一道构成了一个自洽的理论体系。马克思主义哲学为科学社会主义提供了世界观和方法论的基础,特别是历史唯物主义的基本原理为社会运动的分析提供了科学的遵循,政治经济学则为科学社会主义理论的产生提供了基于现实的分析框架。可以这样认为,没有历史唯物主义提供的对社会运动的科学分析方法,就不可能有共产主义的科学结论,没有对现实资本主义生产方式的分析,就不可能有对资本主义本质的揭露,也就不可能有"两个必然"和"两个决不会"的科学结论。

其次,科学社会主义的理论逻辑体现为实践对理论的决定性作用的过程。科学社会主义理论的产生不是马克思恩格斯纯粹个人的思想产物,而是建立在资本主义发展和无产阶级争取自身解放的现实运动之上。

资本主义生产方式自近代产生以来获得了快速发展,机器化大生产逐渐取代工场手工业,这种变化不仅带来了技术上的革命,而且带来了社会关系的深刻变革。一方面,机器化大生产提升了生产速度,提高了生产效率,增加了

---

① 《习近平谈治国理政》,外文出版社2014年版,第21页。

社会财富的总量;但另一方面,机器化大生产也加快了资产阶级与无产阶级的阶级分化和阶级对立,社会财富分配逐渐向有产阶级集中,无产者则日益走向贫困,阶级矛盾更加激化,工人运动蓬勃兴起。科学社会主义正是建立在这种因为生产资料占有上的不公平所引发的社会矛盾和冲突的客观现实基础之上,是无产阶级争取自身解放的科学指南。

再次,科学社会主义理论的形成不是一蹴而就的,而是一个自身不断完善和不断发展的过程。

科学社会主义理论的产生、形成过程与马克思恩格斯的政治立场和世界观的转变与理论上的不断探索是一致的。早在波恩大学和柏林大学学习期间(1835 年 10 月—1841 年 3 月),马克思积极参加青年黑格尔运动,这期间的思想总体上体现出黑格尔派的思想色彩,但已经有了超越黑格尔哲学的思想动向。在《莱茵报》工作期间(1842 年 1 月—1843 年 3 月),是马克思从唯心主义世界观转向唯物主义世界观、从革命的民主主义转向共产主义的起点。其间,马克思在《莱茵报》上发表了一系列文章,对现实社会制度进行了深入批判。在接触大量的社会现实的过程中,已经初步认识到物质利益在社会生活中的决定性作用以及社会关系的客观性等问题,并开始了对黑格尔哲学的批判,特别是 1844 年初发表的《论犹太人问题》和《〈黑格尔法哲学批判〉导言》,标志着马克思向历史唯物主义迈出了重要的一步,也标志着马克思成了坚定的共产主义者。恩格斯早期的思想也经历了相似的变化过程,思想上总体表现出青年黑格尔派的特点,但恩格斯对工人阶级生产生活状况的深入了解,促使他从对"哲学共产主义"的关注转向了对社会经济关系和政治关系的分析,已经认识到了社会历史发展的决定力量不在于精神而在于经济的物质力量。

在《1844 年经济学哲学手稿》(以下简称《手稿》)和《英国工人阶级状况》中,马克思恩格斯对新的世界观进行了深入的理论探究,为唯物史观的创立作了直接的理论准备。在《手稿》中,马克思开始了政治经济学的探索,并提出了自己的新的哲学观点,为唯物史观和唯物辩证法的创立作了准备。《英国工人阶级状况》是恩格斯开始从社会历史变化的根本动因和资本主义大工业发展的角度对无产阶级的历史地位和历史使命作出的较为深入的分析,为历史唯物主义的产生提供了充分的理论准备,到标志着马克思主义正式创立的《共产党宣言》产生之前,马克思恩格斯在理论探索中还进行了对旧思想的彻底清算,特别是《神圣家族》为科学社会主义理论的产生奠定了唯物主义历史观的基础。《关于费尔巴哈的提纲》则是"包含着新世界观的天才萌芽的第一个文献",确立了马克思主义科学的实践观,解决了社会存在和社会意识这一历史观上的基本问题。《德意志意识形态》则确立了唯物史观的基本理论和基本原则,是唯物史观基本形成的标志,不仅实现了马克思主义在哲学上的革命性变革,而且为创立完整的马克思主义理论体系奠定了坚实的世界观和历史观基础。

《共产党宣言》标志着马克思主义的创立,是科学社会主义的第一个伟大纲领,充分体现了马克思主义的科学性和革命性特征,为世界无产阶级革命提供了行动指南。19 世纪 40 年代开始,马克思恩格斯在创立唯物史观的同时,也在研究政治经济学。1867 年《资本论》第一卷德文第一版正式出版,马克思恩格斯创立了剩余价值理论,形成了马克思主义政治经济学。19 世纪 70 年代到 90 年代,资本主义从自由竞争向垄断阶段过渡,工人运动不断发展,资本主义的发展出现了许多新的特征,马克思恩格斯针对新的时代课题开展了系列研究,深化和丰富了科学社会主义理论。

到马克思恩格斯晚年,面对社会主义运动出现的一些新的特点,还对东方国家发展社会主义等问题进行了深入思考。可以看出,科学社会主义理论的产生过程,是一个理论自身不断丰富、不断回应实践的过程,体现了理论自身的逻辑性。

第二,中国特色社会主义理论的合逻辑性还体现在理论符合中国社会发展的历史逻辑,是中国社会发展实践进程在理论上的逻辑展现。

首先,中国特色社会主义理论是对近代以来中国在探索民族复兴道路问题上的理论回答,反映了中国社会发展的内在要求。

1840年鸦片战争以后,太平天国运动、义和团运动、辛亥革命接连而起,各种救国方案轮番出台,但都以失败告终。中国共产党领导的新民主主义革命最终完成了这一历史任务,建立了社会主义新中国。由于中国共产党在早期社会主义建设中缺乏经验,中国社会主义建设走过了一段曲折的道路。改革开放以后,中国在社会主义建设上找到了符合自己实际的道路,逐步建立了具有中国特色的社会主义制度体系,探索形成了符合中国实际的中国特色社会主义道路。因此,中国特色社会主义理论扎根于中国社会发展的客观现实之中,是中国社会发展的内在逻辑在理论上的体现,具有鲜明的合历史逻辑性。

其次,中国特色社会主义理论是对改革开放以来中国特色社会主义建设实践所遇到的各种矛盾和问题的理论回应,反映了中国特色社会主义发展的内在要求。

十一届三中全会以来,中国共产党坚决纠正了在发展问题上的错误思想,确立了解放思想、实事求是的思想路线,开启了中国特色社会主义建设的新航程。作为一项开创性的事业,中国特色社会主义在每一个建设时期都会面临许多新的问题,如"什么是社会主义""怎样建设社会主义"等问题,"建设一个什么样的党""怎样建设党"等问题,"我们应该以什么样的方式发展""社会发展的各方面如何实现和谐"等,"新的历史时期应该有什么样的发展战略和发展理念""经济新常态背景下如何处理供给侧与需求侧的关系问题""党的自身建设如何适应新的发展需要"等,这些发展中的问题催生了中国共产党人的理论思考与创新,也为中国特色社会主义理论的形成与发展提供了客观的逻辑前提。

再次,中国特色社会主义理论不仅是对过去和现在的发展回应,也是对中国特色社会主义建设面向未来的前瞻性思考。

党的十八大以来,以习近平同志为核心的党中央,面对新的历史时期的新情况和新问题,高瞻远瞩、统筹谋划"两个百年"奋斗目标的美好愿景,提出了"五位一体"总体布局、"四个全面"战略布局和"五大发展理念"等一系列新理念新思想新战略,形成了习近平新时代中国特色社会主义思想。这些新理念新思想新战略不仅是对新的历史时期社会发展的理论回应,也对中国实现"两个百年"奋斗目标具有重要的指导性。习近平新时代中国特色社会主义思想,蕴含着一系列相互联系、相互贯通的新理念新思想新战略,是一个系统完整、逻辑严密的科学理论体系,为坚持和发展中国特色社会主义、实现"两个百年"奋斗目标和中华民族伟大复兴的中国梦提供了科学理论指导和行动指南。

第二节　中国特色社会主义的理论传承性

中国特色社会主义理论是与马克思列宁主义、毛泽东思想一脉相承的理论体系。所谓一脉相承,指的是中国特色社会主义理论体系在理论精髓、价值理念、理论品质等方面与马克思列宁主义、毛泽东思想本质上是一致的。中国特色社会主义的这种一致性是中国始终高举中国特色社会主义伟大旗帜的理论前提,也是中国特色社会主义在不同时期的理论创新成果始终能够站在时代前沿的根本原因。

一、理论精髓的传承

马克思主义是一个具有丰富内容的博大精深的理论体系,其中蕴含着的理论精髓是其理论的活的灵魂,也是理论能够始终保持其生命力的关键所在。恩格斯在谈到马克思的理论时曾多次讲道,马克思的整个世界观不是不变的教义,也不是现成的教条,而是一种方法,是进一步开展研究的出发点。恩格斯没有把马克思的思想看作一个封闭不变的体系,同样,恩格斯对于自己的思想也要求人们不要看作是僵化不变的东西,认为人的认识与自然界的变化一样,应该是不断发展变化的。列宁在运用马克思主义的过程中,在强调马克思主义是科学的世界观和方法论时认为马克思主义的精髓和活的灵魂是"对具体情况作出具体分析"。列宁的这种观点为后来中国共产党人在提炼马克思主义的精髓时给予了重要的指导。

毛泽东也赞同具体问题具体分析是马克思主义的精髓,在革命和建设时期也多次谈到这一点。在《反对本本主义》一文中,毛泽东提出了党的思想路线的问题,认为中国革命必须从中国实际出发,不能照搬书本搞本本主义和教条主义。党的重要决策绝不是少数人坐在房子里面就能作出的,而是要在实际的斗争中产生,要深入到群众中去随时了解实际情况。在1943年的中央政治局会议上,毛泽东分析抗战形势时讲道,马克思主义的灵魂(本质),是具体问题具体分析。在后来的相关讲话中多次强调这一点。在党的七大上,毛泽东指出,"马克思主义的精髓是对具体的问题作具体的分析。"①在60年代,毛泽东再次强调"认真调查研究,对具体问题作出具体的分析,而不是抽象的主观主义的分析,这是马克思主义的灵魂"。②

1986年,邓小平同美国记者迈克·华莱士谈话时说:"我是个马克思主义者。我一直遵循马克思主义的基本原则。"③作为一位马克思主义者,邓小平的建设有中国特色社会主义理论的产生和形成从根本上说就是继承了马克思主义的精髓,坚持实事求是的思想路线的产物。正是这种理论精髓的继承,邓小平才能够开创性地提出中国特色社会主义建设中的许多战略决策,解决了发展中面临的许多理论问题,开启了中国特色社会主义征程。

江泽民在谈到始终将"三个代表"重要思想贯彻落实到党的全部工作时特别要求各级领导干部要做到解放思想,实事求是,具体问题具体分析。认为建设有中国特色社会主义,许多问题没有本本可以找,需要运用马克思主义基

---

① 《毛泽东文集》第三卷,人民出版社1996年版,第398页。
② 《建国以来毛泽东文稿》第9册,中央文献出版社1992年版,第605页。
③ 《邓小平文选》第三卷,人民出版社1993年版,第173页。

本原理在分析和总结新情况和新的实践中求得解答。死搬教条，不顾实践发展提出的新要求，据不能前进。要求广大干部"坚持理论联系实际，进一步解放思想，实事求是，大胆创新、开拓进取，绝不能因循守旧、固步自封"①。

胡锦涛在谈到建设中国特色社会主义道路时特别强调要坚持解放思想、实事求是的思想路线和认识路线，认为"建立社会主义市场经济体制将会遇到许多新情况新问题。这就要求我们解放思想、实事求是、积极探索、勇于创新"②。"把建设有中国特色社会主义事业推向前进，必须更加重视把握解放思想、实事求是这个马克思主义的精髓。"③

继承马克思主义的理论精髓并与实际相结合是中国共产党人的一贯作风，也是中国特色社会主义理论对于马克思主义理论的传承性上最重要的表现。党的十八大以来，习近平同志高度重视对马克思主义理论的继承问题。在主持十八届中央政治局第四十三次集体学习时讲道，中国共产党是用马克思主义武装起来的政党，马克思主义是共产党人理想信念的灵魂。他指出，虽然我们今天所处的时代与马克思恩格斯生活的时代不同，但马克思主义的科学性与真理性在实践中越来越得到更加充分的证明。不管在什么时候，我们都要坚持从实际出发，理论联系实际的思想路线和认识路线，在实践中不断发展马克思主义。

二、价值理念的传承

价值问题根本上是利益问题，对一个政党而言，政党的价值取向是其行动的出发点和行为选择的标准，是在处理少数人与多数人、政党自身与其他政党、政党利益与广大人民群众的利益时坚守的原则。为绝大多数人谋利益，通过解放自身而解放全人类，通过发展自身而推进整个社会的发展作为科学社

---

① 《江泽民文选》第三卷，人民出版社 2006 年版，第 26 页。
② 《胡锦涛文选》第一卷，人民出版社 2016 年版，第 63 页。
③ 《胡锦涛文选》第一卷，人民出版社 2016 年版，第 87 页。

会主义的根本价值取向,在科学社会主义的进程和中国特色社会主义建设进程中无疑得到了有效的传承。

马克思、恩格斯在《共产党宣言》中称:共产党人"没有任何同整个无产阶级的利益不同的利益。不提出任何特殊的原则,用以塑造无产阶级的运动"。无产阶级运动"为绝大多数人谋利益",无产阶级不可能有自己的特殊利益,而无产阶级的政党——共产党更不可能有自己的特殊利益。马克思恩格斯认为,无产阶级的运动与之前的运动有很大的不同,其中最大的差异是运动的价值取向不同。在马克思恩格斯看来,过去一切运动从主体上看都是少数人的运动,从运动的目的看,都是为少数人谋取利益的。而无产阶级运动的价值理念是为绝大多数人谋利益,无产阶级就是要通过对占有社会绝大多数财富的少数人利益的剥夺而让大多数人获得利益,最终建立一个人可以自己支配自己本质的社会,即自由人联合体。在马克思看来,资本主义虽然创造了比在这之前任何社会都更高的生产力和财富,但资本主义的发展是建立在不正义的价值取向之上的,其发展是以少数人的利益的增长为出发点,一个人财富的积累为其行为选择的兼职取向,因此其发展模式是一种不应该追求的价值方向。

中国特色社会主义理论直接继承了马克思主义创始人为无产阶级运动所确立的价值理念。邓小平认为,在社会主义社会中,一个是公有制占主体,一个是共同富裕,这都是社会主义制度下不能动摇的根本原则。邓小平在很多时候都不断提醒人们要关注社会发展中出现的两极分化现象,认为如果因为我们的政策导致了两极分化,那就意味着我们的发展是失败的,如果发展过程中产生出了新的资产阶级,那么我们的发展就真的走上邪路了。共同富裕解决的是物质财富的拥有状态,人的全面发展目标还包括精神财富的拥有。在马克思主义人的全面发展目标中,全面发展的人不仅要拥有丰富的物质财富,同时也应该拥有丰富的精神财富,实现人在物质、精神、道德、心理和技能方面的全面发展。建设社会主义,不仅要有丰富的物质财富,还要有丰富的精神财富,我们不仅要建设物质文明,也要建设精神文明。建设社会主义精神文明,就是要使我们的人民都成为有理想、讲道德、有文化、守纪律的人民。邓小平从物质和精神两方面的统一上坚持了社会主义的价值目标。

这种价值理念在"三个代表"重要思想中得到了充分体现。中国共产党人代表的不是少部分人的利益,也没有自己的私利,而是代表的最广大人民的根本利益。所以江泽民要求,"全党同志的一切工作都是全心全意为人民服务的,都是为了实现好、维护好、发展好人民的利益,任何脱离群众、任何违反群众意愿和危害群众利益的行为都是不允许的"。①

科学发展观首先明确了以人为本的价值取向,始终把实现好、维护好、发展好最广大人民的根本利益作为党和国家一切工作的出发点和落脚点。同时,通过全面协调可持续发展和统筹兼顾保证以人为本价值目标的实现。

习近平在谈到共产党人的初心和使命时指出,共产党人的初心和使命是为中国人民谋幸福,为中华民族谋复兴。共产党人没有自己的私利,共产党人追求的是人民和民族的利益。这种价值理念体现在执政实践中就是坚持以人民为中心的发展思想,始终坚持为人民服务,始终以人民的利益作为党的核心利益,把人民群众对美好生活的期待作为党的奋斗目标。在庆祝中国共产党成立 100 周年大会上,习近平指出,"中国共产党始终代表最广大人民根本利益,与人民休戚与共、生死相依,没有任何自己特殊的利益,从来不代表任何利益集团、任何权势团体、任何特权阶层的利益。"②这种一以贯之的价值理念,是中国共产党永葆初心,牢记使命的理念基础。

三、理论品质的传承

马克思主义理论作为指导无产阶级解放自身最终解放人类,消灭资本主

---

① 《江泽民文选》第三卷,人民出版社 2006 年版,第 3 页。
② 习近平:《在庆祝中国共产党成立 100 周年大会上的讲话》,人民出版社 2021 年版,第11—12 页。

义开始社会主义建设进而实现共产主义的科学理论，自产生以来，就在理论上科学地解释了资产阶级为什么能够占有剩余价值，无产阶级为什么受剥削的根由，也科学地划分了共产主义社会的实现必须经历的阶段，描绘了理想社会的蓝图，在人类思想史上具有非常重要的创新意义。在实践上，马克思主义理论通过列宁领导的十月革命变成了现实，通过世界科学社会主义运动变成了活生生的现实，特别是通过中国特色社会主义的成功实践，使理论的科学性得到进一步的实证。究其原因，是因为马克思主义理论具有与时俱进的理论品质，即始终保持理论与实践的张力，不断回应实践提出的问题，同时引领实践的发展。

马克思主义这种理论品质在创始人那里已经蕴含在他们对理论本身的认识之中。马克思在《关于费尔巴哈的提纲》里讲道，人的思维是否具有客观的真理性，这不是一个理论问题，而是一个实践问题。马克思认为，人的思维的正确性不能依靠理论来解释，而应该在实践中去证明自己的真理性，也就是要通过实践来证明自己思维的现实性和力量性，使思维达到自己的彼岸。马克思在这里提出要通过实践来证明自己思维的真理性，就是认为理论必须与活生生的现实生活相对接才能够证明自己，活生生的现实是变化的，理论必须关照现实，理论自然也应该根据现实的情况而不断发展。马克思本人对待自己的理论也是根据时代的变化而不断修正自己的结论。

保持理论与实践的这种张力，使理论不要被当作教条，而是根据实践的变化而进行必要的修正，这是马克思主义创始人一直强调的理论必须具备的品质。在谈到有人错误地将自己关于西欧资本主义起源的历史概述彻底变成一般发展道路的历史哲学理论时，马克思列举了在《资本论》中他对古代罗马平民所遭到的命运的看法。提出了"极为相似的事变发生在不同的历史环境中就引起了完全不同的结果。如果把这些演变中的每一个都分别加以研究，然后再把它们加以比较，我们就会很容易地找到理解这种现象的钥匙；但是，使用一般历史哲学理论这一把万能钥匙，那是永远达不到这种目的的，这种历史哲学理论的最大长处就在于它是超历史的"①。马克思在这里所谓的"超历史的",就是指实践的,是活生生的现实,理论不能仅停留在自圆其说的藩篱之中,必须紧紧跟随实践的变化,反映现实的生产和生活的要求。

列宁在领导俄国十月革命和进行社会主义建设的过程中,及时地根据俄国当时的社会实际进行了理论上的创新,体现了马克思主义与时俱进的理论品质。列宁在"一国革命论"、社会主义革命的条件分析、新经济政策、无产阶级政权建设等理论分析上都根据时代的变化对马克思主义理论进行了发展与完善,这为后来世界无产阶级革命提供了重要遵循。

根据现实情况的变化不断发展自己的理论是马克思主义中国化体现出来的理论品质。毛泽东思想作为马克思主义中国化的第一个理论成果,在中国近代社会性质判断、中国革命的对象、任务和动力、道路,以及从民主革命向社会主义的过渡、社会主义建设等理论问题上,毛泽东都根据中国社会变化发展了马克思主义理论。

中国特色社会主义理论体系作为创新性理论成果,继承了马克思主义发展过程中所形成的理论品质,总是针对时代的变化不断创新与发展。无论是每一个阶段的理论创新成果还是每一个成果本身,都没有将自己固化在一个已有的框架之中,而是始终体现了对现实问题的关照,都根据每一个时代所提出的时代课题进行了理论的丰富与完善。

党的十八大以来,以习近平同志为核心的党中央面对中国特色社会主义建设中出现的新的问题,总是能够根据实践的新变化作出理论上的创新,体现了与时俱进的理论品质。如在中国成为世界第二大经济体以后,经济总量已经达到了一定高度,经济保持可持续性发展就成为我们必须面对的现实问题。在这个背景下,习近平提出了我国经济发展已经进入新常态的理论判断,为新的历史条件下继续推进中国经济健康持续发展提供了理论指导。当全球性问

---

① 《马克思恩格斯选集》第三卷,人民出版社 2012 年版,第 730—731 页。

题越来越突出,全球国家之间的相互影响越来越深的时代背景下,如何建构新型国际关系摆在了世界面前,这时候,人类命运共同体思想应运而生,为世界各国共建人类命运共同体指明了方向。

总之,从马克思列宁主义,到毛泽东思想,再到中国特色社会主义理论体系,它们都是在不同时期、不同背景下不断发展了的马克思主义,他们都始终坚持同一个理论的精髓、价值理念和理论品质。中国特色社会主义理论体系在继承中创新,在创新中发展,是充分体现了中国特色的理论创新成果。

第三节　中国特色社会主义理论的创新性

作为一个包含邓小平理论、"三个代表"重要思想、科学发展观以及习近平新时代中国特色社会主义思想在内的丰富的理论体系,中国特色社会主义理论体系在许多方面的理论认知都具有创新意义,这种创新意义不仅对理论的产生具有重要意义,而且对理论的不断丰富和完善也具有非常重要的指导性价值。

一、中国特色社会主义理论的内容创新性

中国特色社会主义理论内涵十分丰富,涵盖了经济、政治、文化、社会、生态、国防、外交、军队、"一国两制"和党的建设等方方面面,内容体系不仅传承了马克思主义和毛泽东思想的理论精髓、理论价值和理论品质,同时直面时代问题进行大胆的理论创新,在不同的时期产生了许多重要的理论创新成果,在马克思主义理论发展史上具有非常重要的开创性意义。

以社会主义市场经济为例。市场经济与计划经济作为两种经济体制,其根本性差别在于社会经济运行中对资源的调配是以市场为主还是以计划为主。作为经济运行体制,其核心在于资源调配方式而不是资源的占有方式,因而无论是公有制还是私有制条件下都可以实行市场经济或者计划经济。但有

一段时间,由于苏联模式的影响,人们总是把市场经济与资本主义画等号,把计划经济与社会主义画等号,形成了在经济体制问题上的认识藩篱。

由于对社会主义的设想是建立在对资本主义商品经济的批判之上,因而马克思恩格斯希望中的未来社会应该是具有高度计划性的社会,生产是在社会占有生产资料的基础上实现有计划的生产,产品分配在过渡阶段按照每个人对社会付出的劳动实行按劳分配,在高级阶段则是实行按需分配,这样社会生产可以避免盲目性,社会产品分配也可以实现最大限度的公平。后来从列宁到毛泽东都在马克思恩格斯的基础上有所发展,不同程度地认识到社会主义与市场经济的某种不可分割性,特别是列宁在新经济理论中提出了在社会主义发展商品经济的思想,但列宁的这种思想并没有在后来苏联的社会主义实践中得到贯彻。我国在改革开放以前,在党内长期存在把市场经济看作是资本主义才能实现的经济体制,而社会主义制度下只能实行计划经济,把市场经济与社会主义相对立。

这种认识上的藩篱严重制约了中国社会主义建设的发展。改革开放以前,由于经济体制的单一所产生的问题越来越突出,社会生产力要素的潜能不能得到有效发挥,市场活力不能得到释放。从 1979 年开始,邓小平多次谈到了不能把市场经济与社会主义对立起来。1979 年 11 月 26 日,邓小平在会见外宾时就谈到了这个问题,他认为,市场经济不能说只是资本主义的。中国建设社会主义,为什么不可以搞市场经济。他同时指出,中国搞市场经济,虽然在方法上与资本主义市场经济有相似之处,但本质上是不同的,中国的市场经济是社会主义市场经济。在后来的多次讲话中,邓小平还指出,计划与市场只是经济发展的手段,不能一说到市场经济就是资本主义的东西,社会主义只能搞计划经济。他还认为,在中国社会主义建设中,既要发展市场经济,同时也不能不要计划经济,要认真处理好市场经济与计划经济的关系。

社会主义市场经济理论在马克思主义理论发展进程中具有非常重要的创新意义,它回答了长期以来困扰人们的关于社会主义与市场经济的关系问题,为中国特色社会主义提供了经济体制保障。在党的十四大将市场经济体制确定为我国经济体制改革的目标以后,党的十四届三中全会通过了《中共中央关于建立社会主义市场经济若干问题的决定》,对社会主义市场经济的发展作出了具体规划,接下来的党的十五大至党的十九大,对中国特色社会主义市场经济理论进行了不断丰富和完善,使社会主义市场经济理论成为中国特色社会主义创新理论的重要组成部分。党的十九届四中全会将社会主义市场经济体制与公有制为主体、多种所有制经济共同发展,按劳分配为主体、多种分配方式并存,并列为中国特色社会主义经济的根本制度。

党的十八大以来,以习近平同志为核心的党中央立足新时代所产生的新变化,从中国特色社会主义建设面临的新情况、新任务和新要求,运用马克思主义基本原理进行了大胆的理论创新,在强军思想、外交思想、经济思想、生态文明思想、法治思想以及关于政协工作、宣传思想、统一战线、网络强国、青年工作、党的建设等方面提出了一系列具有创新意义的理论成果,不断丰富和发展了马克思主义,为新时代中国特色社会主义建设指明了方向。

二、中国特色社会主义理论的现实指向性

中国特色社会主义理论产生于中国特色社会主义的伟大实践中,其产生过程是一个大胆直面问题而又不断解决问题的过程。习近平在《关于〈中共中央关于全面深化改革若干重大问题的决定〉的说明》中指出,"我们中国共产党人干革命、搞建设、抓改革,从来都是为了解决中国的现实问题。可以说,改革是由问题倒逼而产生,又在不断解决问题中得以深化。"①中国共产党人团结带领中国人民一方面大胆进行实践探索,另一方面又抓住实践中的问题不断从理论上进行创新,使实践始终在科学理论指导下不断前进,理论则在实践的发展中不断完善。

---

① 《习近平谈治国理政》,外文出版社 2014 年版,第 74 页。

改革开放以来,面对什么是社会主义以及怎样建设社会主义的问题,邓小平理论应运而生;面对建设一个什么样的党,怎样建设党的问题,形成了"三个代表"重要思想;面对实现什么样的发展,怎样发展的问题,产生了科学发展观;而面对坚持和发展什么样的中国特色社会主义,怎样坚持和发展中国特色社会主义、建设什么样的社会主义现代化强国,怎样建设社会主义现代化强国,建设什么样的长期执政的马克思主义政党,怎样建设长期执政的马克思主义政党的时代之问,产生了习近平新时代中国特色社会主义思想。这些理论都是在实践中不断丰富和完善进而形成内容丰富体系完整的创新理论,表现出鲜明的现实针对性。

党的十八大以来,习近平特别重视理论对现实问题的解决。在 2016 年 5 月 17 日举行的哲学社会科学工作座谈会上,习近平要求广大哲学社会科学工作者要"深入研究和回答我国发展和我们党执政面临的重大理论和实践问题,推出一大批重要学术成果,为坚持和发展中国特色社会主义作出重大贡献。"[1]在这次讲话中,习近平用了"六个如何"谈到了哲学社会科学必须回答的几个问题,"如何巩固马克思主义在意识形态领域的指导地位,培育和践行社会主义核心价值观,巩固全党全国各族人民团结奋斗的共同思想基础""如何贯彻落实新发展理念、加快转变经济发展方式、提高发展质量和效益""如何更好保障和改善民生、促进社会公平正义""如何提高决策水平、推进国家治理体系和治理能力现代化""如何加快建设社会主义文化强国、增强文化软实力、提高我国在国际上的话语权""如何不断提高党的领导水平和执政水平、增强拒腐防变和抵御风险的能力,使党始终成为中国特色社会主义事业的坚强领导核心"[2]。这六个方面的问题无疑都关乎中国特色社会主义建设的

---

[1]　习近平:《在哲学社会科学工作座谈会上的讲话(2016 年 5 月 17 日)》,人民出版社 2016 年版,第 6 页。

[2]　习近平:《在哲学社会科学工作座谈会上的讲话(2016 年 5 月 17 日)》,人民出版社 2016 年版,第 6—7 页。

重要方面,也是中国特色社会主义理论体系创新发展需要直面的问题。

习近平新时代中国特色社会主义思想的现实针对性不仅体现在对中国如何建成社会主义现代化强国,实现中华民族伟大复兴目标的科学回答,同时也体现在对当今世界面临的共同问题的关注,特别是人类命运共同体思想的提出对推动人类历史车轮向着光明的目标前进具有非常重要的意义,为和平、发展、合作、共赢的新型国际关系提供了中国方案。

三、中国特色社会主义理论的前沿性

中国特色社会主义建设实践是一个直面现实又不断解决现实问题的过程,因而,在实践中产生的理论始终站在中国以及人类社会发展前沿,不断地关注和回答现实发展中的问题,体现出鲜明的理论前沿性特点。

人类社会进入 21 世纪以后,世界经济、政治、文化、全球治理等方面都发生了巨大变化。特别是随着 2008 年金融危机以后,西方主要发达国家经济发展受到了重创,经济出现持续低迷,而一大批新兴国家则实现了快速发展,新兴经济体成为维护世界经济稳定和推动世界经济发展的主要力量,以金砖五国为代表的新兴市场国家在全球经济复苏中扮演着越来越重要的角色。随着经济地位的上升,这些新兴国家在国际事务中也发挥着越来越大的作用,世界格局由单极向多极变化。一方面,以美国为代表的老牌发达国家虽然经济增长缓慢,但它们在经济、科技、军事、文化等方面仍然具有较大的优势,它们希望继续维持在国际事务中的主导地位;另一方面,新兴市场国家由于在经济活动中话语权的不断上升,在国际事务中拥有更多话语权成为这些国家的重要诉求。这种情况下,建构一种新的全球治理模式就成为当下人类发展中必须要面对的紧迫问题。

党的十八大以来,以习近平同志为核心的党中央面对国际局势发生的巨大变化,深刻洞察时代的风云变幻,准确把握时代发展特征,站在人类共同发展的高度,深刻认识到我们生活的世界是一个挑战和希望并存的世界,人类应该对自己的未来充满信心,"不能因现实复杂而放弃梦想,不能因理想遥远而放弃追求。"①习近平指出,世界上的各个国家要相互尊重,在国际事务中平等协商,不能用冷战思维来处理今天的国际关系。国家与国家之间要开展对话而不是对抗,要形成共同繁荣发展的伙伴关系而不是结盟关系,在国与国的对话中解决争端,在协商中解决分歧。世界本来就是由具有各种文化特征的民族和国家组成的,每一个国家和地区都是这个大家庭中的一员。在世界各国联系越来越紧密的今天,没有哪一个国家能够独立地应对人类发展中出现的各种问题,只有同舟共济才能共渡难关。因此,我们应当尊重世界文明的多样性,在各种文明的相互交往中相互借鉴,共同发展,合作应对发展中出现的问题,构建一个美丽、清洁和繁荣的世界。

习近平指出,"中国特色社会主义理论体系是指导党和人民沿着中国特色社会主义道路实现中华民族伟大复兴的正确理论,是立于时代前沿、与时俱进的科学理论。"②中国特色社会主义理论的前沿性是中国特色社会主义实践始终走在世界前列,不断推动中国走向世界舞台中央的理论支撑,是马克思主义时代化的生动体现,是中国特色社会主义理论与时俱进的关键所在。

第四节　中国特色社会主义理论的人民性

中国共产党人的初心和使命就是为民族谋复兴,为人民谋幸福。为人民,是中国共产党人亮丽的政治本色,这种政治本色不仅体现在革命和建设中依靠人民,充分发挥人民群众的积极性,也体现在革命和建设的价值取向和目的都始终围绕人民,服务人民。因此,中国特色社会主义理论具有鲜明的人民性特色,这是中国共产党为人民的政治本色在理论上的具体体现。

---

① 习近平:《决胜全面建成小康社会　夺取新时代中国特色社会主义伟大胜利——在中国共产党第十九次全国代表大会上的讲话》,人民出版社 2017 年版,第 58 页。

② 《习近平谈治国理政》第二卷,人民出版社 2017 年版,第 51 页。

一、尊重人民的主体地位

唯物史观认为：人民群众是历史的创造者，是社会物质财富和精神财富的创造者，是社会变革的决定性力量。早在《神圣家族》中，马克思、恩格斯就深刻认识到："历史什么事情也没有做，它'并不拥有任何无穷尽的丰富性'，它并'没有在任何战斗中作战'！创造这一切、拥有这一切并为这一切而斗争的，不是'历史'，而正是人，现实的、活生生的人。'历史'并不是把人当做达到自己目的的工具来利用的某种特殊的人格。历史不过是追求着自己目的的人的活动而已。"[1]

社会主义制度的确立为人民当家作主提供了制度保障，人民成为国家和社会的主人，领导和管理国家与社会事务。所以毛泽东多次讲，共产党员要虚心向群众学习，要能够当群众的小学生，群众才是革命的英雄。中国共产党历来重视群众的主体性作用，在革命时期，通过广泛调动人民群众对革命的积极参与，推动了城市工人此起彼伏的斗争，通过对农民群众的充分调动，产生了波澜壮阔的农民运动，人民群众的主体性得到了充分发挥。

改革开放以后，中国共产党人继续坚持尊重人民群众主体性这一优良传统，尊重人民群众的创造精神，吸收人民群众的创造性智慧，从群众中来，到群众中去。在改革开放过程中，我们之所以能够不断地打破僵局有所创新，很大程度上靠的就是尊重群众的首创精神，尊重群众的实践。面对改革开放前农村发展的困境和出路，安徽凤阳小岗村的农民大胆地在自己的土地上实施"包产到户"，结果当年就见到了成效，后来这一改革举措得到高度肯定并在全国范围内推广。经济领域是这样，在政治、文化、社会和生态各领域，基层和人民群众都进行了许多创造性的探索，为改革开放的深入推进提供了源源不断的动力和活力。

---

[1] 《马克思恩格斯全集》第二卷，人民出版社 1957 年版，第 118—119 页。

随着改革开放的深入推进,我国社会的生产力不断进步,社会分工的程度不断加深,社会阶层也在发生新的变化,因而"人民"的内涵也随着社会发展而不断丰富,所有社会主义建设的参与者和拥护祖国统一的爱国者都属于"人民"。人民群众的劳动创造是先进生产力发展和社会全面进步的根本推动力量。

习近平高度重视人民群众的主体性地位和尊重人民群众的创造精神。认为历史的创造者是人民,群众是我们建设社会主义的力量之源,是战斗在各个领域的英雄。习近平强调,中国特色社会主义现代化建设关乎人民群众的切身利益,关乎中华民族的伟大复兴,关乎世界人民的福祉。要实现中华民族伟大复兴的宏伟目标,实现国家富强、人民幸福的愿景,必须依靠人民,依靠人民劳动创造的成果,充分调动和发挥人民群众参与社会主义建设的积极性和创造性。党的十八大以来,习近平总书记深入广大农村和厂矿企业,深入调查走访人民群众,充分体现了党对人民群众的关怀和对人民群众的尊重。在党的十九大报告中,再一次强调"必须坚持人民主体地位",体现了中国共产党人一直坚持的人民主体观。

中国特色社会主义实践经验表明,人民群众的主体性是决定改革是否能够不断向前推进的重要因素,人民群众的基层探索和创造性劳动是每一项改革措施的源头。在中国特色社会主义进入新时代以后,改革所面临的任务更重,难度更大,问题更多,我们必须继续发扬尊重人民主体地位的优良传统,在实现民族复兴中国梦的伟大征程中谱写更加绚丽的篇章。

二、坚守人民至上的价值取向

实践作为人有目的性的活动,必然蕴含着实践行为的价值追求。从本质上看,实践的价值表现为通过人的活动来满足人的主体性需要,在这种价值关系中,人的活动是客体,人的主体性需要是主体。但实践的价值关系在不同时期却具有不同的内容,随着人的活动以及主体需要的变化,实践的价值也会发生改变。在科学社会主义发展史上，马克思恩格斯在创立无产阶级政党并发表《共产党宣言》时就明确了社会主义和共产主义运动的价值取向不在于个人，而在于"每一个人的自由全面发展"。在马克思恩格斯看来，无产阶级的运动与资产阶级的生产在价值取向上是存在根本差别的，资本的本性就决定了资产阶级的生产是以自身利益的不断增长为其根本的价值取向，一切以是否有利于自我利益来作为价值判断的标准，因而无产阶级成为受剥削和受压迫的工具。无产阶级与资产阶级不同，生产资料占有上的不平等从一开始就决定了无产阶级与资产阶级的命运是不同的，无产阶级实现自我解放必须依靠整体的力量，必须以每一个人的解放为前提，个人的解放为所有人的解放创造条件，而所有人的解放才能真正实现个人的解放，个人的解放与所有人的解放互为前提。马克思恩格斯关于无产阶级运动的价值取向为科学社会主义运动确定了价值旨归，指明了奋斗的方向。

中国特色社会主义建设实践是以人民为主体的社会主义建设活动，落脚点在于人民群众的利益。所以邓小平在谈到衡量我们的道路是不是正确时提出了"三个有利于"的标准，也是衡量中国共产党的一切工作的标准。他认为，要看我们的道路对不对，衡量党的工作正不正确的根本标准，是看是不是有利于发展社会生产力，有利于增强综合国力和有利于提高人民的生活水平。这三个有利于的根本目的是提高人民群众的生活水平，所以"人民拥护不拥护""人民赞成不赞成""人民高兴不高兴""人民答应不答应"应该成为我们判断一切工作成败得失的标准。

在"三个代表"重要思想中鲜明地表达了中国共产党是代表最广大人民群众的根本利益，在科学发展观中强调坚持以人为本，尊重人民的主体地位，要求共产党员必须始终牢记为人民服务的根本宗旨，让一切工作都造福于人民，要始终把实现好、维护好、发展好最广大人民的根本利益作为党和国家一切工作的出发点和落脚点。特别强调要保障人民群众的各项利益，走共同富裕的道路，在实现社会发展的同时促进人的全面发展，要做到发展为了人民，发展依靠人民,发展成果由人民共享。胡锦涛曾经讲道,"中央反复告诫全党,密切联系群众是我们党的最大政治优势,脱离群众是我们党执政后的最大危险;全党同志必须坚持全心全意为人民服务,做到权为民所用、情为民所系、利为民所谋,使我们的工作获得最广泛、最可靠、最牢固的群众基础和力量源泉,使我们的事业经得起任何风浪、任何风险的考验。"[1]

"人民对美好生活的向往,就是我们的奋斗目标,"[2]习近平在十八届中央政治局常委同中外记者见面时庄严承诺。党的十八大以来,围绕着一切为了人民、一切依靠人民的以人民为中心的执政理念,新时代中国特色社会主义实践始终抓住人民群众的切身利益,以人民之所需为一切工作的出发点,人民的幸福感和获得感不断增强,中国特色社会主义理论价值取向的人民性特征得到充分显现。习近平强调,中国共产党来自于人民,根基在人民,血脉也在人民中,离开了人民,党的事业就无从谈起,就会失去人民群众的支持和人民的力量。因此,中国共产党人在任何时候都不能丢掉为人民服务的宗旨,要始终坚持立党为公,执政为民。

三、坚持人民追求的目标设计

理论从源头上来源于社会实践活动,但理论的产生离不开人的主观意识的加工与改造,是主体客体化和客体主体化交互作用的过程。理论的形成需要一方面具有深刻的实践基础,同时蕴含着创立者本身所遵循的价值取向。中国特色社会主义理论是在中国特色社会主义建设实践过程中产生的,体现出科学性、理论传承性和创新性的特征,同时也体现出理论在价值取向上的人民性,表现出理论服务于人民群众的人民情怀。

改革开放之初,针对中国所面临的经济社会发展状况,邓小平从生产力与生产关系、经济基础与上层建筑的辩证统一上提出了中国现代化建设的"三

---

① 《胡锦涛文选》第三卷,人民出版社 2016 年版,第 475 页。
② 《习近平谈治国理政》,外文出版社 2014 年版,第 3 页。

步走"战略目标,这个目标主要是经济发展的战略部署,但本质上是对中国特色社会主义实践目标的战略规划,这个规划自始至终贯穿着对人民群众生活改善的目标追求。按照邓小平的设想,中国实行改革开放的时候,现代化的起点不高,生产力发展水平与人民群众日益增长的物质文化需求之间还存在差距,这成为制约中国现代化进程不能回避的现实,所以在会见当时的日本首相大平正方时邓小平谈道,我们要建设的小康社会,就是虽不富裕,但日子好过。"日子好过"就是人民群众对生活理想的最通俗的表达。为了实现人民群众的期待,邓小平设计了"三步走"战略:第一步是实现国民生产总值翻一番的目标,这个阶段人民群众的生活达到温饱状态,实现时间为 1981 年到 1990年;第二步是达到小康,从经济建设这个层面上看,国民生产总值再翻一番,人民群众的生活达到小康;第三步是中国达到中等发达国家的发展水平,国民生产总值翻两番。邓小平当初的设想在后来的建设实践中都得到了实现,人民生活在改革发展中得到极大改善,国家综合实力有了显著提升。

在党的十五大上,江泽民指出了 21 世纪我国现代化的发展目标。在 21世纪的第一个 10 年,要实现国民生产总值比 2000 年翻一番的目标,要形成比较完善的社会主义市场经济体制,要使人民群众的小康生活更加宽裕;再经过一个 10 年,即到建党 100 周年的时候,要使我国的国民经济更加发展,各项制度更加完善;而到了 21 世纪中叶则要基本实现现代化,要把中国建设成为富强民主文明的社会主义国家。而到了党的十六大,再一次强调在 21 世纪的前20 年,要建设高水平的小康社会,要让社会主义建设成就惠及十几亿人口,使经济、民主、科教、文化、社会和人民生活得到充分发展,让人民生活更加殷实。胡锦涛在党的十七大报告中强调到 2020 年人均国民生产总值比 2000 年翻两番,同时确保全面建成小康社会的奋斗目标一定要实现,并且提出了到 2020年要实现人民富裕程度要普遍提高,生活质量要明显改善,生态环境要显著改变,人民的民主权利要得到充分发挥等具体目标与要求。党的十八大报告中再次强调了在 2020 年全面建成小康社会,实现人民生活水平全面提高,以及把我国建设成为富强民主文明和谐的社会主义现代化国家的宏伟目标。这些目标始终围绕提高人民生活水平,改善人民福祉,充分体现了中国特色社会主义实践目标的人民性特色。

党的十九大报告提出了两个阶段发展的战略目标,从 2020 年到 2035 年为第一个阶段,这个阶段的战略目标是在全面建成小康社会的基础上,通过 15 年的奋斗,基本实现现代化。第二个阶段是从 2035 年到 21 世纪中叶,在基本实现现代化的基础之上,再经过 15 年的奋斗,把我国建设成为富强民主文明和谐美丽的社会主义现代化强国。在每一个阶段的目标设计中,都始终以人民群众的需要为目标,以人民收入水平的提高和最终实现共同富裕作为重要遵循,在发展中实现人民利益的增长,体现了新时代中国共产党人继续坚守中国特色社会主义的人民性的优秀品质。

总之,中国特色社会主义理论作为马克思主义理论与中国社会主义建设实际相结合的理论产物,是"马克思主义基本原理和科学社会主义基本原则""中国实际和中国特色""时代潮流和时代特征"三者的有机结合和辩证统一。中国特色社会主义理论体系所具有的科学性、创新性、传承性和人民性等特色,在马克思主义发展史上具有重要的理论价值,在新时代中国特色社会主义建设实践中具有重要的实践价值,为民族特色和时代特色的形成提供了重要的理论指引。

第四章　中国特色社会主义的
民族特色

中国特色社会主义道路是中华民族为实现民族伟大复兴而选择的正确道路,是中华民族屹立在世界民族之林的伟大实践,富有典型的民族特色,这种特色主要体现在民族历史特色、民族价值认同特色和民族理想特色等方面,这些特色不仅使中国特色社会主义道路更具有中国色彩和中国符号,也对世界上那些希望走向复兴之路的国家和民族具有重要的启示作用。

第一节　中国特色社会主义的
民族历史特色

中国特色社会主义是中华民族为实现民族伟大复兴而进行建设的社会主义,其历史文化之脉在于中华民族悠久的历史和创造的灿烂文明,这种民族的发展历史特色无疑将在中国特色社会主义建设中打下深深的印记。

一、中国特色社会主义的民族一体多元特色

马克思恩格斯在《德意志意识形态》《家庭、私有制和国家的起源》等著作中对民族问题都进行了深刻的分析,在这些著作中,马克思恩格斯认为,民族

的形成受到生产力发展状况的制约,同时受到生产力发展水平的影响,因而每一个民族在形成与发展中都表现出了自己独有的特征,民族不是从来就有的,也不是一成不变的。每一个民族在自己形成和发展的过程中都将形成自己的特色,这些特色是一个民族独有的文化现象和文化标识,并将在民族的历史长河中得以延续和传承。

所谓民族,是指具有共同的历史文化背景并与其他人群具有显著区别的一群人,这群人在长期的历史发展中形成了稳定的共同体。民族是在长期的历史发展进程中形成的,受特殊的自然地理环境和人文环境作用而形成的人群。在经济层面上,民族是具有共同依赖的经济资源和从事共同的经济活动的社会共同体;在文化层面上,民族是具有共同文化特征的共同体,包括语言、文字和风俗习惯等。每一个民族都有自己特有的经济和文化标识,这往往成为识别民族的重要标志。马克思在《摩尔根〈古代社会〉一书摘要》中指出:"'民族'一词被人们用来称呼许多印第安人部落,因为它们的人数虽然不多,却各有其独特的方言和地域。然而,'部落'和'民族'并不等同;在氏族制度下,只有当联合在同一个管理机关之下的各部落融合为统一的人民时,民族方才产生……部落联盟是与民族最近似的东西。"①马克思在这里还谈到了"同一个管理机关"对民族形成的重要作用,因此,民族在一定程度上也是具有共同政治认同的共同体。

我国著名社会学家费孝通先生从自觉的民族实体和自在的民族实体两个维度来认识中华民族的形成与发展,认为中华民族是一个一体多元的民族实体。他认为,作为自觉实体的中华民族是在近百年中国和西方列强的对抗过程中出现的,而作为自在的实体则是经过几千年的发展过程而形成的。从费先生的观点可以看出,中华民族的发展经历了一个从自在向自觉的变化过程。近代中国遭受的灾难使中华民族开始觉醒,这种觉醒是在民族交往的过程中

---

① 《马克思恩格斯全集》第45卷,人民出版社1985年版,第426页。

产生的,是在开放社会中对抗的产物。

民族区域自治制度更是充分体现了中华民族历史发展过程中一体多元和个性化与一体化发展相统一的特征。作为一个由56个民族组成的国家,各民族既是中华民族的组成部分,同时又具有自己的特殊性。中国特色社会主义制度是中华民族实现民族复兴的必由之路,是共同奋斗的道路,中华优秀传统文化、中国革命文化和中国特色社会主义先进文化是所有民族都认同的文化,这是中华民族的一体性。针对少数民族地区的社会人文特点在民族地区实行民族区域自治制度,是中华民族发展历史特征在中国特色社会制度中的最好体现。在少数民族聚居地区实行民族区域自治,以聚居地为基础,设立自治机关,由民族地区行使自治权,在国家的统一领导下自主管理本民族和本地区的内部事务,使少数民族聚居区的群众享受充分的自治权利,体现了中华民族大家庭的融合和和谐,与中华民族发展历史的特征相契合。

二、中国特色社会主义的民族共同体特色

世界上每一个民族都有自己的发展历史,在发展的历史长河中,由于特殊的自然和人文特征,每一个民族在发展中都形成了自己的特色,这些特色内嵌于民族发展过程也成为区别于其他民族的标志。

世界上民族共同体的形成不是一蹴而就的,而是经历了一个从胞族、到部落、到部落联盟,最后到民族的发展过程。民族的形成过程从根本上是由民族的生产方式决定的,生产力与生产关系的矛盾是根本性的决定因素。作为一个人群共同体,必将与所生存的外部环境发生关系,从自然界获得自己生存与发展所需要的物质生活资料,在此过程中,特定的人群面对特殊的自然地理条件必然形成特有的作用方式,在与环境发生关系的过程中形成了特定的社会关系,于是作为民族标识的生产生活方式开始形成。随着生产力的发展,民族也经历着从小到大的发展过程,民族的分化和融合成为民族发展

的两种基本态势。

中华民族共同体的形成与发展过程不仅是各民族之间不断融合的过程，同时也是各民族的文化认同过程，这种文化上的认同才是中华民族共同体的重要基础。根据《资治通鉴》的记载，战国时期赵武灵王"胡服骑射以教百姓"就充分体现了各民族之间的相互交往和文化上的认同，体现了赵武灵王开放包容的态度和勇于改革创新的精神。可以认为，早在先秦时期就开始的夷夏之辨，主要的还不是血缘或者种族上的区别，而应该是关于文化上的区分。"胡服骑射"是在服饰和生活方式上的认同，其实在各民族之间生产方式上的认同也始终贯穿在中华民族相融共生的发展历程之中。据考古发现，早在新石器时代的山东龙山文化实际上已经对仰韶文化的后继者河南龙山文化、陕西龙山文化产生了重大影响，而河南龙山文化与长江下游的良渚文化也发生着密切的联系。秦汉以后，北方少数民族对汉民族文化的汲取与借鉴，汉族对少数民族文化的吸收的现象不仅表现在服饰与生活方式上，生产方式和社会制度的相互吸收也非常明显。

中国各民族在中国特色社会主义建设实践中实现了民族的共融。中华优秀传统文化、中国革命文化和社会主义先进文化成为各民族的文化共识，同时也是中华民族独特的精神标识，是凝聚各民族的精神力量。在当代中国，中国特色社会主义追求的发展目标是各民族共同繁荣的目标，是"一个都不能少"的目标。以精准扶贫为例。从全国集中连片贫困区来看，相当大一部分少数民族地区集中在全国集中连片贫困区，国家在精准扶贫战略中对全国集中连片贫困地区进行了重点用力，有效地促进了少数民族地区的整体发展。这种对少数民族地区发展的关注与帮扶，是共享发展理念在民族地区发展的具体体现，也是中华民族长期以来注重民族间和谐发展的历史再现。

三、中国特色社会主义的民族共荣特色

历史是一个民族发展的轨迹和印记，是一个民族成长的过程，也是一个民

族安身立命的根本和永续发展的前提。作为一个具有悠久历史的民族,中华民族独特的文化传统铸就了"中国特色"深厚的历史底蕴,特殊的历史发展轨迹赋予了"中国特色"民族的痕迹。纵观世界各国各民族的发展历史可以看到,每一个民族和国家在发展中都循着历史的轨迹走出一条适合自己的发展道路。中国特色社会主义传承了中华民族5000多年的文明成果,充分体现了中华民族发展的历史特征,是中华民族历史轨迹的自然延续,具有深刻的内在逻辑。中国特色社会主义所追求的共同发展、科学发展、共享发展与和平发展模式,从文化根源上看实际上就是中华民族发展过程中的兼容并蓄、共荣共生的特点在当代的体现。

纵观中华民族的发展历史可以看出,各民族之间相互融合和相互认同的过程,也是统一共荣的过程,这个过程表现为中华文化是一个多样性和同一性相统一的文化。各民族在自己的发展历史中创造了灿烂的文化,这些文化是镶嵌在中华民族文化之树上的一颗颗明珠,构成了丰富多彩的中华文化。但与此同时,各民族文化在交流互动过程中也表现出同质化和一体化倾向,并逐渐发展成为具有共同文化价值取向的中华文化模式,如尊重自然的天人观,强调和谐的人际观,重视统一的国家观等。自秦代以降,"大一统"思想一直在各民族的文化价值取向中占有主导地位,对中华民族文化强大向心力的形成产生了重要作用。"大一统"思想根植于每一个中国人的灵魂深处,维护国家统一成为民族文化最具代表性的标识之一,也成为历史上很多仁人志士毕生的价值追求。中国历史上出现的"大一统"时期都是各民族之间相互交往程度很深,文化空前繁荣,一体化程度不断增强的时期。

近代以后,当中华民族面临外敌入侵的时候,各民族之间所表现出来的共同维护国家统一和民族尊严的文化价值取向尤为突出。如鸦片战争发生以后,各民族同仇敌忾,共御外辱,构成一道道反抗侵略的风景线。在抗击日本侵略者的过程中,回族英雄马本斋、蒙古族舰长萨师俊、由蒙古族同胞为主要成员的大青山骑兵支队等,都表现出了各民族团结战斗,共荣共生的文化特质。因此,中华民族的发展历史是一部各民族相互交往、相互影响的历史,也是一部各民族为中华民族复兴共同奋斗走向辉煌的历史,正是这种同质性和一体化才从文化上保证了中华民族自形成以来所经历的延绵不断的发展轨迹和创造的灿烂文明,这也必将成为中华民族在全球化时代屹立于世界民族之林的文化基础。

第二节　中国特色社会主义的民族精神特色

中国特色社会主义在实践中鲜明地体现了中华民族的历史发展特征,同时也彰显了中华民族所特有的精神品质,在精神气质上打上了中华民族的精神烙印,这就是中华民族所具有的伟大创造精神、伟大奋斗精神、伟大团结精神、伟大梦想精神。

一、中国特色社会主义的伟大创造精神

在中华民族几千年的历史发展中,中国人民对世界文明的发展作出了巨大贡献,创造了辉煌灿烂的中华文明,表现了中华民族所具有的伟大创造精神。创造,顾名思义就是创新与制造的有机融合,即把人们创新的成果转化为现实的生产力和产品。创造精神的内核是创新精神,外在表现为不断认识和改造世界的能力。

中华民族是富有创新精神的民族,这种精神深深融入到了民族发展的血脉之中。在物质生产领域,创造了辉煌灿烂的文明,古代社会的许多成果对世界历史发展产生了深刻的影响,其中以"四大发明"最有代表性。马克思和恩格斯对中国古代的科学技术发明都给予了高度肯定,马克思在《1861—1863年经济学手稿》中指出,"火药、指南针、印刷术——这是预告资产阶级社会到来的三大发明。火药把骑士阶层炸得粉碎,指南针打开了世界市场并建立了殖民地,而印刷术则变成新教的工具,总的来说变成科学复兴的手段,变成

对精神发展创造必要前提的最强大的杠杆。"①而在天文学、算学以及医学、农学等领域都为世界贡献了无数科技创新成果，使我国长期走在世界发展的前列。

在精神生产领域，中华民族为世界贡献了在今天看来都仍然具有重要价值的精神财富。在中华民族的历史上，产生了道家、儒家、墨家、法家等学派，为人类提供了许多非常重要的思想成果，道家的朴素辩证法、儒家的人伦纲常、墨家的兼相爱与交相利、法家的重法与重势等思想都对后来的历史产生了巨大影响。而"反者道之动""大道之行，天下为公""道之以德，齐之以礼""和而不同""兼爱非攻""天人合一"等思想都是人类精神宝库中的一颗颗明珠。

中国特色社会主义在发展过程中蕴含了丰富的创造精神，这种精神使中国社会主义建设在人类社会发展史、科学社会主义运动史和中国发展史上创造了辉煌业绩。这种创造精神首先体现在中国特色社会主义道路、理论、制度和文化上的创新，为世界社会主义运动探索了新的模式，特别是在较落后国家如何发挥后发优势实现快速发展进行了成功实践，为世界上那些既希望加快发展又希望保持自身独立性的国家和民族提供了全新选择，为解决人类问题贡献了中国智慧和中国方案。其次体现为中国特色社会主义领导核心——中国共产党的创新品质。党是中国特色社会主义的领导核心，党的领导是中国特色社会主义最大的政治优势，党之所以能成为"核心"和"优势"，就是依靠党根据每一个时期面临的新的问题和任务创造性地领导中国特色社会主义建设，取得了一个又一个伟大的胜利，展现出不断适应时代发展的创造精神。最后体现为广大人民群众的创造精神。人民是中国特色社会主义建设的参与主体，人民群众在生产生活中的创造发明为中国特色社会主义建设提供了强劲动力，是中华民族伟大创造精神在新时代的生动体现。

---

① 《马克思恩格斯文集》第 8 卷，人民出版社 2009 年版，第 338 页。

二、中国特色社会主义的伟大奋斗精神

中华民族的发展史就是一部奋斗史。在几千年的历史长河中,中华民族就是依靠不懈奋斗的精神,克服了一个又一个困难,翻过了一道又一道难关,战胜了一条又一条险阻,创造了辉煌灿烂的中华文明。

在中国古代流传下来的许许多多战胜自然灾害、建设美好家园的历史故事是中华民族奋斗精神的最好体现。从对自然灾害的抗击到国家疆土的保卫,从茹毛饮血到社会秩序的建构,都充分体现了中华民族文化中所蕴含的这种奋斗精神。正是依靠这种奋斗精神,中华民族建设了美好的家园,战胜了各种自然灾害,使中华民族创造了世界上唯一没有断裂过的文明而屹立于世界民族之林。

在中国近代,由于遭受西方列强的侵略而沦为半殖民地国家,但中国人民为争取民族解放和自由进行了努力奋斗,许多仁人志士为找到救国方案进行了各种探索,充分展现了中华民族实现民族独立自强的奋斗精神。从太平天国农民运动、义和团运动,到封建主义自救和资产阶级的革命,虽然最终并没有找到中国实现民族解放的正确道路,但这种不断探索也蕴含了中华民族追求自身解放的奋斗精神。中国共产党人把马克思列宁主义与中国实际结合起来,为中华民族的独立解放找到了一条正确的道路,并经历了各种困难和挫折最终取得新民主主义革命的胜利,建立了新中国,开展了中国的社会主义建设并取得了巨大成就,这种成功实践充分体现了中华民族的奋斗精神。

改革开放以来,中国共产党人面对国家建设百业待兴的局面,开启了改革开放之路,战胜了前进道路上的各种难题,以时不我待的精神状态和只争朝夕的奋斗精神取得了一个又一个胜利,使中国特色社会主义展现出光明前景。特别是党的十八大以来,以习近平同志为核心的党中央始终坚持以奋斗的精神和坚韧不拔的意志大力推进中国特色社会主义建设,为实现中华民族伟大复兴而努力奋斗,"幸福都是奋斗来的"成为人们的座右铭,在奋斗中谋发展,

在奋斗中追求美好的生活已成为中华民族奋斗精神在新时代的生动体现。

三、中国特色社会主义的伟大团结精神

中国文化有着自己独特的思维方式，这集中体现在中国传统的和合思想中。"和"即和谐、和平、和善、祥和等，"合"指结合、联合、合作、融合等，"和合"用今天的话来讲就是"团结"，团结精神贯穿于中华民族发展的始终，也蕴含在中国特色社会主义的伟大实践之中。

《周易》中提出"太和"用以指称事物的和谐统一状态。"和而不同""执用两中"的思想成为中华民族独特的思维方式。孔子讲"和而不同"，是在承认万物差异性的前提下的和谐，是在不同事物之中寻找平衡，是多元并存基础上的统一。"和合"作为一种价值观贯穿于中国传统主流思想发展之中，并成为国家、社会和个人的行为准则。

以和平发展为例。中国特色社会主义作为一项伟大的事业，通过各民族的共同奋斗，经过40多年的发展已经取得了辉煌的成就。回顾这几十年的发展进程，中国的发展不是一个对周边和世界构成威胁的过程，相反，是一个与世界各国共同进步与发展的过程。中华民族的血脉中没有称霸世界的基因，和平发展，与邻为善已经融入到民族的血液之中。2017年以来，中国对世界经济增长的贡献率都超过了30%，"一带一路"倡议为沿线国家发展提供了良好机遇，中国为世界发展作出的贡献有目共睹。中国在处理各种冲突中表现出来的和平友好的姿态，充分说明中国不会陷入"修昔底德陷阱"，中国的发展只可能给世界带来和平，不可能带来"强者争霸"的局面。中国特色社会主义这种发展道路具有深厚的民族文化基础，是团结精神在当代的体现，是中华民族追求美好社会的当代延续。

崇尚和合的价值取向在构建人类命运共同体的倡议中得到了充分体现。2015年9月28日，习近平在第七十届联合国大会的一般性辩论时的讲话中，就打造人类命运共同体提出了五点主张，"建立平等相待、互商互谅的伙伴关

系","营造公道正义、共建共享的安全格局","谋求开放创新、包容互惠的发展前景","促进和而不同、兼收并蓄的文明交流","构筑尊崇自然、绿色发展的生态体系"①等,这五个方面充分体现了和合的价值取向和中华民族的团结精神。

具体而言,平等协商、互商互谅就是世界上各个国家之间以平等的姿态相互对待,国家不论大小强弱,都有权利选择自己的发展道路,在国家事务中都应该享有平等的话语权,在国际事务和国家交往中需要相互体谅,共同协商,相互尊重,合作共赢。公道正义、兼收并蓄是人类应该共同遵守的道义规则,坚持共同营造人类生存的良好环境,反对弱肉强食的丛林法则。开放创新、包容互惠坚持的是世界各国都应该坚持和合包容,共同发展,互利互惠,认识到世界需要共同进步,共谋发展。和而不同、兼收并蓄要求相互尊重,和合共生。坚持世界是多样性的世界,每个国家都应该尊重其他国家根据自己国情选择的发展模式,只有丰富多彩的世界才是一个充满生机和活力的世界,坚持世界上各种文明之间对话而不是对抗,交流而不是排斥。尊重自然、绿色发展强调了人与自然的和合关系,这是中华民族优良文化的价值取向,只有实现人与自然的和谐,才能真正实现人类社会的可持续性发展。

四、中国特色社会主义的伟大梦想精神

梦想精神始终贯穿于中华民族的历史发展之中,是中华民族重要的精神财富,也是追求民族理想的精神动力。

神话,从表现形式上看是古人对于生活的幻想,表面上是荒诞而奇特的想象,但神话的本质在于生产与生活,实质上是人的生活在精神层面的反映,是人类早期精神生活的主要内容。从世界各民族的发展历史看,神话是民族最早的记忆,也是民族文化的精神源流。许多民族在古代都有神话,但每一个民

---

① 《习近平谈治国理政》第二卷,人民出版社 2017 年版,第 523—524 页。

族的神话特点又不一样。与古希腊神话"神人同行同性"和"俗世化"的特点不同,中国古代神话表现出了典型的超越性特征,即把人在生产生活中依靠自身无法解决的问题通过神话的方式予以解决,把人力无法实现的愿望借助于神力来实现,事实上蕴含的是对梦想的追求。无论是"女娲补天"还是"夸父追日",无论是"精卫填海"还是"愚公移山"等,都体现了中国古代先民们对于认识自然和利用自然的美好追求和实现梦想的执着精神,这种精神已经深深地融入到了中华民族的血脉之中。

中国特色社会主义建设就是对自近代以来中华民族伟大复兴中国梦的追求,是伟大梦想精神的当代体现。正是这种对梦想的追求,中国特色社会主义实现了伟大的飞跃,中国人民创造了美好的家园,全面建成小康社会的目标已经实现;正是这种对梦想的追求,中国实施了宇宙载人飞船的发射升空,探月工程成功实现,国产大飞机、中国天眼、"蛟龙"号深海载人潜水器、复兴号高铁、北斗卫星导航系统等重大工程,实现了中国古人"上天入地"的梦想,使"夸父追日"由梦想变成了现实。

中国特色社会主义所蕴含的梦想精神也是实现第二个百年目标的精神动力,只要有梦想,心中就充满力量,就会有不竭动力,就会产生伟大成就。正如习近平总书记所说:"有梦想,有机会,有奋斗,一切美好的东西都能够创造出来。"①

第三节 中国特色社会主义的民族理想特色

中国特色社会主义是一个在理想指引下的现实运动,这里的理想既包括共产主义的最高理想,也包括中国特色社会主义的共同理想,即把我国建设成为富强、民主、文明、和谐、美丽的社会主义现代化强国。中国特色社会主义共

---

① 《习近平谈治国理政》,外文出版社 2014 年版,第 40 页。

同理想既来源于共产主义远大理想,是马克思主义所追求的社会理想的中国化,又是中国特色社会主义实践的产物,是中华民族长期以来追求的社会理想的当代化,具有非常鲜明的民族特色。

一、中国特色社会主义理想的共同性

一个民族的理想,简单地说就是一个民族所追求的长远目标或者理想状态。中华民族的民族理想表现为被绝大多数人认同的社会发展目标。民族理想是一个民族的集体意识,是立足于现实又高于现实的社会理想,是民族发展的目标追求,这种目标来源于民族实践,具有典型的民族特性。

在中华民族发展过程中,出现了许多关于未来社会的理想表达,特别是先秦时期,诸子百家都提出过对未来社会的愿景,但随着儒家思想占据主流意识形态以及宋明理学儒释道的有机融合和相互吸收,在中国历史上最具代表性的民族理想自然是儒家所提倡的"大同社会",这一理想在中国传统文化中占据着非常重要的地位,成为中国历史上许多仁人志士终身追求的目标。"天下为公"是"大同社会"理想的核心内容,也是中华民族共同理想的体现。

所谓天下为公,原意是指"天下"是公众的,后进一步引申为一种社会理想,即人人都能享有社会的财富和权力,社会整体利益高于一切,每一个人都应该为"公"去努力,每一个人的利益都要服从于社会的共同利益。"天下为公"的社会理想在后来与"大同社会"同义,成为中国历史上许多仁人志士追求的理想社会。

中国特色社会主义的理想首先是共同理想,这就是中国特色社会主义伟大事业的理想。党的十九大报告明确了新时代中国特色社会主义的总任务是实现中华民族伟大复兴,在全面建成小康社会的基础上分两步走,在本世纪中叶建成富强民主文明和谐美丽的社会主义现代化强国。中国特色社会主义的共同理想不仅具有科学社会主义运动的价值逻辑,也具有中国特色社会主义建设的实践逻辑,同时也蕴含了中华民族追求民族梦想的历史逻辑,是中华民族的理想在中国特色社会主义实践中的现实体现,是中华民族共同体在新时代的共同理想,充分体现了中国特色社会主义的民族理想特色。

二、中国特色社会主义理想的远大性

中华文化作为世界上独一无二的文化,在世界文明史上具有非常重要的地位。肥沃的文化土壤为文明的出现提供了厚实的基础,为社会理想的建构提供了厚重的底蕴。

中国特色社会主义在追求共同理想的同时,也在追求远大理想,这种理想就是远大的共产主义理想。共产主义理想是所有共产党人的远大理想,是共产党创始人马克思恩格斯对未来社会的设想。这种设想与空想社会主义的社会理想不同,它是既建立在科学社会主义的理论逻辑之上,同时也建立在科学社会主义运动的实践逻辑之上,既立足于现实,但又超越于现实。共产主义是一个生产力高度发达、人人自由全面发展的自由人联合体。

中国特色社会主义远大理想与共同理想具有内在联系,共同理想体现了远大理想的阶段性,远大理想是共同理想的奋斗目标和方向指引,同时,共同理想的实现是远大理想实现的基础,只有实现了阶段性的共同理想才能实现远大理想。中国共产党人一开始就把实现共产主义作为自己的远大理想,通过浴血奋斗建立了新中国,开启了改革开放的历史进程,取得了社会主义建设的伟大成就。远大的理想永远是激励我们前进的目标,也是催人奋进的不竭动力。理想的这种远大性,正是中华民族远大理想的现实体现。

三、中国特色社会主义理想的包容性

中华民族是由各民族在长期交往中形成的民族共同体,其产生和形成过程经历了各民族文化的交流与融合,因而,民族理想具有很强的包容性。"大同社会"理想中的"大同",本身就是"天下大同",是普天之下的盛世,是全世界的大同。

中华民族理想的包容性体现在:首先,中华民族的理想体现了各民族对美好生活的向往和追求,是各民族的共同理想。理想源于现实,是实践的产物,是实践基础上对未来生活的向往。中华民族生活在中国这片土地上,各民族之间相互交往共同促进了中华文明的发展与繁荣。因此,民族理想容纳了各民族对美好生活的追求,是各民族共同坚守的理想。其次,中华民族的理想体现了对人与自然关系的包容性。无论是"大同社会"还是"小康社会"的理想,都融入了中华民族对自然的尊重与保护,这种尊重与保护在一定程度上体现了人对自然的包容。自然作为一种自在的存在,有其自身的运行规律,人类不应该也不可能与自然相抗衡,人要学会去认识自然、理解自然、尊重自然,这种以自然为友的思想体现了中华民族在社会理想上的包容性特征。最后,中华民族的理想体现了对文化的包容性。中华民族的理想不是狭隘的民族理想,而是对民族差异性尊重的理想。在中华民族发展史上,无论在什么时期,民族之间虽然有过冲突,但冲突过后的安定时期,冲突各方的文化差异总能在一种和谐的环境中得以共生,民族之间的生活方式相互影响和相互渗透,才产生了丰富多彩的中华文明。

中国特色社会主义理想既是各民族共同发展的理想,也是世界各国共同繁荣、共谋发展的理想。从新中国成立以后,党高度重视少数民族工作,一方面实行民族平等,所有民族在中国享有同等的政治经济和文化等权利,同时建立了少数民族地区区域自治制度,为少数民族地区发展提供制度上的空间;另一方面,中央在人力、物力和财力方面向少数民族地区倾斜,为少数民族地区实现快速发展提供支持。改革开放以后,我国继续坚持对少数民族地区发展的扶持政策,重视少数民族地区的经济工作,加快少数民族地区农业、工业和服务业的发展,同时加强少数民族地区的文化建设,挖掘少数民族的文化资源,变文化资源为经济资源,实现少数民族地区的发展。党的十八大以来,习近平高度重视实现少数民族地区的快速发展,指出要尊重民族间的差异,包容民族文化的多样性,实现各民族在中华民族大家庭中手足相亲、守望相助、团结和睦、共同发展。

　　中华民族的理想也蕴含着对世界各国共同发展的理想,是对世界"大同"的美好愿景,作为中国特色社会主义领导核心的中国共产党历来把为人类作出更大贡献作为自己的使命,建设"人类命运共同体"就是对这种美好愿景和崇高使命的最好诠释。在党的十九大报告中,习近平多次谈到了人类命运共同体,指出中国梦的实现离不开世界的发展,中国梦与各国人民的梦想息息相通。建设人类命运共同体,表明中国特色社会主义理想具有宽阔的视野,更多的包容和更宏大的目标,是中华民族"天下大同"在新的历史条件下的时代再现。

第五章 中国特色社会主义的
时代特色

20世纪80年代以来,国际国内形势发生了深刻的变化,以政治多极化、经济全球化、科技信息化、文化多元化为主要特征的发展趋势越来越明显,和平与发展成为时代的主题,世界发生着深刻而剧烈的大变革。在国内,党的十一届三中全会开启的改革开放之路,使中国逐渐找到了中国特色社会主义的发展之路,但作为一项全新的事业,在实践中也遭遇了许多挑战,面临着诸多需要解决的理论与现实问题,需要理论与实践上的不断创新,同时,中国的发展不仅要实现国家富强和人民幸福的目标,还需要在全球竞争中获得更多的话语权。这样的时代背景客观上要求中国特色社会主义必须顺应时代要求,回答时代课题,实现永续发展,充分展示社会主义的制度优势。事实上,中国特色社会主义正是在这种既受时代影响又不断地塑造着时代的发展状态之中表现出开放性、发展性和引领性的时代特色。

第一节 中国特色社会主义的开放性

在全球化时代,任何国家想超然于全球化浪潮之外是不可能的,开放成为融入全球化的必然选择。因而,开放性成了中国特色社会主义时代特色的重要表征之一。

一、中国特色社会主义开放性的现实前提

对一个系统而言,所谓开放性是指特定系统与外部环境之间发生信息与能量交换的属性。依据耗散结构理论,任何一个系统都同外部环境发生着物质、能量和信息的交换,这是系统维持生存的基本前提,所以"开放"是所有系统向有序发展的必要条件。

当今世界是开放的世界,社会化大生产已冲破地区、民族、国家间的壁垒,将全世界紧密联系起来,形成统一的国际市场和世界性的经济关系。在世界市场面前,任何国家不可能拥有现代化生产所需的全部资源、技术、信息,因此,任何国家都不可能孤立地发展。当代社会发展的现实告诉我们,作为当今世界两大重要的制度体系——社会主义和资本主义并不是绝对排斥、水火不容的两极对立关系,资本主义社会中有许多属于全人类创造的文明果实,诸如反映现代生产规律的先进的经营方式、管理方式等,完全可以为我们借鉴和吸收;相应地,社会主义国家中也有一些与现代工业文明不相适应的体制上的弊端应加以克服和改革。

开放是当代社会发展的重要特征,如果在这样一个瞬息万变、灵活开放的世界中采取孤立和封闭的做法无疑将被世界抛弃。党的十一届三中全会后,中国在开启中国特色社会主义建设之际,面临的问题则是十年"文化大革命"刚刚结束,国民经济濒临崩溃,政治局势不明,国际环境欠佳,极"左"思想依然占有很大的势力的情况。这种局面如不加以改变,势必使中国社会主义建设失去吸取世界先进事物的时机,与世界发达国家的差距越拉越大。在此情境下,中国需要回答是继续循着过去的老路走下去,还是敞开大门,吸收先进国家的发展经验为我所用的问题。

以邓小平为主要代表的中国共产党人明确地意识到要使中国社会主义不落后于时代,必须在思想观念上破除之前"左"的思想禁锢,在理论上进行创

新,在实践上进行开放,最终形成内部不断改革以使生产关系更好适应生产力,上层建筑更好适应经济基础的良好局面,大胆打开国门,学习别的民族别的国家的一切长处,与世界各国发生更密切的经济、技术交往。

二、中国特色社会主义开放性的表现形态

在理论形态的发展维度上,中国特色社会主义的开放性表现在对人类历史上先进文化的广泛吸收和大胆借鉴。特别是党的十八大以来,以习近平同志为核心的党中央在对待人类文化的优秀成果上表现出了更加开放包容的姿态。在2016年5月17日哲学社会科学座谈会上,习近平谈到中国特色哲学社会科学的特点时指出,构建中国特色哲学社会科学应该体现继承性和民族性,要求在哲学社会科学发展中要利用好古今中外的各种资源特别是三个方面的资源,即马克思主义资源、中国优秀传统文化资源和国外哲学社会科学资源。在国外哲学社会科学资源的利用上,习近平认为,"国外哲学社会科学资源,包括世界上所有国家哲学社会科学取得的积极成果,这可以成为中国特色社会科学的有益滋养"。[1] 他要求,中国特色哲学社会科学要体现民族性,但不是说讲民族性就是要排斥其他国家的学术研究成果,一定要把民族性与世界性结合起来,能够解决好民族性的问题,就更有能力去解决世界性的问题。从邓小平理论,到"三个代表"重要思想、科学发展观和习近平新时代中国特色社会主义思想,每一个时期的理论创新成果都吸收了人类思想文化的优秀成分,从而使中国特色社会主义理论体系体现出鲜明的开放性特征。

在实践形态的发展维度上,中国特色社会主义的开放性表现为:

从经济领域看,改革开放以来中国形成了开放化的市场体系,为经济发展注入了活力。社会主义市场经济体制的确立,使我们吸收一切有利于经

---

[1] 《习近平谈治国理政》第二卷,外文出版社2017年版,第339页。

济发展的因素,形成了良好的开放格局,在此经历了理论认知不断突破的过程。"商品社会主义"的提出突破了"产品社会主义"的认知局限,使社会主义的发展回到了现实;"有计划的商品经济"又使"计划经济为主,市场调节为辅"被成功超越;"社会主义市场经济"则使社会主义初级阶段经济发展体制得以明确,发展思路更加清晰。公有制为主体,多种所有制并存的经济制度得以确立,各种经济成分在经济建设中的作用得到有效发挥,非公有制经济在国民经济中的地位越来越重要。开放的市场格局形成以后,各种积极因素被充分调动,为社会主义市场经济的发展注入了新的活力。中国特色社会主义首先以经济上所取得的巨大成就彻底解开了姓"资"姓"社",姓"公"姓"私"的认知纠结,以前所未有的开放性姿态解放了生产力,发展了生产力。

从政治领域看,首先,改革开放以来,中国共产党继承和发扬了其在长期的革命和建设中形成的优良传统,不断推进政治民主化进程。以中国共产党为领导的多党合作的政治协商制度不断健全,各政党、各人民团体、各少数民族和社会各界代表参与国家与社会治理的积极性空前高涨,协商民主在民主制度建设中发挥重要作用。其次,公民的政治参与度越来越大,共产党在治国理政实践中广泛听取民意,调动人民群众积极参与国家与社会治理,表现出一个政党执政实践的开放性。在中国特色社会主义政治建设实践中,中国共产党不断加强政治体制改革,表现出与时俱进的时代特征。特别是党的十八大以来,中国共产党根据新时代中国特色社会主义现代化建设的需要,坚决消除各种制度障碍,广泛吸收世界各国先进经验,有效提升了政治领导力,为经济社会发展提供了重要支撑。

在文化领域,形成了开放包容的文化发展状态。当今世界正处在多元化的时代,各种文化相互交流,相互影响,任何一种文化想脱离这种影响事实上已经不可能。中国特色社会主义文化建设自改革开放以来始终以一种开放包容的姿态参与到全球文化交流之中,在请进来和走出去两个向度上积极向世界开放。西方文化进入中国,给中国的文化发展带来冲击的同时,其积极成果对中国文化建设无疑也提供了新的视角。特别是党的十八大以来,习近平同志在治国理政实践中,始终以开放的视角看待世界文明成果。2016年,在哲学社会科学工作座谈会上,习近平指出看待哲学社会科学的发展一定要有世界眼光,西方文明发展进程中产生了许多在人类社会发展史上都具有重要影响的思想巨匠。对世界各国优秀社科成果的学习与借鉴,要坚持古为今用,洋为中用,不断推进知识创新、理论创新、方法创新。习近平看待世界各国哲学社会科学积极成果的态度也体现了开放包容的治国理政方式,是中国特色社会主义开放性特征的表现。

在党建方面,形成了开放性的党建局面。改革开放以来,作为中国特色社会主义领导核心的中国共产党不断加强自身建设,以开阔的视域,开放的态度,形成了适应时代需要的开放化建设局面。以党员队伍建设为例,根据社会主义市场经济发展所带来的社会阶层的新变化,调整了党员结构,扩大了党对时代的适应性。在党的十六大修改党章的过程中,明确了中国共产党"两个先锋队"的性质,即中国共产党是中国工人阶级的先锋队,同时也是中华民族的先锋队。这使各阶层和海内外的先进分子都能进入党内,为完成党的历史使命而共同奋斗,扩大了党员队伍,提升了中国共产党在全社会的影响力和凝聚力。

党的十八大以来,以习近平同志为核心的党中央围绕统筹推进"五位一体"总体布局、协调推进"四个全面"战略布局,积极促进政党关系、民族关系、宗教关系、阶层关系、海内外同胞关系和谐,巩固和发展最广泛的爱国统一战线,调动一切积极因素,广泛凝聚共识,努力寻找最大公约数,画出最大同心圆,为推进改革开放和社会主义现代化建设服务。同时,中国共产党在自身建设中注重与世界上其他政党的对话与交流。在2017年12月1日举行的中国共产党与世界政党高层对话会的主旨讲话中,习近平代表中国共产党向全世界再次表达中国将高举和平、发展、合作、共赢的旗帜,始终不渝走和平发展道路的信心和决心,同时指出"中国共产党将以开放的眼光、开阔的胸怀对待世界各国人民的文明创造,愿意同世界各国人民和各国政党开展对话和交流合作,支持各国人民加强人文往来和民间友好交流。"①从党的十八大以来党的自身建设的实践可以看出,团结可以团结的一切积极力量,学习借鉴世界先进经验,不断提升克服困难和应对风险的能力,是党的建设的重要特征,也是开放性党建局面的重要体现。

坚持党管人才原则,实行更加积极、更加开放、更加有效的人才政策,聚天下英才而用之。

三、中国特色社会主义开放性的特征和路径选择

第一,反映时代的要求是中国特色社会主义开放性的本质特征。

中国的发展离不开世界,要紧随世界发展的趋势,就必须把握时代的主题,这既是中国特色社会主义发展历史逻辑的要求,也是现实的需要。

早在《德意志意识形态》中,马克思就指出,随着资本主义在全球范围内的扩张,资本主义的生产方式向世界扩散,世界上各民族和国家的原始封闭状态被打破,人类进入相互联系相互交往的历史时代。这个时代最重要的特征是开放性,过去生产主要集中在国家和民族内部,人的交往也由原来的国家和民族内部拓展为世界范围内的交往。由此可知,生产资料、生产主体和生产产品的全球化使生产变成了全球化,全球消费市场的形成和消费品生产的相互依赖使消费也变成全球化。全球化时代已经成为无法回避的事实,开放成为每一个国家应对全球时代的必然选择。

进入21世纪,全球化时代的基本特征仍然未变,全球化潮流不可违背,特别是全球经济相互依赖和相互补充的大势不可逆转。对一个世界上最大的发展中国家而言,中国如果没有开放的姿态,形不成开放的局面,势必抓不住时

---

① 习近平:《携手建设更加美好的世界——在中国共产党与世界政党高层对话会上的主旨讲话》,人民出版社2017年版,第10页。

代主题,就会远离世界,难以发展。

第二,开放性的关键是解放思想。

思想是行为的指导,在中国特色社会主义实践过程中,如果不能放开思想束缚,则难以在开放过程中有所突破。让思想走在现实的前面,发展的步子才能迈得更大。解放思想就是要突破固有的思想禁锢,以不断适应时代变化要求。在改革开放之初,邓小平拨乱反正打破了思想束缚,统一了全党思想。他首先恢复了实事求是的思想路线,同时提出了解放思想的根本要求,为开放性的时代特征奠定了思想基础。时代发展变化的步伐和节奏在不断加快,仅仅是解放思想还不够,还要跟上时代发展变化的节奏和步伐,不然就不能真正坚持实事求是。

新世纪新阶段,我国的发展呈现出了新的特征,资源和环境等方面对经济社会发展的硬约束增加,人民群众对美好生活的需要与发展的不平衡不充分之间的矛盾日益突出。在社会主要矛盾已经发生变化的情况下,中国共产党选择了继续坚持解放思想,创新发展思维,以更加开放的姿态面向世界。在党的十八届三中全会关于全面深化改革的会议上,习近平在谈到改革的条件和目的时就特别强调解放思想要放在首位,并强调"解放思想"在全面深化改革中具有"总开关"的作用。只有思想解放了,才能打破传统思维的缺陷,冲破各种利益藩篱,真正将改革推向深入,才能真正形成开放性发展的局面。

第三,中国特色社会主义开放性的向度:全方位的开放。

中国特色社会主义的开放既有引进,也有输出,既向未来开放,也向过去开放;既是对外开放,也是对内开放。

向过去开放,是相对于向未来开放而言的一个向度,惯常所言之开放一般都是指面向未来开放。向过去开放即对于历史应秉着客观、公开的态度,不文过饰非,为了特定的目的而选择性地回忆,就得不到真实、准确的借鉴,结果将误导现实。正如习近平所指出的:"不能用改革开放后的历史时期否定改革开放前的历史时期,也不能用改革开放前的历史时期否定改革开放后的历史时期。"①对过去开放,是吸收过去发展的经验与教训,为现在和未来的发展提供支撑。

开放不只是对外开放,还包括对内开放。邓小平多次说,改革是对内搞活,也是开放;我们搞了两个开放,一个对内开放,一个对外开放。在这个问题上邓小平认为,我们发展经济,要对外开放,对内搞活,对内搞活就是对内开放,两者都叫开放。中国是一个地区间发展差异较大的国家,东部沿海地区发展基础较好,对外交往较方便,发展起来就比较容易;而中西部地区,特别是西部地区地理位置相对比较偏僻,对外交往受到地理环境的许多制约,因而发展难度较大。但西部许多地方具有丰富的自然资源,拥有良好的生态条件,因此西部地区的发展必须向东部开放,而东部也需要向西部开放,将东部过剩的产能向西部转移,西部要充分利用东部先发地区的技术和资金优势实现发展。

对外开放也不仅是只有引进,还包括输出。在改革开放的初期,我国的开放主要以引进外资为主,外国的资本和技术进入中国,带动了开放地区的发展。对外开放也是全球经济一体化的必然产物,是中国适应一体化发展要求的必然之举。随着中国改革开放的进程取得越来越大的成就,中国的开放就不仅仅局限于"引进来",同时也有"走出去"。特别是党的十八大以来,随着中国在各领域取得的巨大成就,中国无论在资金和技术上都具有更多的优势,因此"走出去"就成为中国让世界共享发展成果的必然选择。如"一带一路"倡议使中国与沿线国家的联系深度和广度都发生了变化。在经济领域,随着"一带一路"倡议得到越来越多国家的认同与肯定,其经济交往越来越多,经济上的联系越来越紧密。在文化领域,中国文化正受到越来越多的人喜爱。在政治领域,中国的国家和社会治理模式正受到越来越多的国家所肯定,许多国家对中国在政治建设领域所取得的成就产生了极大的兴趣并着手研究,希

①《习近平谈治国理政》,外文出版社 2014 年版,第 23 页。

望能够从中获益。

第四,中国特色社会主义开放性的界限。

中国特色社会主义的开放性是全面的,然而并不等于没有边界和限度。

首先,开放性的立足点是中国国情。时代性不仅是时间概念,也是空间概念。中国的国情就是时代性的集中表现。开放是多维的,具体往哪儿走,怎么走,把握不好容易出问题,依据中国国情才能为开放找准方向,并制订恰当的方案,才不至于迷失方向。

从马克思主义唯物辩证法关于事物运动发展变化中矛盾的作用原理可以知道,事物运动发展的外部矛盾即外因对事物的发展会产生影响,为事物的发展提供外部环境和条件,但事物发展的根本原因在内因,即事物的内部矛盾,外因需要通过内因对事物发展产生作用。从社会矛盾运动来看,一个社会自身内部存在的矛盾是内部矛盾,这些矛盾包括生产力与生产关系、经济基础与上层建筑这两对基本矛盾以及由基本矛盾生发的其他矛盾。以中国为例,在中国特色社会主义建设进程中,存在着诸如人民群众对物质文化需求与落后的生产力之间的矛盾、人民对美好生活需求与不平衡不充分发展之间的矛盾、经济社会发展与人口资源环境的矛盾、地区发展之间的矛盾、经济与政治文化社会生态之间的矛盾等,这些矛盾是中国特色社会主义发展的内部矛盾。对外开放,必须立足于对发展中存在的这些矛盾有全面而深刻的认识,才能使开放真正能够发挥其应有的作用。如果不问中国的实际而盲目开放,其结果将适得其反。

其次,开放是为了坚持和发展社会主义。在改革开放的问题上,某些人常常错误解读中国改革开放的决策,认为改革开放本质上走的是资本主义发展道路,中国向西方发达国家的学习就是社会主义制度向资本主义制度的投降。国际上有些学者在解读中国发展模式时,往往回避中国发展模式的社会主义性质和中国共产党的正确领导,忽视中国特色社会主义的最本质特征;在看待中国的对外开放时,往往用发达国家的开放化程度来要求中国。他们认为中国发展必然避免不了西方传统发展模式,必然经历像西方那样的对外扩张和掠夺,所以认为中国的发展必然对世界构成威胁。

在改革开放之初,邓小平就指出,社会主义要赢得对资本主义的比较优势,就必须大胆吸收和借鉴人类社会创造的一切文明成果,包括资本主义先进的生产经营方式和管理方法。开放的目的是吸收外来一切积极因素推动发展,输出一切积极因素促进发展,开放不是"补资本主义的课",不是抛弃社会主义而走资本主义。因此,开放不是否定社会主义,而是坚持和发展社会主义。

第二节　中国特色社会主义建设的发展性

发展是事物运动变化的一种形式,但发展又是一种特殊的运动形式,指事物上升性的连续变化过程。发展性即事物运动变化的上升性,与衰退性、消亡性相比,发展是新事物的产生和旧事物的灭亡的过程。中国特色社会主义作为符合科学社会主义理论逻辑和中国社会发展历史逻辑的伟大实践,其发展性特征是其时代特征最鲜明的标志之一,特别在21世纪以来,中国特色社会主义持续稳定的发展在多变的世界中显得更加耀眼。因而,发展性也成为中国特色社会主义时代性的重要表现。

一、中国特色社会主义发展性的理论缘起

中国特色社会主义发展性的理论源泉既来自马克思主义理论的要求,也源自世界范围内先进文化对于发展的思想认同。

辩证唯物主义认为,物质世界是一个不断运动变化发展的世界,发展表现为运动变化,但又不是简单的运动变化,发展是上升性运动,是新事物战胜和取代旧事物的过程。所谓新事物,是从旧事物母体中产生并符合发展规律而具有生命力的事物。与旧事物相比较,一方面新事物由于适应了事物发展规

律,因而其成长更具有活力;另一方面,新事物从旧事物的母体中产生,能够从旧事物中汲取有用的成分而抛弃过时的内容,因而比旧事物更能适应事物的发展趋势。事物的运动变化最终并不完全表现为发展的结果,有些事物不能适应本身的规律,或者逆规律而动,其结果不是发展而是走向倒退甚至消亡。

在社会领域,人类社会同样经历着运动变化发展的过程。从总的趋势来看是一个从低级到高级的发展过程,但就具体的社会和文明形态而言,其运动变化的过程并不一定都是发展的趋势,也存在走向倒退甚至消亡的情况。历史上存在过的一些文明形式最后大多消失在历史长河之中,如"轴心时代"的几大文明除中华文明之外最终都没有得到不间断的延续,有的甚至归于消亡。在历史唯物论视域中,社会发展的根本动力来自社会运动变化过程中的根本矛盾,根本矛盾的状态决定了社会运动变化的趋势与走向。

在发展的认知上,西方的发展理论经历着与西方社会发展并行的过程,一方面发展理论对西方社会发展进行理论上的牵引;另一方面西方社会的发展又成为发展理论的现实基础。早期,西方发展理论以单纯强调经济增长为主要特点,随着经济的快速发展,经济发展中带来的问题也不断显现,所以西方发展理论关注点从片面强调经济增长,转到了注重经济增长与政治、社会的协调发展。

20世纪50年代至70年代,世界处于两大阵营对峙的冷战时期,对西方资本主义国家而言获得了一个相对稳定的发展时期。以信息技术为代表的新兴科学技术的发展为西方经济社会发展带来了新的发展机遇,许多国家抓住机会实现了快速发展。但与此同时,发展中带来的问题也不断出现,人们开始意识到单纯的经济增长不能等同于发展,而经济增长成果如何实现公平分配、经济发展产生的环境污染和生态破坏以及经济增长与其他领域的关系等问题都进入了发展理论的视域之中。1962年出版的《寂静的春天》给人们描述了一个受环境污染的村庄如何从鸟语花香变成了死寂一片,出版后引起了强烈反响,人们再一次冷静地反思工业社会发展所带来的环境与生态问题以及给人类带来的伤害。80 年代,对整体性、综合性和内生性发展进入西方发展理论的认知视域。1987 年,可持续发展理念在布伦特夫人的《我们共同的未来》一文中首次出现,现在可持续发展理念成为影响社会发展的重要理念,已经成为受到全球性认同的发展理念。

二、中国特色社会主义发展性的现实表现

发展作为事物上升性和前进性的运动形式,在社会运动中主要表现为从低级到高级、从落后到进步的运动过程,是一种符合历史发展规律的正向运动状态。中国特色社会主义的发展性作为时代特色的一种表现形式,体现的是作为一种社会形态的前进性和上升性,具体表现为经济社会各方面与时代的同步向前和不断进步的过程。

从经济发展来看,改革开放以来中国实现了 40 多年的经济持续稳定增长,经济结构不断改善,经济发展质量不断提升,体现出中国经济对时代的适应性。从国家统计局网站公布的数据可以看到,中国在 1978 年 GDP 总量仅有 3678.7 亿元人民币,约占世界经济的 1.8%,到了 2010 年达到 41.2 万亿元人民币(约 5.88 万亿美元),超过日本成为世界第二大经济体。2020 年,在全球遭受新冠肺炎疫情的冲击下,中国全年国内生产总值仍然保持了 2.3% 的增长,总量达到 1013567 亿元人民币①。从经济发展质量上看,改革开放 40 多年来,我国的经济发展质量不断提升,尤其是党的十八大以来,经济发展的平衡性、协调性和可持续性明显增强,国内生产总值突破百万亿元大关,人均国内生产总值超过一万美元,国家经济实力、科技实力、综合国力跃上新台阶,我国经济迈上更高质量、更有效率、更加公平、更可持续、更为安全的发展之路。经济发展的这种增长性和不断向好的特点,最充分地体现了中国特色社会主义的发展性。

---

① 数据来源为国家统计局官网。

从政治建设上来看,中国特色社会主义政治制度更加健全,政治民主化进程不断推进。新中国成立以来,我国的政治制度建设经历了曲折的发展过程。改革开放以来,中国共产党在抓经济领域改革的同时,也高度重视政治领域的改革,通过改革消除影响经济发展的制约因素。建立了一系列适应改革需要的政治制度,形成了推进改革的系列体制机制,如基层群众自治制度、权力运行和监督制度、系列法律制度和依法选举制度、民主协商制度等,有效发挥了政治在经济社会发展中的重要作用。政治领域的改革强力推进了政治民主化进程,提升了中国特色社会主义的政治文明程度,充分彰显了中国特色社会主义的发展性特征。

在社会建设领域,社会建设成就显著,社会建设制度体系不断健全。改革开放以前,社会主义建设的主要精力集中在政治、经济和文化三大领域,虽然社会建设一直在进行,但社会建设作为一个特殊的领域并没有引起高度重视。改革开放以后,随着改革的深入推进,社会建设的内容引起了人们的重视,特别是社会结构的完善、社会事业的发展和社会生活的改善等成为影响改革向纵深推进的因素,因而在党的十六大上谈到小康社会建设的目标时把"社会更加和谐"列入小康社会建设的目标之一,十六届四中全会提出了社会主义和谐社会和社会建设的概念,社会建设引起了各方面的高度重视,社会建设的力度也不断加大。党的十七大、十八大和十九大都将社会建设作为中国特色社会主义建设的重要内容。通过几十年的建设,中国的社会结构得到进一步改善,社会事业取得重大进展,人民生活得到极大改善,显示了中国特色社会主义在社会建设上的发展性特征。

在生态文明建设领域,绿色发展理念逐渐深入人心,生态环境得到极大改善。党的十八大将生态文明建设作为中国特色社会主义"五位一体"总体布局中的"一位",绿色发展的理念逐渐深入人心,环境保护和资源节约成为许多人的自觉行动。这个过程,反映了中国特色社会主义生态文明建设的发展过程,体现了鲜明的发展性特征。

三、中国特色社会主义发展性的实现路径

中国特色社会主义的发展性与其他事物的发展具有相同的本质特征,即都是一个从低级到高级、从简单到复杂的发展过程,是新事物不断战胜旧事物的过程。但作为在一个特定历史阶段的社会运动,中国特色社会主义的发展性也具有自身的特征。

第一,中国特色社会主义的发展是实现现代化的过程。

从时间维度上看,现代化指人类社会从近代开始,依靠工业化和城市化所开启的人类社会发展进程,是从农业社会向工业社会转化的过程。从思想维度上看,现代化意味着人的思想的彻底改变,现代化思想是一种理性、自由、民主、创新的思想,与愚昧、服从、专制和守成相对应,思想的现代化过程是一个思想观念不断适应现代化生产和生活的过程。从技术发展维度上看,现代化是指科学技术的现代化过程,包括一系列科学技术的创新与运用。作为一个综合性范畴,现代化既是自近代工业社会以来人类所经历的发展过程,又是人类社会发展的阶段性目标。

中国自近代以来,现代化就是一个被赋予了强烈历史使命感的话题。西方现代化进程所取得的成就使许多中国人认识到走现代化道路的必要性和紧迫性,因而现代化承载了中华民族实现振兴的历史使命。改革开放以来中国特色社会主义的发展,其实质就是不断追求国家和社会的现代化,同时实现人的现代化。所以从邓小平的"四个现代化"到党的十九大确立的"建设社会主义现代化强国"的目标,都是一个不断追求和实现现代化的过程。

第二,中国特色社会主义的发展是在中国共产党领导下的发展。

中国共产党是中国特色社会主义的领导核心,中国共产党领导核心地位的确立具有历史逻辑和现实依据,中国共产党的领导是保证中国特色社会主义走向成功的根本保证。因此,中国特色社会主义的发展最本质的特征就是中国共产党领导下的发展。

中国共产党领导的中国特色社会主义建设在依靠力量、中心任务、政治保证、发展动力和发展目的上表现出了自己的特征。在依靠力量方面,发展的主体和依靠力量是广大人民群众,人民群众对发展的积极参与,是推动社会不断发展的主体力量;在政治保证方面,发展以"四项基本原则"作为根本政治保证,使发展不至于偏离方向;在发展的动力上,将改革开放作为推动各项事业发展进步的动力,改革释放了社会生产潜力,产生了发展的内生动力,开放则使得发展获得了外生动力,不断推动中国特色社会主义向前发展;在发展目的上,中国共产党领导的发展是为了中华民族的伟大复兴,是为了国家走向富强和人民生活更加幸福的发展,也是为世界走向更加和谐。这些特征使中国特色社会主义的发展具有鲜明的中国特色。

第三,中国特色社会主义的发展是一种既遵循发展规律又实现跨越的发展。

唯物史观认为,社会发展与任何事物的发展一样具有客观规律,社会发展的规律是由社会基本矛盾所决定的。对一个具体社会形态和社会阶段而言,社会发展既要受到社会发展的一般性规律制约,同时也要尊崇自身的特殊规律。中国特色社会主义发展立足中国现实,抓住社会主要矛盾,以经济建设为中心牵引各项改革和建设,在经济发展基础上不断推进政治、文化和其他领域的建设,在经济发展的同时不断改善民生,既符合社会发展的一般规律,又符合中国社会主义现代化建设的实际,这是中国特色社会主义发展能够取得巨大成就的重要保证。

从中国特色社会主义的发展进程来看,中国作为一个发展中的大国,用几十年的时间走过了西方几百年走过的发展历程,呈现出典型的跨越式发展特征。在发展经济学和社会学研究视域中,跨越式发展是指后进国家对先发国家的超常规超越过程,所谓超常规不是绝对的,而是相对于先发国家走过的发展阶段和经历的时间而言,即后发国家并没有按照先发国家的发展而按部就班地走过每一个阶段,而是充分吸收和利用先发国家的发展经验,回避先发国家走过的弯路,最后利用自身优势和资源实现跨越式发展。

中国实现跨越式发展不是仅仅依靠利用先发国家的发展成就而实现弯道超车,中国能够实现跨越式发展的关键是中国的制度优势、丰富的人力资源和深厚的文化积淀。中国共产党的集中统一领导使社会具有强大的向心力和凝聚力,这种力量转化为发展的动力将做到无坚不摧,战无不胜。中国特色社会主义制度也表现出了其他制度所不具有的效率优势,能够在最短的时间内实现经济社会的快速发展,中国丰富的人力资源和深厚的文化基础又为中国特色社会主义发展集聚了巨大的力量。因此,中国特色社会主义的发展既遵循了社会发展的规律,又在较短的时间内实现了快速发展,表现了发展的独特个性。

第三节　中国特色社会主义建设的引领性

中国共产党举什么旗、走什么路,关乎党的命脉,关乎国家前途、民族命运、人民幸福,也关乎世界和平、稳定、发展。举什么旗,走什么路,历来都是党的事业成败得失的决定性因素。毛泽东早就指出:主义譬如一面旗帜,旗帜立起来了,大家才有所指望,才知所趋赴。科学社会主义运动自诞生以来,共产主义理想始终成为引领全世界无产阶级为之奋斗的伟大旗帜。通过40多年改革开放的伟大实践,我国在经济、政治、文化、社会、生态等领域都取得了巨大成就,人民的幸福感、获得感和安全感都得到了极大增强。今天的中国,比以往任何时候都更具有实现中华民族伟大复兴的能力和信心。因此,引领性成为中国特色社会主义时代性的重要表现之一。

一、中国特色社会主义引领中华民族的伟大复兴

中国特色社会主义是适应时代需要的伟大事业,在新时代,这项事业不仅引领中华民族不断走向繁荣富强,同时也引领世界向和平共荣的方向发展。

中国特色社会主义的伟大成就意味着近代以来久经磨难的中华民族迎来了从站起来、富起来到强起来的伟大飞跃,中华民族正迎来伟大复兴的光明前景。

在中国近代历史上曾经经历了一段屈辱的历史,许多仁人志士怀揣着民族复兴的伟大梦想,提出了各种思想,进行了艰苦的探索,但由于未能找到科学的理论和实践路径,在中国共产党成立以前,没有一种力量能够引领中华民族走向民族复兴的大道。中国共产党人把马克思主义基本原理与中国实际相结合紧紧依靠人民,独立自主地探讨前进道路,在各国内外反动派的斗争和社会主义建设中,取得了一个又一个胜利,产生了新民主主义革命和社会主义建设,尤其是中国特色社会主义的实践形式。

中国特色社会主义的建设实践深刻地改变了中国的面貌,使过去积贫积弱的中国变成世界第二大经济体,成为推动世界经济发展的重要力量。特别是党的十八大以来,在以习近平同志为核心的党中央的坚强领导下,中国在各个方面取得的成就越来越突出,在世界上的影响力越来越大。中国共产党在带领中国人民实现民族复兴的征程上表现出来的领导力受到世界瞩目,中国共产党的领导核心作用越来越增强,党的自身建设成就越来越显著。而国家的实力,无论是硬实力还是软实力都得到了增强,人民生活得到极大改善,军队的战斗力显著提升,中华民族正以崭新的姿态屹立于世界民族之林。

中国特色社会主义赋予了中国强大的发展动力,这种动力推动中华民族向民族复兴的宏伟目标坚实迈进。党的十八大以来,全面深化改革向纵深推进,生产关系束缚生产力的发展,上层建筑制约经济基础的因素在改革中得到进一步的解决,生产力的潜力得到了进一步释放。同时,人民群众对中国梦的追求又不断催生了中国发展的内生动力,社会发展的主体因素得以充分调动,人民群众参与实现中国梦伟大实践的积极性空前高涨。

中国特色社会主义,显著提升了中国社会的文明程度。民主法治建设不断加强,科学技术是第一生产力的观念深入人心,教育改革和发展成就显著,基本普及了九年制义务教育,高等教育进入大众化阶段,精神文明建设加强,文化事业和文化产业日益繁荣。人们的精神面貌也发生了变化,竞争意识、创新意识、效率意识不断增强。

可以说,中国特色社会主义开辟了全面实现中国经济、政治、文化、社会等各领域现代化的科学发展之路,向世界充分展示了中国特色社会主义的光明前景和美好前途。

二、中国特色社会主义引领世界社会主义运动的方向

中国特色社会主义的成功实践表明,科学社会主义运动不是像某些人所预言的走向"历史的终结",而是日益体现出强大的生机和活力,中国立足自身实践走出的一条具有中国特色的社会主义发展道路,使中国特色社会主义的伟大旗帜在世界上高高飘扬。

世界社会主义思想500年的发展可以分为六个时间段:

第一个时间段是从1516年英国人托马斯·莫尔发表《乌托邦》到19世纪初法国的圣西门、傅立叶和英国的欧文空想社会主义的产生与发展的阶段。空想社会主义者们根据他们的理解提出了空想社会主义的理想,特别是圣西门、傅立叶和欧文三者比较系统地提出了他们理想中的社会,成为科学社会主义理论的直接来源。

第二个时间段是马克思和恩格斯创立科学社会主义理论体系的阶段。在这个阶段,马克思恩格斯从无产阶级斗争的实际出发,科学分析了无产阶级之所以被剥削的经济政治根源,特别是从德国古典哲学、英国古典政治经济学和英法空想社会主义理论中吸取了合理成分,发现了人类社会的运行规律以及资本主义社会的剥削秘密,为社会主义运动指明了科学的方向。

第三个时间段是列宁领导十月革命胜利并实践社会主义的阶段。这个时间段里,列宁从苏联当时面临的内外环境出发,提出并在一定程度上实践了在苏联建设社会主义的主张,特别是在战争与革命、党的建设和新经济政策等方面提出了许多富有洞见的思想,只可惜列宁路线在后来列宁去世以后未能得

到有效延续和发展。

第四个时间段是苏联模式逐步形成的阶段。这个时期,以经济上的高度集中和政治上的高度集权为特征的苏联模式逐步形成。苏联模式在反法西斯战争中对于集中全社会力量抗击法西斯起到了一定作用,但总体上存在较大弊端。

第五个时间段是中华人民共和国成立以后进行的社会主义的探索和实践阶段。这个阶段为在新的历史时期开创中国特色社会主义事业提供了宝贵经验、理论准备、物质基础。

第六个时间段是改革开放以来,中国共产党人带领广大人民群众开创和发展中国特色社会主义的阶段。这个阶段在科学社会主义发展史上具有非常重要的意义。

综合这几个时间段,有学者则将世界社会主义 500 年分为四个进程:第一个进程是社会主义思想从乌托邦到科学,第二个进程是社会主义运动从理论到实践,第三个进程是社会主义制度从一国到多国的演进,第四个进程是社会主义革新从地区到全球的拓展。[①] 可以看出,世界社会主义运动经历了一个从小到大,从区域性向世界性,从空想到科学,从曲折到成功实践的过程。在这个过程中,列宁十月革命的胜利和苏联社会主义制度的建立,使社会主义从理论向实践成功转化,第二次世界大战胜利以后,在苏联援助下东欧、东亚的 12 个国家走上了社会主义道路,社会主义从一国向多国演进,其间虽然经历了东欧社会主义国家的和平演变,但 20 世纪 70 年代末,中国实行的改革开放使社会主义的发展活力得到了充分释放,中国特色社会主义运动所带来的科学社会主义运动成果使社会主义运动焕然一新,特别是在社会主义运动遭遇曲折的时候,中国特色社会主义为科学社会主义带来了生机和活力。

---

① 参见高放:《世界社会主义风云激荡 500 年——正确把握四大历史进程处理好四个主义间的关系》,《党政研究》2016 年第 6 期。

从世界社会主义 500 年发展历程来看,空想社会主义在对资本主义进行尖锐揭露和批判的基础上提出了未来社会的天才设想,但由于空想社会主义未能发现资本主义社会不公平的秘密,又未能提出建构未来理想社会的科学路径,其社会理想只能停留在空想的层面而不能成为指导无产阶级获得自身解放并最终实现全人类解放的思想武器。从列宁到斯大林之后的苏联社会主义建设,实现了科学社会主义从理论到实践的转化,也推动了社会主义制度在多国的建立。但由于苏联、东欧国家在后期的社会主义建设中出现了思想理论和体制制度上的僵化状态,改革成效不大,经济上出现困难并诱发政治危机和民族矛盾,社会主义逐渐失去了本来应该具有的活力,因而最终倒向了资本主义阵营。

苏联、东欧剧变以后,以福山为代表的一些学者开始提出"历史终结论",认为社会主义运动"寿终正寝",当代资本主义的自由民主制度将成为人类社会最终的社会形态。苏联、东欧剧变曾经一度使社会主义运动陷入低潮,但以中国特色社会主义实践为代表的社会主义运动并没有因此而消失,反而是中国特色社会主义的巨大成就充分显示了社会主义运动的生命力,同时为社会主义运动指明了新的方向。这种方向在于,社会主义必须始终坚持和发展马克思主义,坚持马克思主义政党的领导,坚持道路自信、理论自信、制度自信和文化自信,始终把创造性地运用马克思主义,把马克思主义基本原理与自己国家的具体实际相结合,不断推进理论创新、实践创新和制度创新。这种方向还在于,必须把人民的利益作为执政党的价值追求,始终坚持以人民为中心的发展思想,实现人民的共同富裕。这种方向还在于,要发展和巩固社会主义,执政党必须加强自身建设,坚持从严治党,保持党的纯洁性和先进性,保持党与人民群众的血肉联系,使党始终与人民群众站在一起,把最广大人民的根本利益作为党的一切工作的最高标准,这样才能使党始终成为国家的领导核心,才能使共产党真正能够引领发展,真正得到人民群众的拥护,成为具有凝聚力和战斗力的政党,经得起各种风浪的考验,始终坚持科学社会主义方向,进而不断开创社会主义运动的新局面,为最终实现共产主义社会打下良好的基础。

三、中国特色社会主义引领国际社会的有序化治理

21世纪以来虽然只经历了十几年时间,但这十几年却是一个极不平凡的十几年,经济政治格局发生了巨大变化,这些变化为全球治理提出了新的课题,带来了新的挑战。中国特色社会主义大步迈向现代化的实践,成功探索了人类现代化的新道路,特别是那些既希望加快发展又希望保持自身独立性的国家和民族,如何选择一条适合自身特点的发展道路,可以从中国的社会主义现代化道路中汲取智慧和方案。

从经济格局来看,第二次世界大战结束后的初期,世界经济格局主要是由美国主导而形成的一国独霸的局面,20世纪70年代以后,逐渐形成了以"七国集团"为核心的经济格局,西方主要发达国家在全球经济治理中控制着话语权。但到2008年,美国爆发了因次贷危机而引发的金融危机。这次危机波及面大,影响面广,给全球经济发展带来了不小的冲击。有人认为,这次危机的本质是全球市场的消费不足导致的全球范围内的产品过剩,而全球范围内的消费不足则是财富过度集中所导致的贫富悬殊空前加大和全球两极分化空前严重的后果,也即在全球范围内出现的"马太效应",即穷国越来越穷、富国越来越富、穷人越来越穷、富人越来越富的局面,这种局面最终导致了全球范围内消费能力不足引发的金融危机。金融危机的爆发表明,以西方主要发达国家主导的世界经济格局不能有效解决世界经济发展中的现实问题,因此,发达国家不得不与新兴的经济体相互合作,共同面对金融危机带来的冲击。在危机爆发的第二年就由"七国集团"发展到了"二十国集团",世界经济问题由发达国家拍板变成发达国家与发展中国家新兴经济体共同协商解决。后危机时代,全球主要经济体都采取了相关措施以克服经济危机带来的影响,到目前为止,虽有一些成效,但全球经济发展仍然困难重重,反全球化、反一体化和贸易保护主义抬头,全球经济呼唤新的治理格局出现。

进入 21 世纪以后,由于世界经济政治格局的新变化,过去的国际秩序受到挑战,因而新世纪过去的这几十年虽然大规模的冲突与战争没有发生,但地区性的纷争仍然不断,经济领域的冲突仍然不少。当前,世界正面临百年未有之大变局,国际力量对比的变化对新的治理方式提出了更加强烈的需求,各个国家必须携起手来,反对霸权主义和强权政治,建立公正合理的国际经济政治新秩序。

中国特色社会主义适应时代需求,其成功的实践为国际社会新的治理方式的产生提供了重要遵循。改革开放以来,中国对时代主题给出了"和平与发展"的基本判断,因而通过各种形式维护世界和平,促进共同发展。邓小平曾经谈到国际局势时就指出,过去的国际局势实质上是霸权主义和强权政治,要用国际社会所公认的新的经济政治秩序代替旧的秩序,而要建立新的经济政治秩序就要处理好东西南北问题,关键是要处理好南南问题。在苏东剧变和两极格局解体以后,中国根据新的形势变化提出了国际社会治理的新思路,认为我们要建立新的国际秩序必须反映世界各国人民的普遍愿望和共同利益,体现历史发展和时代进步的新的要求,保证各国平等参与国际事务的权利,保障各民族和各种文明形式共同发展的权利。世界上的各个国家在政治上都应该相互尊重,平等协商,哪一个国家都不能把自己的意志强加给其他国家;在经济上应该相互促进和共同发展,不能人为制造障碍,要避免国与国之间的贫富悬殊;在文化上要促进各种文化形式之间相互借鉴,相互吸收,共同繁荣;在安全上应该确立互信、互利、平等和协作的安全观,各国在维护安全上应相互信任,共同维护。

党的十八大以来,习近平提出了构建人类命运共同体的理念,为国际经济政治新秩序的建立给予了重要指引。2013 年 3 月 23 日,习近平在莫斯科国际关系学院演讲时指出,在今天的这个世界,和平、发展、合作、共赢成为时代潮流,世界任何国家或国家集团都再无法单独主宰世界事务;一批新兴市场国家和发展中国家走上了发展的快车道,多个发展中心在世界形成,在各种国际和地区力量的制衡下,世界正朝着有利于和平与发展的方向发展。世界各国之间的联系越来越紧密,你中我有、我中有你的命运共同体正在形成。当然,这个世界也不是风平浪静的世界,而是面临着诸多难题和挑战的世界,维护世界和平、促进共同发展依然任重道远。习近平主张,各国和各国人民应该共同享有尊严,共同享受发展成果,共同享受安全保障。处理国际事务的民主原则是世界的命运应该由各国人民共同掌握,各个国家的主权不应该受到干涉,世界上的事情只能由各国政府和各国人民共同协商来办,世界上所有爱好和平的国家和人民,都应该"弘扬和平、发展、公平、正义、民主、自由的全人类共同价值"①。习近平人类命运共同体思想为世界新秩序的建立提供了良方,中国特色社会主义在国际社会新的治理秩序的建立上发挥着不可否认的重要引领作用。总之,中国特色社会主义走的是一条独特而不是孤立的发展道路。中国特色社会主义道路的形成和发展是与同时代主题和世界形势的变化密切相连的,也表现出了对时代主题和世界潮流的积极回应,体现了鲜明的时代特色。

---

① 习近平:《在庆祝中国共产党成立 100 周年大会上的讲话》,人民出版社 2021 年版,第 16 页。

第六章　中国特色社会主义蕴含的关于自然、人及二者关系的哲学意蕴

中国特色社会主义在发展过程中体现出来的独有特色,蕴含着非常深刻的哲学内蕴,尤其是关于自然、人以及二者关系的认知,充分体现了中国特色社会主义实践科学的自然观和理论所具有的创新性特征,是继续推进中国特色社会主义重要的理论基础。

第一节　自然观:尊重自然、顺应自然、保护自然的哲学态度

自然界的存在对于人类而言具有先在性,人类在与自然界发生关系的过程中实现了人与动物的分离,使自己成为自然界最高级的存在。但人类从一开始就无法回避的问题即:人与自然到底是一个什么样的关系?人在多大程度上可以影响自然?人是不是可以摆脱自然的束缚?对这些问题的回答形成了不同的自然哲学态度。

一、人类对自然的哲学态度的历史演进

人类对自然的哲学态度可以分为对自然的敬畏、对自然的征服和受到自然报复以后与自然的和谐共生三种。

在人类社会早期，由于生产力水平很低，人在处理与自然的关系时总是被动的，人类在很大程度上是臣服于自然，受到自然的限制，对自然所爆发出来的力量感到无所适从，甚至无能为力。因而，在人类社会发展的早期，人对自然的态度呈现出发自内心的敬畏，人在自然界面前只能被动适应。但人毕竟不同于其他动物，在与自然打交道的过程之中逐渐形成的自我意识使人开始希望挣脱自然的束缚而实现对自然的控制或主宰，由于人依靠自身的力量无法实现这种控制，神话就应运而生。神话是以想象和虚构来表达人类意志的一种精神形式，在人类自我意识的发展中无疑具有非常重要的作用。但神话仅仅只能从精神上实现人对自然的控制与超越，在生产力水平较低的时代是无法实现人的愿望的。

随着人类生产力水平的提高，特别是生产工具的进步，人类开始依托各种手段把自己的意志进行外化去影响自然，人与自然的关系发生了重大变化，由过去对自然的敬畏转变为对自然的征服。特别是工业革命以后，人类依靠自然科学的发展，不断把自己的意志和欲望外化于对自然的利用之中，满足了人类不断增长的物质欲望。但由于工具的进步和人类利用自然水平的不断提升，人的欲望也随之不断膨胀，人对自然的利用在个别地区与部分领域已经超出了自然可以承受的程度，出现了人与自然矛盾的恶化趋势，自然对人类予以了严厉的惩罚。日益严重的环境污染和恶劣气候无疑是这种关系最好的注脚。

环境问题的出现和部分自然资源的枯竭使人类不得不重新审视自身与自然的关系，一种新的态度开始出现，即人类不应该无节制地释放自己的欲望，人的欲望应该与自然的承受能力相一致，人类社会的发展状态应该是与自然

和谐共生的发展状态而不是矛盾与冲突不断的状态。这种新的态度在今天已经成为大多数人的共识,它所追求的人与自然的关系局面代表了人与自然关系的理想状态,是人类社会应该选择的态度。

人类对自然哲学态度演进的三个阶段的划分是站在人类社会发展整体视域之中得出的结论,每一个民族和国家在发展中所经历的态度转化在时间节点上是有差别的。在"轴心时代"产生的几大文明形式之中,中华文明可谓是独树一帜,独具特色与优势,其中的"天人观"在人类自然哲学态度的演进中,特别是为中国特色社会主义建设过程处理人与自然的关系提供了重要的思想资源。

天人关系始终贯穿在中国传统哲学的研究视域之中。孔子在《论语·泰伯》中就讲道,"巍巍乎!唯天为大,唯尧则之。"意思是说,我们生活的大自然(天)是无比崇高的,帝尧能够尊崇天的规则。言下之意,我们也应该尊崇自然的规则,要"畏天命",这一思想与《诗经·烝民》中"天生烝民,有物有则。民之秉彝,好是懿德"的思想是一致的,要求人要服从自然规律。而在《道德经》第二十五章则指出,"人法地,地法天,天法道,道法自然",要求人要按照自然的规律行事,不可违背自然,这种思想在庄子那里得到了更充分的发展,并在后世的思想家思想中得到进一步承续,成为中国传统哲学的思维范式之一。

二、新中国成立以后到改革开放前中国社会主义建设过程中对人与自然关系的认识

新中国成立之后,对于传统文化中的这一优秀的思想资源的继承和发展经历了一个曲折的过程。在一段时间内,我们把人的力量无限夸大,认为人定胜天,不尊重自然规律而陷入主观主义的泥潭之中,在工作中出现浮夸风,导致了后来的"大跃进"和"人民公社化"运动,使中国的社会主义事业走了一段弯路。当然,在这一段时间,我国提出了以恢复工农生产为目的保护环境的理

论和主张,在处理人与自然的关系上进行了初步探索,主要有以下一些措施和特点:

第一,将自然环境保护纳入农业经济发展领域。毛泽东同志对国家水利工程非常重视,先后针对黄河、海河、淮河的河流治理提出了指导性的意见。在他的推动之下,各种大型的水利工程陆续上马,这些水利工程的建设对抵御洪涝灾害、改善河流流域内老百姓的生活环境,促进工农业生产发挥了巨大的作用。

第二,植树造林是保护环境的重要措施。新中国成立初期,我们党提出了"绿化祖国""实现大地园林化"等口号。在这种思想的指导下,国家于1956年开始了第一个"12年绿化运动"。从此,"植树造林,绿化祖国"一直被看作是党和国家重要的工作。

第三,纠正"左"的错误思想对自然环境保护的影响,积极预防和治理污染。本着实事求是的精神,我们党认识到随着中国工业的不断发展,环境污染问题已成为一个无可争辩的事实。1972年中国参加了联合国人类环境会议,参加此次会议对形成自然环境保护的思想认识产生了重大影响,越来越多的人开始意识到自然环境的破坏和污染的危害性,认识到保护自然环境的重大意义。

综上可见,在这段时期,我们在自然环境的保护方面虽然进行了有益的探索,但自然环境问题始终未能成为人们关注的焦点,也未能形成系统的自然环境保护意识和行动。当然,这些有益探索也为后来的环境保护工作提供了实践基础和经验镜鉴。

三、改革开放以来中国特色社会主义建设实践所蕴含的尊重自然的哲学态度

1978年,党的十一届三中全会的召开标志着中国社会主义建设进入了新阶段,我们对社会发展过程中人与自然的关系的认识也有了新的进步。在总

结前 30 年发展经验教训的基础上，越来越重视保护性地利用自然。虽然在发展中出现了自然资源的破坏性开采现象以及严重的环境污染事件，但在中国特色社会主义的发展理念中，始终蕴含着自然环境的保护和人与自然和谐共生的理念，几代领导人在对自然环境的保护和合理利用上都给予了高度重视，并形成了人与自然关系的发展理念，对不同时期的经济社会发展产生了重要影响。

第一，以邓小平同志为主要代表的中国共产党人在恢复和加快国民经济发展，开启中国特色社会主义建设的过程中，强调尊重自然、保护自然的发展方式，体现出尊重自然的哲学态度。

党的十一届三中全会以后，中国特色社会主义建设过程中形成了许多关于处理人类发展与自然环境保护的观念，主要体现在：

其一，强调人类活动应当在尊重和遵守自然规律的前提下进行。这一时期，人们放弃了以往那种向自然开战、人定胜天的片面的自然观，更加强调人和自然的辩证统一。一方面，人类生存要向自然索取资源，因此人类必须改造和利用自然；另一方面，人类对自然环境的改造也不能完全忽视自然规律，而应当尊重自然规律，按照自然规律来办事。这种自然观在国家大政方针方面得到了具体的体现，比如，1981 年国务院要求在国民经济进行调整时期务必重视和加强自然环境的保护，强调在进行社会主义现代化建设时期，不仅要重视经济规律，也要重视客观规律。这些变化表明实事求是的思想路线在人与自然关系上有了体现，表明在人与自然关系的认识上有了进一步深化。

其二，将保护自然环境上升为基本国策。这一时期，我们党还没有直接提出可持续发展的思想，但是在关于自然环境保护的理念和行动中却已经显露出这样的目标追求。比如邓小平就曾从子孙后代生存发展的角度指出植树造林的重大意义，自然环境的保护不仅仅是为了我们这一代人生活得好，也是为了我们的后代生活得好，是为了民族的延续和发展。

其三，加强生态环境建设的科技投入。我国人口多，底子薄，人均资源占有量短缺。面对这一国情，必须依靠现代科学技术才能解决基础性和全局性的问题，这些问题当然也包括自然环境的保护问题。邓小平同志对此有敏锐的洞察，认为要解决生态环境的问题，必须依靠科学。在这一思想的指引下，我国在环境保护方面的科学技术投入不断加大，各种绿色技术，包括国外先进的环境污染的防治技术被广泛运用和引进，这些思想和行动为我国自然环境的保护贴上了现代科技的标签。涉及生态环境的各行各业开始重视现代科技的运用，这使得我国自然环境的保护进入了一个更加理性的阶段。

其四，加强自然环境保护的法律法规制度建设。自然环境的保护不能仅仅依靠一时的行政命令和现代科学基础，还要依靠有力的、持久的法律法规等制度性的设计来作为支持，这样才能真正实现自然环境的保护。在1978—1989年这个阶段，先后颁布了《中华人民共和国环境保护法》《中华人民共和国海洋保护法》等多部涉及自然环境保护的规章制度。由此，我们国家真正迈入了环境保护有法可依的阶段，这是处理人与自然关系的一个重要进步。但同时我们也应当看到，与世界发达国家相比，我们在这方面的制度建设还是显得相对落后，还有很长的路要走。

第二，以江泽民同志为主要代表的中国共产党人在开创改革开放新局面的过程中，提出了实施可持续发展的战略设想，把处理好人与自然的关系问题上升到了经济社会发展的重要地位。

20世纪末，中国改革开放已经取得了显著成绩，在继续推进中国特色社会主义建设事业的同时，发展中带来的问题也得到了重视，如社会阶层的分化问题、党的建设如何更有效地发挥作用的问题以及生态环境的问题。在生态环境保护的问题上，全国上下高度重视，生态环境保护已深深地嵌入改革发展理念之中。这一阶段，对人和自然关系的认识主要体现在以下几个方面：

其一，进一步去功利化认识自然环境保护，强调生态环境建设与经济发展同样重要。去功利化认识自然环境的保护就是要求经济发展不能以损害自然环境为代价，要在发展中实现保护，边发展边保护，最终实现经济发展与环境保护的相互促进。江泽民指出,我们的发展决不能走浪费资源和先污染后治理的路子,"更不能吃祖宗饭,断子孙路"①。他要求经济发展一定要处理好与环境的关系,绝不能以牺牲环境为代价来实现发展。这充分说明,我们党在领导社会主义建设事业中已经放弃过去那种经济发展大于一切的认识,认识到了即便经济大发展了,但是若老百姓生活环境变坏了,这也不是一种健康的发展。

其二,可持续发展战略的孕育和最终提出。在改革开放之初,邓小平关于发展的思想中就已孕育了可持续发展的理念。以江泽民为主要代表的中国共产党人继承了邓小平的这一思想,大力倡导和积极推行可持续发展战略。在1993年召开的《中国21世纪议程》国际探讨会上正式提出了可持续发展战略的设想。可持续发展战略在《九五规划和2010年远景目标纲要》中作为社会主义建设的重要内容出现。党的十五大上,可持续发展作为现代化建设必须实施的战略,资源和环境保护问题摆在更加重要的位置。党的十六大报告将可持续发展能力作为全面建设小康社会的目标之一,可持续发展战略得到了前所未有的重视。

其三,将环境保护纳入发展计划,建立健全各种法律法规。要使各级政府真正做到保护自然环境,就必须将环境发展纳入经济社会发展评价指标中,为此,江泽民要求要把环境保护纳入经济社会发展计划之中,在重大建设项目实施过程中必须同时制定环境保护的措施。在这段时期,环境保护目标都被纳入经济社会发展规划之中,与此同时还制定了《环境保护法》《海洋环境保护法》《大气污染防治法》《水污染防治法》等系列环境保护的法律法规,为环境保护提供了最坚强的后盾。

第三,以胡锦涛同志为主要代表的中国共产党人面对新时期发展出现的新问题和遭遇的自然资源瓶颈,进一步发展了科学处理人与自然、人与人、人

---

① 《江泽民文选》第一卷,人民出版社2006年版,第532页。

与社会关系的自然观。

其一,自然观的新变化,要求实现"人与自然和谐相处"。自然曾被我们仅仅当作没有生命的客体来对待,这使我们无法对自然产生尊重的态度,遑论顺从自然。胡锦涛指出,"我们所要建设的社会主义和谐社会,必须是一个民主法制、公平正义、诚信友爱、充满活力、安定有序、人与自然和谐相处的社会。"①在谈到人与自然和谐相处的状态时,胡锦涛认为,人要学会与自然和谐相处,人类才能获得良好的发展。而人与自然的和谐相处,就是实现了既发展了生产,改善了生活,使生活更加富裕,同时生态环境也得到了很好保护。因此,人们必须有尊重规律的意识,要认识到规律是不可抗拒的必然趋势,学会按照规律办事,利用规律为人类服务,绝不能采取掠夺自然的办法来实现人类的发展。

其二,确定落实科学发展观的内容和目标。科学发展观确立以后,在实践中坚持以科学发展观为指导,实现经济社会发展与资源环境保护的有机统一。在党的十七大报告中提出要"加强能源资源节约和生态环境保护,增强可持续发展能力"②,具体要求则是建设资源节约型、环境友好型社会,要把"两型"社会的建设放在工业化和现代化建设的突出位置,进一步完善相关法律法规,落实相关工作责任制,鼓励开发环保新技术,发展环保产业,为人民群众提供良好的环境。在科学发展观的指引下,我国各条战线积极行动起来取得了显著成效。工业战线开始实施节能减排、生态建设和环境保护,能耗下降,各种废弃物的排放急剧下降;农业方面,全面实施退耕还林,保护草场牧场,兴建水利设施等重点生态工程。

其三,在自然环境保护中充分运用经济等手段。胡锦涛提出研究绿色国民经济核算方法,探索将发展过程中的资源消耗、环境损失和环境效益纳入经

---

① 《胡锦涛文选》第二卷,人民出版社 2016 年版,第 285 页。
② 胡锦涛:《高举中国特色社会主义伟大旗帜　为夺取全面建设小康社会新胜利而努力奋斗——在中国共产党第十七次全国代表大会上的讲话》,人民出版社 2007 年版,第 24 页。

济发展水平的评价体系的思路。根据这一思路,2006 年起,在经济和社会发展计划中对绿色经济以及产业发展都进行了规划。2008 年,我国政府进一步发挥宏观经济手段促进生态文明建设,这些手段包括绿色信贷、绿色保险、绿色贸易、绿色税收等经济政策。除了行政方面的政策计划外,还积极运用法律来促进生态文明建设,而且法律手段的运用出现了新的变化,主要体现在法律法规开始对政府宏观规划形成约束。例如,2003 年 9 月生效的《中华人民共和国环境影响评价法》就把环境评价的范围扩大至政府规划,这无疑有利于全方位促使生态文明建设落到实处。除此之外,制度建设也是生态文明建设的重要手段。这里所谓制度建设主要包括各种自然环境的发展评价体系、考核办法和奖惩制度等,切实将党的生态环境保护落到实处。

第四,党的十八大以来,以习近平同志为核心的党中央把处理好人与自然的关系,实现绿色发展上升到了新的高度,形成了习近平生态文明思想,为新时代处理人与自然的关系指明了方向。

进入新时代,我国经济发展方式正发生深刻的变化,由高速增长向高质量增长转变,经济结构不断优化,经济增长动力由要素驱动向创新驱动转化。经济发展方式与结构的变化必然带来资源利用方式的变化,这就要求我们必须认真审视资源与环境的利用方式,确立新的发展理念,正确处理好人与自然的关系。针对新的发展要求,以习近平同志为核心的党中央开展了一系列根本性、长远性、开创性的工作,推动生态文明建设和生态环境保护从实践到认识发生了历史性、转折性、全局性变化。

其一,必须清晰认识到生态环境保护的重要性。早在 2005 年 8 月 15 日,时任浙江省委书记的习近平在安吉考察时首次提出"绿水青山就是金山银山"这一科学论断,多次强调各级党员干部必须充分认识到保护生态环境的重要性,不能以牺牲环境来实现经济的发展。在十八大中央政治局第六次集体学习时指出,生态环境保护是功在当代利在千秋的事业,要充分认识生态环境保护的紧迫性和艰巨性,要以对人民和子孙后代负责任的态度把环境污染治理好,把生态环境建设好。习近平指出,党的十八大以来,我们对中国特色社会主义建设发展观的认识进一步深化,生态文明建设的信心和决心更加坚定,必须高度重视生态文明建设。党的十九大报告从人类尊重自然和保护自然的必要性的角度指出,人类为了防止在开发利用自然问题少走弯路就必须尊重自然和保护自然,必须遵循自然规律,否则,人类对自然的伤害最终将伤及人类自身。党的十九大将生态文明和美丽中国建设的重要性又上升到了新的高度,指出生态文明建设是中华民族永续发展的千年大计,是现代化建设的重要内容,也是满足人民群众美好生活需要的重要工作,是中华民族伟大复兴的重要内容。

其二,在建设生态文明的过程中必须贯彻新发展理念。建设生态文明过程中必须贯彻新发展理念。曾经一段时间,唯 GDP 成为许多地方和领导干部的发展理念,这种状态带来了许多人民群众反映强烈的问题,直接影响人民群众对美好生活的追求。针对这种情况,在 2016 年 1 月 18 日举行的省部级主要领导干部学习贯彻党的十八届五中全会精神专题研讨班上的讲话中,习近平从国内外、历史和现实的维度强调了树立发展新理念的重要性。习近平指出,历史上许多曾经生态环境很好的地方,由于不合理的开发利用,最终出现环境问题,甚至消失了文明,这是值得我们吸取的教训。在新的发展条件下,必须树立新的发展理念。这是因为,环境没有替代品,环境一旦被破坏,要想恢复则很难。因此,必须树立环境就是民生、青山就是美丽、蓝天也是幸福、绿水青山就是金山银山的理念。像爱护自己生命一样爱护环境,像保护自己眼睛一样保护环境。

其三,要处理好人与自然的关系,建设美丽中国,必须采取一系列行之有效的措施。加强生态文明建设不仅需要观念层面的改变,也需要行动上的改变。2018 年 6 月 16 日,中共中央、国务院发布了《关于全面加强生态环境保护坚决打好污染防治攻坚战的意见》,针对生态环境保护的重点领域和薄弱环节,明确要求在生态环境保护中实施"三大保护战",即坚决打赢蓝天保卫战,着力打好碧水保卫战,扎实推进净土保卫战,提出了全面加强生态环境保护,坚决打赢污染防治攻坚战的总体目标和具体目标。其中,总体目标是"到2020年,生态环境质量总体改善,主要污染物排放总量大幅减少,环境风险得到有效管控,生态环境保护水平同全面建成小康社会目标相适应。"具体目标为"全国细颗粒物(PM2.5)未达标地级及以上城市浓度比2015年下降18%以上,地级及以上城市空气质量优良天数比率达到80%以上;全国地表水Ⅰ—Ⅲ类水体比例达到70%以上,劣Ⅴ类水体比例控制在5%以内;近岸海域水质优良(一、二类)比例达到70%左右;二氧化硫、氮氧化物排放量比2015年减少15%以上,化学需氧量、氨氮排放量减少10%以上;受污染耕地安全利用率达到90%左右,污染地块安全利用率达到90%以上;生态保护红线面积占比达到25%左右;森林覆盖率达到23.04%以上。"[1]

党的十九大报告从三个方面对落实绿色发展理念、建设美丽中国提出了行动上的要求。首先是要推动绿色发展。主要措施是建立三大体系,即通过法律和政策上的导向促进建立绿色低碳循环的经济体系,通过市场导向建立绿色技术创新体系,建构清洁低碳、安全高效的能源体系。其次是着力解决环境问题。以解决大气、水、土壤污染为重点,实施大气和水污染防治行动、进行土壤污染管控和修复,必须通过切实有效的措施得到防治。同时要加强固体废物和垃圾处理,通过立法来惩罚环境污染的行为,构建政府主导、各方面力量积极参与的环境治理体系等。要调动全民积极性,让环境保护成为全民共识。再次是加大生态环境保护力度。主要工作是通过实施重要生态环境保护和修复重大工程提升生态系统质量,维持良好生态系统的稳定性,完成"三条控制线"[2]的制定规划工作,开展国土绿化行动等工作,使生态环境保护落地、落细、落小、落实。

---

[1] 《中共中央、国务院关于全面加强生态环境保护 坚决打好污染防治攻坚战的意见》,人民出版社2018年版,第9页。

[2] "三条控制线",是指生态保护红线、永久基本农田、城镇开发边界三条控制线。

综上可见,中国特色社会主义建设所蕴含的人与自然关系的意蕴,对于推进社会主义建设事业具有非常重要的意义,也是中国特色社会主义为科学社会主义发展所提供的新的人与自然的关系理念,在科学社会主义发展历史上具有非常重要的创新意义。

第二节　实践观:实践——认识——再实践——再认识

中国特色社会主义的实践不是没有科学理论指导的盲目实践,也不是不进行总结提炼的无目的实践,而是通过高度重视实践,并通过实践形成科学理论,由理论指导新的实践,并再次对理论进行修正和发展,从而形成实践——认识——再实践——再认识的科学循环,充分体现了从实践到认识的实践哲学思想。

一、重视实践是中国特色社会主义建设的显著特征

在马克思主义实践哲学产生以前,无论在中国哲学还是西方哲学,实践问题一直受到许多哲学家的重视,但都未能科学地理解实践的本质,未能把实践与人的本质以及人的创造性活动联系起来,马克思真正科学地把握了实践的本质。在《关于费尔巴哈的提纲》中马克思在批判费尔巴哈错误的实践观的同时提出了"环境的改变和人的活动的一致,只能被看作是并被合理地理解为革命的实践"①。马克思第一次把实践看作是人的创造性、革命性的活动,为我们科学地理解实践指明了方向。

实践是马克思主义哲学的重要范畴,是理解人与自然关系问题的中介。作为人的活动方式,实践是连接人的主观世界和外部客观世界的桥梁。在人

---

① 《马克思恩格斯文集》第1卷,人民出版社2009年版,第500页。

类未出现以前,世界是浑然一体和纯粹自在的世界。实践产生以后,世界由此有了主观世界和客观世界、自在世界和自为世界之分。就主观世界与客观世界的关系而言,主观世界与客观世界首先是两个不同的世界。

人的思维活动产生了主观世界,人的意识与观念构成了主观世界的基本内容。而客观世界是不依赖于人的意识而存在的自在世界,其形成与发展受客观规律的制约,人的意志不能从根本上改变其存在方式。主观世界与客观世界又具有同一性,这种同一性体现为二者依靠实践实现了连接并发生关系。具体体现在三个方面:一是主观世界的内容从根源上看必然来源于外部客观世界,是客观世界在人脑中的主观映像;二是主观世界的存在必须依赖于人脑这个客观存在的物质载体;三是主观世界与客观世界在运动变化发展方面具有同一性,它们都要遵循同样规律的制约。正如恩格斯所说:"我们的主观世界和客观世界遵循同一些规律,因而两者在其结果中最终不能相互矛盾,而必须彼此一致,这个事实绝对地支配着我们的整个理论思维,这个事实是我们的理论思维的本能的和无条件的前提。"①之所以两个世界能够实现同一性,根本原因在于人类实践活动的出现。实践是人类特有的主体性活动,是主观见之于客观的物质性活动,是客观物质世界长期发展产生了人类然后由人类将自己的主观精神外化的创造性活动。

作为连接两个世界的桥梁,实践使人与外在客观世界发生深层次的联系变得可能:一方面,客观世界给人提供生存与发展所需要的物质资料以及自然生态;另一方面,人通过与客观世界的交往产生认识,形成人类的认知系统,这种认知系统反过来指导人们与客观世界发生各种关系并产生可以预期的成果,具体体现为实践对认识的决定性作用和认识对实践的反作用。从中国特色社会主义的建设发展历程来看,加强实践是中国特色社会主义在各个时期都高度重视的问题。正是对实践的强调,使中国特色社会主义不断取得新进

---

① 《马克思恩格斯选集》第 3 卷,人民出版社 2012 年版,第 977 页。

展，收获新成就。

邓小平作为改革开放的总设计师，一直重视实践对于解决问题的重要性。改革开放之初，围绕改革与开放中的许多争议，邓小平的基本态度就是搁置争议，鼓励探索与创新实践，让实践来说明问题，而不是在认知层面上的不断争论。在农村联产承包责任制问题上，安徽凤阳小岗村农民进行了"包产到户"和"包干到户"的大胆尝试，由于不能在当时的中央文件里面找到依据，因此许多人对这种做法表示了不认同，有人还在报刊上发表文章批判这种做法。对此，中央就表示了"不争论，允许试"的意见，允许农民自己根据实际情况进行实践，后来根据各地方的实践效果逐渐放宽限制。这种在农村鼓励实践的做法在城市经济体制改革、对外开放、市场经济体制建设等一系列实践中也得到了充分的体现。

习近平高度重视实践的意义与价值。在《摆脱贫困》①一书中，收录了习近平在福建省宁德地区担任地委书记期间的重要讲话和文章，从中我们可以看到，在基层工作的时候，习近平特别重视把理论与实践进行有机的结合。在思考宁德地区的发展时，高度重视从宁德地区的实践出发走因地制宜的发展道路，为宁德地区的产业发展制定了切实可行的实施路径。作为党的总书记，习近平更加重视实践的意义，在党的十九大报告中特别指出，要实现伟大梦想，必须进行伟大斗争，必须建设伟大工程，必须推进伟大事业。"进行伟大斗争""建设伟大工程""推进伟大事业"都是实践意义上的行动。因此，习近平特别重视劳动在社会和个人发展中的重要意义。在全国教育大会上，把"劳"作为社会主义建设者和接班人的基本素质之一。在全国劳模代表大会上谈道，全社会必须尊重劳动和崇尚劳动，要树立劳动是财富和幸福的来源的观念。认为社会发展中的各种难题只有通过城市的劳动才能破解，生命里的一切辉煌只有通过劳动才能铸就。

---

① 参见习近平：《摆脱贫困》，福建人民出版社 1992 年版。

2014 年 12 月,在接受俄罗斯电视台专访时习近平谈道,中国作为一个拥有 13 亿多人口的大国进行改革不是一件很容易的事情。中国经过 30 多年的改革,已经进入了深水区。容易改革的都改了,剩下的都是难啃的硬骨头。在这种情况下,这就要求我们胆子要大、步子要稳,要敢于担当,敢于啃硬骨头,敢于涉险滩。① 习近平同志这种"尊重劳动、啃硬骨头和涉险滩的精神"就是一种强调实践的精神,重视实践价值的精神。所以他勉励青年,"空谈误国,实干兴邦",青年人要有攻坚克难的精神和勇气,要到基层、一线、前沿经历锻炼才能成才,才能锤炼自己的意志和品格。

二、强调认识的指导作用是中国特色社会主义建设的鲜明实践哲学态度

强调认识对实践的指导作用与重视实践对认识的决定作用同样是马克思主义认识论的基本观点。人类在与外部世界发生关系时形成认识,但人类形成认识以后又会去影响新的实践。事实上,人与动物行为的本质差别就在于人类行为是具有目的性的行为,这种目的性是由早先形成的认识与新的实践环境相互作用后产生的。马克思曾讲道,人在劳动过程结束时得到的结果,其实在这个过程开始的时候就已经在人的表象中以观念的形式存在了。在谈到蜜蜂造房与人的建筑的区别时他讲道,蜜蜂建筑蜂房的本领很多时候使人类的建筑师感到惭愧,但最蹩脚的建筑师从一开始就比灵活的蜜蜂更高明,其高明之处在于建筑师在建造房子以前,房子的形象已经在头脑中形成了。

毛泽东在《实践论》中对认识对实践的指导性作用进行了中国化的解释。他指出,辩证唯物主义的认识论如果只到理性认识的阶段就结束了,那只能说解决了问题的一半,而对于人的认识过程来说,还只是到了不是十分重要的一半。毛泽东在这里把马克思在《关于费尔巴哈的提纲》中的著名论断——"哲

---

① 《习近平接受俄罗斯电视台专访》,人民网,2014 年 2 月 9 日。

学家们只是用不同的方式解释世界,而问题在于改变世界"①进行了通俗化的讲解,指出:"马克思的哲学认为十分重要的问题,不在于懂得了客观世界的规律性,因而能够解释世界,而在于拿了这种规律性的认识去能动地改造世界。"②毛泽东认为,马克思主义非常看重理论的意义,但不是将理论束之高阁,而是运用到实践中去指导实践。认识到能动作用的重要表现就是认识要回到实践中去指导实践,特别是在革命运动中更加需要正确的理论作指导。在社会主义建设时期,毛泽东在许多地方都强调了这种观点。如在运用马克思主义哲学的对立统一规律去认识中国社会发展的矛盾时就认为,我们有些干部不能运用对立统一规律去认识中国社会发展中的矛盾,结果使他们在解决矛盾时处于被动地位,因此必须引导我们的干部用马克思主义哲学的方法去认识问题和解决问题。毛泽东的这一思想给后来的社会主义建设提供了重要的遵循。

中国特色社会主义的建设过程是一个理论指导实践不断走向成功的过程,也是一个理论创新与实践创新相互促进的过程。邓小平在很多地方都谈到要注重理论与实践的结合,注重坚持正确的理论指导,强调建设有中国特色的社会主义必须先从理论上把一些问题弄清楚,邓小平对真理问题大讨论的支持态度就充分说明了他对理论指导的高度重视。他认为,如果理论与实践不结合起来,就不可能制定出一套能够调动人民群众积极性的方针政策,也不可能把现代化建设好,社会主义的优越性就不能得到显现。

习近平对认识对于实践的指导作用高度重视,特别是面对中国特色社会主义进入新时代所遇到的各种问题和挑战,习近平多次强调理论对于实践的重要意义,所以要求各级干部都要加强学习,特别要学习马克思主义哲学和政治经济学,从马克思主义哲学中找到方法,运用马克思主义政治经济学的基

---

① 《马克思恩格斯选集》第 1 卷,人民出版社 2012 年版,第 136 页。
② 《毛泽东选集》第一卷,人民出版社 1991 年版,第 292 页。

本原理来理解中国当前经济发展现状，强调理论与实践的统一，认为坚持和发展中国特色社会主义，必须高度重视理论的作用，增强理论自信和战略定力。

在十八届中央政治局第四十三次集体学习时习近平谈到中国共产党之所以能够不断取得新的胜利，很重要的一个原因是党一直重视从思想上建党，依靠正确的理论来强党，坚持用科学理论武装全体党员和干部的头脑。在谈到面对新的挑战时，习近平认为，在新的历史时期，中国特色社会主义站在新的历史起点上，我们要看到已经取得的成就，同时也要看到在我们前进的道路上还存在许多困难，有各种"拦路虎"，也有各种"绊脚石"，在挑战面前，中国共产党要带领广大人民群众取得新胜利，必须认真学习马克思主义，把马克思主义作为看家本领，不断提高运用科学理论指导实践的能力、应对重大挑战的能力、抵御重大风险的能力、克服重大阻力的能力和解决重大矛盾的能力。

因此，重视理论对实践的指导作用，用科学的理论指导社会主义实践，是中国特色社会主义的最鲜明的底色和实践哲学的底蕴。

三、实践与认识的不断循环是中国特色社会主义建设的实践深化路径

人对事物的认识之所以不可能一次就完成，主要原因在于：一方面事物本身是不断发展的，人不可能一次穷尽发展着的事物的特性；另一方面，人的认识本身受着自身认识能力的局限性影响，对事物的认识必然经历一个由浅入深、由表及里的过程。随着认识能力的提高，人们对事物的认识将不断深化和更加准确全面。

中国特色社会主义作为一项全新的事业，没有现成经验可以借鉴。反观已经走过的建设历程可以发现，中国特色社会主义的理论与实践创新过程经历的是一个大胆试验、果断纠错、不断创新的过程，这个过程蕴含了实践——

认识——再实践——再认识的哲学意蕴,是中国特色社会主义能够不断开创新局面的实践哲学基础。党的十一届三中全会以来农村所经历的改革发展过程特别能够体现出这种哲学内蕴。

中国是一个传统的农业大国,农业一直在国民经济中具有基础性地位。在新中国成立以后的较短时间内,通过打破农村土地私有制使得农村的生产力得到一定程度的释放,农村经济得到了一定程度的增长。但后来由于受到"左"倾思想的影响,农村发展选择了一条与中国当时实际并不相适应的生产方式,严重影响了农村和农业的发展,影响了农民群众的生活。十一届三中全会以后,农村开始了以"包干到户""包产到户"为主要形式的联产承包责任制改革,取得了明显成效。以家庭联产承包责任制为主要形式的农业生产责任制的广泛推行,极大地解放了长期以来被压抑的农村生产力,改善了农业产业化结构,促进了农村经济商品化水平的提高,同时改善了广大农民群众的生活。联产承包责任制改革催生了一大批乡镇企业的出现,在一定程度上为进一步在城市推进改革树立了信心。

联产承包责任制改革推进了农村经济的发展,但随着改革的深入推进,特别是城市改革所带来的冲击,城乡二元体制带来的深层次问题逐渐显现,农业、农村、农民发展也面临了新的问题。所以在2000年3月,时任湖北省监利县棋盘乡党委书记的李昌平上书时任总理朱镕基反映农村发展所面临的问题,喊出了在后来影响甚广的"农民真苦,农村真穷,农业真危险"的口号,引起了中央的高度重视。总结反思农村改革的成效,解决农村发展中遇到的新问题就成为当时广泛关注的问题。这些问题包括:土地承包责任制如何进一步深入推进、工业发展带来的农村劳动力转移、农村土地闲置、农田水利设施年久失修等问题,后来,中央针对新时期农村发展面临的问题,实施了新农村建设发展战略,在农业产业化、农业经营模式、农民主体地位的保障、农村社会建设等方面做了大量工作,推进了农村新一轮发展高潮的出现。

进入新时代,党中央认识到农业的主要矛盾已经由总量不足转变为结构性矛盾,表现出阶段性供过于求和供给不足并存的状况。具体表现为农产品供求结构失衡、要素配置不合理、资源环境压力大、农民收入持续增长乏力等问题,面临着增加产量与提升品质、成本攀升与价格低迷、库存高企与销售不畅、小生产与大市场、国内外价格倒挂等矛盾。面对这些问题与挑战,党的十九大报告提出乡村振兴战略,为今后农村和农业的发展进行了战略规划。

农村改革发展是十一届三中全会以来我国改革的一个缩影,我们对农业与农村发展所经历的认识不断深化的过程,同样是城市改革所经历的过程,其间所蕴含的实践——认识——再实践——再认识的哲学内含无疑是进一步推进改革开放向纵深发展的思想财富。

第三节　真理观:实践是检验真理的唯一标准

实践——认识——再实践——再认识,循环往复,以至无穷,这是人类认识的基本规律,也是中国特色社会主义表现出来的关于认识问题的哲学态度。实践产生认识,认识又反过来指导实践,但如何保证认识能够将实践带向正确的方向呢? 这就首先需要我们确定用来指导实践的认识是正确的认识,即是真理,然后才是如何进行实践转化的问题。

中国共产党是马克思主义政党,马克思主义的指导地位是建党时就明确的,但如何具体运用和发展马克思主义的问题,无论是在社会主义制度确立以前还是确立以后,在党内或社会上总是不时会发出不同的声音。马克思主义是不变的还是要发展? 是全部言论的科学性和还是基本原理的科学性? 如何检验马克思主义的真理性? 这些问题在中国特色社会主义开启建设航程以后同样是无法避免而必须回答的问题,其实质是对待真理的态度问题。在实践中不断发展真理,用实践来检验真理,是中国共产党人在领导中国特色社会主义过程中对这些问题的科学回答,包含着深刻的哲学智慧,实践证明这种态度在坚持和发展马克思主义过程中发挥了至关重要的作用。

一、中国特色社会主义对马克思主义真理观的运用与发展

马克思主义是关于自然、人类社会和思维发展的一般规律的科学性认识，马克思主义的科学性具体表现为：坚持世界的物质性，为人的认识的产生、发展找到了根源，同时遵循人的认识发展规律，力求按照客观事物的本来面目去认识事物，去寻找事物运动变化发展的客观规律，并强调人的认识要不断随着事物的运动变化而变化。马克思主义的科学性还在于，标志着马克思主义正式形成的《共产党宣言》发表一百多年以来，作为创始人的马克思恩格斯对资本主义制度的分析和对社会主义共产主义的设想正一步步变成现实，整个人类社会发展的总趋势仍然没有超出马克思恩格斯的预测，实践证明马克思主义是科学的理论。

但马克思主义中国化过程中曾经出现过教条化运用马克思主义的错误，特别是新民主主义革命时期所出现的以王明为代表的"左"倾错误带来了严重危害。以毛泽东为主要代表的中国共产党人创造性地运用马克思主义于革命和建设中，取得了新民主主义革命的胜利，建立了社会主义的新中国，这首先得益于既遵从真理的指导同时又不断结合实际发展和完善真理的内容。毛泽东多次强调，马克思主义是"放之四海而皆准"的真理，但不是教条，而是行动的指南。马克思主义必须与各国实际相结合才能得到科学运用和不断发展。

中国特色社会主义建设实践就是一个既坚持马克思主义又不断发展马克思主义的过程。党的十一届三中全会以后，随着改革开放的深入，各种思潮不断涌现，怀疑甚至否定马克思主义真理性的观点不时出现。有人认为，马克思主义诞生于19世纪的欧洲，100多年以后的中国已经缺乏马克思主义产生影响的客观基础，因而提出"马克思主义过时论"。针对这种否定和怀疑马克思主义的言论，中国共产党人始终坚守马克思主义的真理性，始终坚持马克思主义在中国特色社会主义建设实践中的指导地位，保证了社会主义发展的正确方向。同时，又结合新的历史实际来不断创新与发展马克思主义，形成了中国

特色社会主义理论体系。

中国特色社会主义进入新时代,中国发展的历史方位发生了较大变化,以习近平同志为核心的党中央面对新的形势与挑战,继续坚守马克思主义的真理性,高举中国特色社会主义大旗,不断推进马克思主义在中国的运用与发展。习近平指出,在人类思想发展史上,就理论的科学性、真理性、影响力和传播面而言,没有哪一种思想理论能够与马克思主义媲美,也没有哪一种学说能够像马克思主义那样对世界产生如此巨大的影响。马克思主义之所以能够达到这样的高度和影响力,究其原因在于马克思主义所具有的真理性品质。共产党人对马克思主义一定要有真理性信仰,要相信马克思主义的真理性,尽管时代在发生变化,但这丝毫不影响马克思主义的真理品质。因为,我们从社会主义运动的历史来看,现在仍然没有超出马克思给我们所指明的历史时代,马克思主义对社会发展的认识和对社会主义的预言仍然有效,所以从这个意义上讲,马克思主义没有过时,我们必须始终坚持以马克思主义为指导,在任何时候和任何情况下都不能发生动摇。

在对待马克思主义的真理性质的问题上,中国共产党人既坚持用马克思主义真理指导实践,又在实践中不断丰富和发展马克思主义。由于时代在发生深刻的变化,大量的复杂问题不断涌现,特别是中国特色社会主义新时代所面临的主要矛盾也发生了变化,因而坚持真理并发展真理是中国特色社会主义新的建设实践的内在要求。党的十八大以来以习近平同志为核心的党中央的治国理政实践中非常鲜明地体现了这种对真理的坚守和发展的态度。在庆祝中国共产党成立95周年大会上,习近平强调全党必须牢固坚持马克思主义的指导地位,因为马克思主义是科学理论,如果我们党丢掉了马克思主义,就失去了灵魂和前进的方向。但同时也指出,"马克思主义并没有结束真理,而是开辟了通向真理的道路。"①因为今天的时代特征已经超出了马克思主义经

---

① 《习近平谈治国理政》第二卷,外文出版社2017年版,第33页。

典作家当时的想象,如果我们不发展马克思主义,不开辟马克思主义新境界,就等于放弃了马克思主义的指导。习近平在庆祝中国共产党成立100周年大会上的讲话中指出:"中国共产党为什么能,中国特色社会主义为什么好,归根到底是因为马克思主义行!"①

二、坚持实践是检验真理的唯一标准是中国共产党人坚守的认识论原则

人类自进入文明社会以来就一直在自觉地寻求这些问题的答案。从历史上看,西方流传着各种各样的真理观,如理性主义坚持的以自明性、一致性和无矛盾性来判定真理,实用主义坚持以有用为标准来判定真理。这些判断真理的标准,要么流于表面,要么失之偏颇。只有马克思主义才真正揭示了科学的真理判断标准。在《关于费尔巴哈的提纲》中,马克思说:"人的思维是否具有客观的真理性,这不是一个理论的问题,而是一个实践的问题。人应该在实践中证明自己思维的真理性,即自己思维的现实性和力量,自己思维的狭隘性。关于思维——离开实践的思维——的现实性或非实现性的争论,是一个纯粹经院哲学的问题。"②这是马克思对真理观的直接表述,提出了以实践作为检验真理的标准。这一思想被毛泽东同志继承和发扬。在《实践论》中,毛泽东说:"判定认识或理论之是否为真理,不是依主观上觉得如何而定,而是依客观上的社会实践的结果如何而定。真理的标准只能是社会的实践。"③需要首先回答的一个问题是:为什么只有实践才是检验真理的唯一标准呢? 原因在于,真理实际上是一种认识,这种认识并非空洞的玄思,也非单纯的反映,而是建立在人类实践活动基础上的对世界客观规律的认识和把握,换言之,真

①　习近平:《在庆祝中国共产党成立100周年大会上的讲话》,人民出版社2021年版,第13页。

②　《马克思恩格斯选集》第1卷,人民出版社2012年版,第137—138页。

③　《毛泽东选集》第一卷,人民出版社1991年版,第284页。

理实际上是连接了主观和客观两个领域。要对其进行检验,显然也必须选择一个联系主观和客观两个领域的存在,而按照马克思主义的观点,人类的实践恰恰是主观见之于客观的活动,是主客观的统一,事实与价值的统一。另一方面,实践的永恒性也决定只有是活动才能胜任判断真理的任务。因为,即便有些认识一时一刻无法用实践对其进行检验,但从一个更长的时间段来看,终将被实践所检验,这一点已被科学发展史所反复证明。

然而,"实践是检验真理的唯一标准"在新中国成立之后的一段时间却没有执行。在这段时间当中,社会主义建设虽然取得了不小成就,但人们生活似乎并未得到根本性的改善。直至 1978 年 5 月 11 日,《光明日报》发表了一篇名为《实践是检验真理的唯一标准》的文章,这一标准才重新获得人们的认可。文章认为,把理论与实践相结合是马克思主义的基本原则,任何理论都必须回到实践中予以检验,实践是检验真理的唯一标准。[①] 一石激起千层浪,人们长期被压抑和束缚的思想如同火山一般喷发出来。全国范围内开展了真理标准的大讨论。这次讨论显然不仅仅限于学术领域,而且是更有深刻的政治含义,它实际上蕴含着对中国发展方向和发展道路的思考,实质是我们应不应该坚持马克思主义、应该如何坚持马克思主义的问题。结合现实反思这篇文章和这场讨论,我们必须承认,中国特色社会主义事业发展至今,方方面面都依赖、同时方方面面都证实着实践是检验真理的唯一标准这一科学命题,是中国特色社会主义理论特色最深刻的内涵。

真理与谬误需要实践来区分。经过真理标准问题大讨论,我们党从思想上进行了拨乱反正,恢复了马克思主义的实践标准。这是一次思想的洗礼,使我们明白了曾经犯错误的原因和今后应该走的道路。

首先,中国特色社会主义事业的开辟是在实践标准的指引下实现的。新中国成立之初,由于资本主义国家对新中国实施封锁,新中国自然而然地加入

---

① 《实践是检验真理的唯一标准》,《光明日报》1978 年 5 月 11 日。

了以苏联为核心的社会主义阵营。作为一个新生的社会主义国家,我们没有建设社会主义的经验,因此只能按照马克思在书本上设计的原则和已有的苏联模式来搞我们的社会主义建设。然而,无论是马克思的设计还是苏联模式,其所处的时间空间等具体条件都与新中国不同,因此照抄照搬必然导致失误的结果。在革命战争年代,我们曾经创造性地提出了"马克思主义中国化"的命题,并积极进行了实践,最终引导中国革命走向了胜利。然而,在社会主义建设初期,我们却在一定程度上忘记了这一宝贵经验。党的十一届三中全会后,中国共产党重拾这一宝贵经验,以邓小平为代表的一大批马克思主义者,坚持实践标准,尊重事实求是的基本路线,以中国所处的实际情况为基础,以马克思主义为指导,逐步从经济政治文化等各个层面建立起中国特色社会主义制度,既发展了马克思主义又推进了中国社会主义建设。可以设想,假如没有重拾"实践是检验真理的唯一标准"这一科学命题,没有对真理问题的大讨论,就不可能创新中国特色社会主义理论,也不可能找到适合中国发展的社会主义道路。

其次,中国特色社会主义理论的丰富和中国社会主义建设新局面的开创也依赖于实践标准。以江泽民为主要代表的中国共产党人面对中国特色社会主义建设,特别是党的建设面临的新的问题,坚持实践是检验真理的唯一标准,总结国内外社会主义建设的经验教训,特别是吸取了苏联解体、东欧剧变的经验,提出了"三个代表"重要思想。以胡锦涛为主要代表的中国共产党人继续以实践为标准推进中国特色社会主义建设,通过总结世界各国的发展经验,特别是中国自改革开放以来的建设实践经验和教训,提出了科学发展观,使中国的发展在科学处理人与自然关系、人与人的关系和人与社会的关系中继续前进,中国特色社会主义建设进入了一个新的阶段和境界。党的十八大以来,习近平坚持从实践出发,在许多领域开展了大刀阔斧的改革,实践证明这些改革抓住了问题的关键,直面经不起实践检验的过时的做法,有效推动了改革开放向纵深发展。如正确处理政府与市场的关系以激发市场活力、在老龄化社会人口结构发生变化的情况下调整人口政策、合理分配公共权力并限制公共权力滥用等,这些措施都是针对经实践证明不能适应新时代发展需要的问题,在解决这些问题的过程中,丰富和创新了中国特色社会主义理论,推进了中国特色社会主义的新发展。

可见,中国特色社会主义理论最终是通过其具体实践来予以评判的。我们要永远坚持运用实践标准这个思想武器,把中国特色社会主义事业不断推向前进!

三、新时代中国共产党人对马克思主义真理观的丰富与发展

党的十八大以来,以习近平同志为核心的党中央面对实现第一个百年奋斗目标,开启实现第二个百年奋斗目标新征程,朝着实现中华民族伟大复兴的宏伟目标继续前进的主要任务,以伟大的历史主动精神、巨大的政治勇气和强烈的责任担当,统筹把握中华民族伟大复兴战略全局和世界百年未有之大变局,坚持把马克思主义基本原理同中国具体实际相结合、同中华优秀传统文化相结合,开创了中国特色社会主义新时代,推动党和国家事业取得历史性成就、发生历史性变革。新时代中国共产党人带领全国人民所取得的一系列重大成就,根本上得益于党的全面领导,从认识论的视角看,党的十八大以来出台的一系列重大方针政策,推出的一系列重大举措,推进的一系列重大工作,战胜了一系列重大风险挑战,关键在于坚持了马克思主义认识论,坚持了让实践来检验工作成效的认识论原则,为新时代中国特色社会主义建设提供了科学的认识论保障。

实践作为检验真理的唯一标准,意指除了人类的实践活动以外,没有任何标准可以作为检验真理是否正确的标准,同时由于人类社会的实践是不断发展的,因而实践标准的内涵也需要不断丰富。当前,我国社会的主要矛盾已经发生变化,中国特色社会主义实践要面对的主要矛盾是人民日益增长的美好生活需要和不平衡不充分的发展之间的矛盾,因而发展的重心是解决不平衡

与不充分的问题来不断满足人民群众对美好生活的需求,检验认识的标准也必然聚焦于中国特色社会主义建设是否实现对人民群众的需求,是否通过发展增进人民群众的福祉,是否为中华民族伟大复兴提供坚实的基础和重要的保障。

党的十八大以来,习近平多次谈到"为什么人"的问题是检验党的工作是否正确的"试金石"。在纪念红军长征胜利 80 周年大会上的讲话中指出,"在新的长征路上,全党必须牢记,为什么人,靠什么人,是检验一个政党、一个政权的试金石。"①他要求干部"想问题、作决策、办事情都要想一想是不是站在人民的立场上,是不是有助于解决群众的难题,是不是有利于增进人民福祉,不断增强人民群众获得感、幸福感、安全感。"②2019 年 7 月 15—16 日在内蒙古考察并指导开展"不忘初心、牢记使命"主题教育时的讲话时指出,"党员、干部初心变没变、使命记得牢不牢,要由群众来评价、由实践来检验。"③在谈到扶贫工作时指出,"扶贫工作必须务实,脱贫过程必须扎实,脱贫结果必须真实,让脱贫成效真正获得群众认可、经得起实践和历史检验。"④而在谈到经济工作时,习近认为,党的十八大以来,我国经济发展取得了历史性成就、发生了历史性变革,"实践是检验真理的唯一标准。实践证明,党中央对经济形势的判断、对经济工作的决策、对发展思路的调整是完全正确的,引导我国经济发展取得历史性成就、发生历史性变革。"⑤

新时代,中国共产党人对马克思主义真理观的继承和发展充分彰显了中国共产党的初心和使命,彰显了立党为公、执政为民的本色,让实践是检验真理的唯一标准这一马克思主义真理观具有了更加丰富的时代内涵和鲜明的时代特色。

---

① 《习近平谈治国理政》第二卷,人民出版社 2017 年版,第 52 页。
② 《习近平谈治国理政》第三卷,人民出版社 2020 年版,第 520 页。
③ 《习近平谈治国理政》第三卷,人民出版社 2020 年版,第 137 页。
④ 《习近平谈治国理政》第二卷,人民出版社 2017 年版,第 92 页。
⑤ 《习近平谈治国理政》第三卷,人民出版社 2020 年版,第 232 页。

第四节　价值论:以人为本的价值取向

中国特色社会主义所蕴含的关于人与自然关系的哲学意蕴,除了表现在自然观、实践观、真理观之外,也表现在对价值的哲学认知,具有鲜明的价值哲学内蕴,其核心是坚持以人为本的价值取向。

一、中国特色社会主义的价值追求

价值是一个关系范畴,其关系包括主体、客体和内容三大要素。主体是价值关系的构建者——人;价值客体是被主体建构的对象,是被主体需要的人和物;价值关系的内容是由价值主体根据自己的需要建构出来的具体关系。

人是价值关系的主体,但人在价值关系中扮演的角色与物不同,人既是价值关系的建构者,即人既是有需要的主体,人在社会生活中产生各种需要,并通过自己的社会活动来满足自己的需要;但人的存在是一种社会性存在,人的社会关系构成了人的本质,人在社会交往中既是一个主体性存在,也是一个对象性存在,因此,人在价值关系中充当的就不仅仅是单纯的有需要的主体,同时也是一个被需要的客体。人的社会活动一方面具有满足自己需要的目的,另一方面也有用来被他人需要的目的。于是,人是否实现了自己的价值存在"两维"标准,可以称为自然标准和社会标准,从自然标准的维度看是他的需要的满足程度,从社会标准的维度看是他的行为被需要的程度。

价值客体是被主体建构的对象,即凡是被纳入主体需要的对象都是价值客体,主要包括物和人。作为价值客体的物包括自然物与人造物,自然物是人类从自然直接获取的人类生产生活需要的物,包括空气、水、天然植物、矿产资源等自然生长的东西,人造物是人利用自然资源加工制造的产物,如钢铁、玻璃、各种药品等。人作为客体,不是以人的自然属性而是以社会活动的形式来满足主体的需要,基本形式是劳动。劳动既是人作为价值主体被需要的基本形式,也是人作为主体获得自己需要的基本途径。

价值关系中的内容是指发生在价值主客体之间的具体关系,表现为需要与被需要、满足与被满足之间的关系。价值关系的内容具有现实性、历史性和发展性特征。每一个主体的需要都是基于现实的社会活动而产生的,是特定历史时代的产物,同时也会随着社会发展变化而不断变化其需求。

在社会领域,任何社会的发展过程事实上都是社会价值关系的建构过程,蕴含着社会的价值目标、价值理性和价值标准。在人类社会发展早期,人类作为一个族群的生存成为一个社会(原始部族)追求的最高价值目标,自然物成为人需要的主要客体,而人作为客体被需要主要表现为在族群生存中的相互配合。随着人类社会的发展,人类认识自然和利用自然的能力不断提升,人的价值追求随之变得更加丰富。在社会出现阶级以后,社会价值往往根据阶级的划分而呈现多元的价值追求,但统治阶级的价值需求则主导着社会的价值取向。

马克思主义理论创始人马克思恩格斯基于对资本主义社会生产资料占有不公平而决定的社会不公平性进行了深刻分析,提出了自由平等公正的社会理想,这个社会是为所有人谋利益的社会,是每一个人都平等的社会,这为社会主义和共产主义运动指明了根本价值取向。

中国特色社会主义独有特色的形成过程也是一个价值关系建构的过程。在价值关系中,国家富强、民族复兴和人民幸福成为根本的价值追求,也成为判断各项事业成败的根本标准。国家、民族和人民的需要成为价值需要的基本内容,以此出发形成了中国特色社会主义所特有的价值体系,其核心价值体系包括了指导思想和理想、中国精神和社会主义和谐社会的建设,涵盖了中国特色社会主义建设的价值需求,是价值关系在中国特色社会主义建设实践中的现实指向。

党的十八大以来,以习近平同志为核心的党中央坚持以人民为中心的发展思想,把人民至上作为中国特色社会主义的价值追求,充分体现了人民利益在中国特色社会主义价值追求中的核心地位。特别在 2020 年新冠肺炎疫情发生以后,以习近平同志为核心的党中央高度重视,始终把人民群众生命安全和身体健康放在第一位,充分体现了人民至上的价值追求,是中国特色社会主义价值追求的生动体现。

二、中国特色社会主义的价值标准意蕴

价值评价是人根据价值标准对客体价值作出的主观判断,是人的思想活动的重要内容。人以及由人组成的社会组织和社会,在社会生活中的任何行为开始之前,事实上都存在一个价值判断和行为选择的过程,这个过程依据的就是价值评价标准。

在特定的社会历史时代,价值评价标准往往是两维和多元的,但同时存在占据支配地位和起着主导作用的价值评价标准。从价值评价的维度分析,价值评价标准分为个体标准和社会标准。价值评价的个体标准是个体根据自己的生活经验而形成的判断标准。社会标准这里指一个社会占主流地位的价值评价。一般说来,社会标准与个体标准是相互影响和相互作用的。社会对价值的需要表达了社会发展的整体性需求,从宏观上看涵盖了社会中所有人的需求,但又不是所有个体需求的简单相加。每一个个体在自己的生活实践中往往形成了自己的价值判断标准,这种标准与社会标准并不一定绝对等同。所以,一个良性发展的社会必须实现社会标准被个体的普遍认同与接受并转化为实际行动,如此,社会才能形成良好的凝聚力和向心力。价值评价的多元性是指价值评价对象的多元性。在实际的价值评价中,既包括对社会行为的评价,也包括对个体行为的评价;既包括宏观评价,也包括微观评价;既包括理论评价,也包括实践评价等。但就一定历史时期具体的社会形态而言,统治阶级的主流意识形态往往成为社会主流的价值评价标准。

中国特色社会主义独有特色的形成过程同时蕴含了价值标准的选择与建构过程。从社会发展的价值标准来看,生产力、综合国力的提升和人民生活水

平的提高就成为判断国家社会行为的根本标准。所谓生产力标准,是指在改革开放的过程中,凡是能够推动社会生产力发展的一切行为都是在价值上应该肯定的行为。邓小平在改革开放之初就指出,要说社会主义比资本主义更优越,主要的还是因为社会主义能够创造出比资本主义更发达的生产力。在他看来,马克思主义的基本原则就是要发展生产力,生产力发展是一切发展的前提。因此,中国的发展必须围绕如何提高社会生产力来开展,凡是有利于生产力发展和人民生活水平提高的行为我们都应该支持与鼓励。因此,必须不断解放和发展生产力,提升综合国力,不断满足人民群众对美好生活的需要。生产力发展和提高人民群众生活水平成为中国特色社会主义在社会发展上的价值评价标准。

在个体价值评价的主导上,中国共产党一直重视对人的价值评价的正确引导,坚持从个人与社会关系的视角看待人的价值,坚持从个体对社会的贡献来衡量其价值。早在1944年,毛泽东在张思德追悼会上发表的《为人民服务》的演讲中,就引用了汉代司马迁的名句"人固有一死,或重于泰山,或轻于鸿毛。"[①]毛泽东用这句名言来说明张思德为人民服务而牺牲所体现出来的人生价值,也表达了共产党人为人民服务的价值追求。20世纪60年代,原沈阳军区一名普通战士雷锋牺牲以后,毛泽东、周恩来等党和国家领导人题词号召开展"向雷锋同志学习",在全社会再一次掀起了学习榜样,为人民服务的热潮,雷锋也成为体现人生价值的时代楷模,雷锋精神成为中国共产党精神谱系的重要精神。雷锋的人生价值在于通过平平凡凡的工作实现为人民服务,其价值在于行为的社会意义。改革开放以后,每一个时期都非常重视对个体价值观的正确引导,在全社会提倡讲奉献的价值观。邓小平在谈到对知识和人才的重视时强调要尊重知识,尊重劳动,要重视对四个现代化作出重大贡献的人,这些人应该成为社会学习的榜样。他认为,任何人,对四个现代化的实现

---

① 《毛泽东选集》第三卷,人民出版社1991年版,第1004页。

作出贡献越多,国家就应该给予他更多的荣誉和奖励。江泽民指出:"全心全意依靠工人阶级,是我们国家的种种优势,也是我们从胜利走向胜利的重要保证。我们正在进行的社会主义改革开放和现代化建设,是实现国家强盛、人民富裕的必由之路。我们的工人阶级要始终以主人翁精神和饱满的热情投身到这一伟大实践中去。"①胡锦涛在谈到工人阶级的使命时指出,工人阶级要"继续发扬艰苦创业精神,英勇劳动,勤勉敬业,奋力拼搏,竭诚奉献"②。

习近平同样高度重视劳动的价值及劳模在价值评价中的引导性作用。习近平认为,幸福都是劳动创造的,都是奋斗得来的,要实现中华民族伟大复兴的历史使命,必须依靠辛勤劳动、诚实劳动和创造性劳动。作为党的总书记,习近平要求工人阶级要把自己的理想与中国梦的伟大实践结合起来,把自己的奋斗与幸福融入中华民族伟大复兴的伟业之中。在谈到劳模的作用时,习近平要求劳模们要在社会中发挥更加重要的榜样作用,"用工人阶级的优秀品格、模范行动引导和鼓舞全体人民,再立新功、再创佳绩。"③他认为,所有劳动者,都可以在劳动中体现价值,展现自己的人生风采,感受劳动所带来的快乐。

中国特色社会主义建设实践中的价值标准导向,一方面为特色的形成提供了价值标准;另一方面也为改革开放实践提供了价值指引,为个体行为选择提供了价值依据,在现实中发挥着重要的作用。

三、共同价值与中国价值

党的十八大以来,习近平在多种场合提出构建人类命运共同体的倡议。在党的十九大报告中,鲜明表达了"坚持和平发展道路,推动构建人类命运共

---

① 《江泽民文选》第三卷,人民出版社 2006 年版,第 244 页。
② 《胡锦涛文选》第一卷,人民出版社 2016 年版,第 78 页。
③ 习近平:《在庆祝"五一"国际劳动节暨表彰全国劳动模范和先进工作者大会上的讲话》(2015 年 4 月 28 日),人民出版社 2015 年版,第 5 页。

同体。"人类命运共同体倡议不仅蕴含了对构建人类"大同社会"的理想,同时也蕴含着对世界发展的价值观取向,即"人类共同价值",这是中国价值的人类发展取向。习近平在联合国总部举行的第七十届联合国大会一般性辩论时指出:"和平、发展、公平、民主、自由,是全人类的共同价值,也是联合国的崇高目标。"①在庆祝中国共产党成立100周年大会上指出:"中国共产党将继续同一切爱好和平的国家和人民一道,弘扬和平、发展、公平、正义、民主、自由的全人类共同价值,坚持合作、不搞对抗,坚持开放、不搞封闭,坚持互利共赢、不搞零和博弈,反对霸权主义和强权政治,推动历史车轮向着光明的目标前进!"②

人类发展面临共同的时代主题,世界上各个国家和民族之间的联系越来越紧密,面对着发展的共同机遇和挑战,需要人类社会一起应对,这是共同价值观产生的现实基础。一方面,世界上对和平、发展、进步的呼声越来越高涨,世界人民向往美好生活的愿望越来越强烈,世界上维护和平、发展和进步的力量不断增强;但另一方面,战争、贫穷、落后的阴霾却也在世界弥漫,局部冲突不断涌现,各类冲突频繁发生,世界上许多国家和地区还处于贫困落后状态。这些问题不仅影响着国家和地区的发展,也对世界发展构成了严重威胁,这是全人类在今天必须共同面临的问题,是共同价值观产生的客观基础。

共同价值观以人类的共同发展繁荣为最高价值目标,根本目的是建设持久和平、普遍安全、共同繁荣、开放包容、清洁美丽的世界。这种发展目标是针对人类当前发展中面临的困境和问题而产生的,具有现实需要和实现的基础。要通过世界的共同努力实现世界的永久和平,消除战争和冲突的阴霾,建构一个安全繁荣的世界,一个生态良好、人与自然和谐相处的世界。

共同价值观是尊重差别基础上的价值观。习近平在谈到构建人类命运共同体的倡议时指出,世界各国要相互尊重,平等协商,要坚持用对话而不是对

---

① 《习近平谈治国理政》第二卷,外文出版社2017年版,第522页。
② 习近平:《在庆祝中国共产党成立100周年大会上的讲话》,人民出版社2021年版,第16页。

抗来解决国家之间的争端,要促进贸易和投资自由化,要尊重各国在制度选择上的差异性,要共同应对人类面临的环境问题。因此,共同价值观不是剥离每个国家和每个民族发展个性基础上的价值观,而是解决人类面临共同问题时需要确立的共同理想和行动准则。

共同价值观表达了中国特色社会主义对全球发展的价值追求,是中国价值的重要内容,是新时代应对反全球化和民粹主义逆流需要共同遵守的原则。在全球经济一体化的今天,世界上各个国家都应该遵守人类共同遵守的价值,为人类美好的明天贡献自己的力量。

第七章　中国特色社会主义的唯物史观意蕴

　　由马克思恩格斯所创立的历史唯物主义,简称"唯物史观",揭开了诸如"社会发展是否具有规律""社会发展的动力是什么""历史发展的创造者是谁"等诸多历史之谜,为我们科学地认识人类社会的历史规律提供了基本立场、观点和方法。中国特色社会主义所形成的理论,是我们党运用马克思主义唯物史观的基本立场、基本观点和基本方法,立足中国特色社会主义的发展实际而形成的,是马克思主义发展史上一个具有里程碑意义的理论成果,是我们党在新时期坚持和发展中国特色社会主义事业的理论法宝,它使中国特色社会主义理论创新和实践创新进入新阶段,达到新高度。深入研究和把握中国特色社会主义的唯物史观意蕴,特别是准确把握时代主题和中国国情的唯物史观基本立场,以改革开放推动社会发展的社会动力观,坚持人民主体地位、促进人的全面发展的历史主体观,自觉与自信的文化观和以世界历史的眼光确定发展战略的"世界历史观",无论是从准确把握中国特色社会主义理论,还是从运用唯物史观的立场、观点、方法来研究和解决建设有中国特色社会过程中的各种现实问题,都具有重大的现实意义和深远的历史意义。

第一节　准确把握时代主题和中国国情的
唯物史观基本立场

中国特色社会主义的形成根源于伟大的实践,是对时代主题和我国基本国情的准确反映,充分反映了中国共产党人对马克思主义世界观和方法论的科学运用,反映了坚定的唯物史观立场和哲学智慧。

一、准确把握基本国情体现了唯物史观以社会存在为前提认识社会的基本态度

思维与存在的关系问题是任何哲学都不能回避的基本问题。如果我们把这个问题应用到社会历史领域,就会形成社会存在和社会意识的关系问题。在社会存在与社会意识的关系问题上,马克思主义的创立者给出了与以往不同的答案,"人们的意识取决于人们的存在而不是相反,这个原理看起来很简单,但是仔细考察一下也会立即发现,这个原理的最初结论就给一切唯心主义,甚至给最隐藏的唯心主义当头一棒。关于一切历史的东西的全部传统的和习惯的观点都被否定了。"①马克思恩格斯在这里批判的是唯心主义的历史观,即从人的思维出发而不是从社会存在的客观实际出发去认识历史。人的意识受社会存在的影响与制约,这就要求人必须从客观存在的现实出发而不是从自己的主观意志出发去认识社会,这种观点是马克思主义唯物论的基本观点,也是唯物史观破解历史之谜的逻辑起点。以此为起点,马克思主义通过"两个划分"②和"两个归结"③,通过对生产力与生产关系、经济基础与上层建

---

① 《马克思恩格斯文集》第 2 卷,人民出版社 2009 年版,第 598 页。
② "两个划分"指马克思在分析社会现象时从社会领域划分出经济领域,从社会关系中划分出生产关系的方法。
③ "两个归结"指马克思将一切社会关系归结为生产关系,将生产关系归结为生产力发展的高度的社会分析方法。

筑的矛盾运动关系的分析,科学地揭示了人类社会历史发展的规律,为人们正确认识历史规律提供了方法论指导。

　　按照马克思主义的基本观点,社会存在包括物质生产方式、人口因素和地理环境这三个基本要素,其中物质生产方式是社会存在和发展的决定性要素。但我们需要特别注意的是唯物史观中的社会存在所包含的两层特殊含义:第一,社会存在不同于自然界的物质存在。自然界的物质存在只能是毫无选择的被动、消极的存在,而社会存在则是"从事活动的,进行物质生产的,因而是在一定的物质的、不受他们任意支配"①的人的社会存在,是"自己的观念、思想等等的生产者"②的人的社会存在,是能够在物质资料的生产活动中逐渐认识自然、社会和人类思维发展规律的人的社会存在。第二,社会存在是一种历史存在。历史"不外是各个世代的一次交替"③,是一个以现实的人的物质资料生产活动为基础的不断打破束缚人的自由活动的各种桎梏的过程,是由生产力和生产关系、经济基础和上层建筑的矛盾运动推动社会不断向前发展的历史进程。通过以上对唯物史观的分析,我们可以得出以下结论:

　　第一,马克思主义理论视域中的社会存在不是一种抽象的社会存在,而是一种具体的社会存在,是以现实的人的物质活动为基础的社会活动。黑格尔把社会运动看作是绝对精神的外化,在马克思恩格斯看来这就是一种颠倒了的世界观。精神是社会活动的产物,社会物质活动决定着精神的产生与发展。现实的社会活动是人们为了自己的生存与发展而展开的物质性活动,遵循社会发展所特有的规律,是用物质形式创造物质产品的客观活动。

　　第二,马克思主义理论视域中的社会存在是一个突出人的主体地位的社会存在。人是以社会的形式而存在的,人是社会发展进步的主体力量。人在社会中的主体性首先表现在人是构成社会有机体的主体。社会是由人以及各

────────────

　　① 《马克思恩格斯文集》第 1 卷,人民出版社 2009 年版,第 524 页。
　　② 《马克思恩格斯文集》第 1 卷,人民出版社 2009 年版,第 524 页。
　　③ 《马克思恩格斯文集》第 1 卷,人民出版社 2009 年版,第 540 页。

种要素构成的有机体,如果没有人的存在,这些要素也就失去了作为社会要素的意义。人赋予了各种社会要素特殊的意义,使自然界人化并进入人的社会生活领域。主体性还表现在人以自己的精神影响社会的运动和发展,这是人类社会运动与其他运动形式的最显著的区别。精神在社会活动中产生,同时又反过来作用于社会活动。人通过自己的行为使自己的精神外化为客观的物质活动,产生人类生存与发展所需要的各种产品,从而推动社会不断向前发展。这种主体性还表现在人类社会活动的创造性。人以其特有的方式使社会运动不断适应自身和外在环境的变化,但这种适应又不是被动的,而是主动和创造性的适应。因此,突出人的主体性是马克思主义唯物史观的鲜明特征。

第三,马克思主义理论视域中的社会存在是一种强调矛盾运动的社会存在。社会运动是各要素相互作用的结果,这些相互作用的要素既有内在要素,也有外在要素。首先,人类社会面临着自身与外部环境的矛盾,这是人类社会发展要必须处理好的矛盾。从人类社会整体的视角看,外部矛盾具体表现为社会与自然环境的矛盾;从某一个具体的国家和民族的视角看,外部矛盾还表现为自身与其他国家或民族的矛盾。其次,人类社会自身是由矛盾所构成的系统,这些矛盾包括人类社会运动的基本矛盾与非基本矛盾、一段时期的主要矛盾与次要矛盾、特定社会运动形式的特殊矛盾与人类社会的一般矛盾等,同时还包括人口与地理环境、社会发展与环境保护、当前发展与未来发展等矛盾。再次,人类社会的发展过程是一个不断解决矛盾的过程。矛盾是推动事物运动变化发展的动力,正是在处理内外矛盾的过程中,人类社会实现了从低级到高级、从简单到复杂的变化。

如果我们把马克思主义社会存在理论运用到一个国家的具体分析上,就是要在实现社会发展的过程中准确把握时代主题和国家的基本国情,搞清楚时代的特征和发展阶段,认清社会主要矛盾及其变化等,从而找到适合自己的发展道路。中国特色社会主义在实践中形成的特色,正是从中国特色社会主义建设所面对的社会存在出发开展社会主义建设实践而形成的,具有非常深刻的唯物史观内蕴。

党的十八大以来，习近平多次谈到运用历史唯物主义基本原理和方法认识当代中国特色社会主义发展的重要意义。习近平认为，中国共产党在现阶段提出的理论和路线方针政策之所以是正确的，就是因为党在提出这些理论和路线方针政策时坚持以我国现阶段的社会存在为基础。党的十八届三中全会之所以要部署全面深化改革，就是从我国现在的社会存在出发的，我国现在的社会存在就是社会物质条件的总和，也就是我国的基本国情和发展要求。习近平要求党的各级领导干部必须要认真研究中国发展面临的实际情况，根本上就是要去深刻领会和把握当今中国发展的社会存在状况，在此基础上作出正确的决策和部署，本质上就是坚持唯物史观认识历史的基本态度。

二、准确把握时代主题是中国特色社会主义鲜明特色形成的唯物史观基础

所谓时代主题，是指在一定历史时期内由世界矛盾所决定，反映世界总体态势并对世界形势的发展具有全球性影响和战略性意义的问题。唯物史观要求社会主义国家在制定自己国家的各项方针时必须充分考虑时代主题。列宁明确指出："首先考虑到各个'时代'的不同的基本特征（而不是个别国家的个别历史事件），我们才能正确制定自己的策略；只有了解了某一时代的基本特征，才能在这一基础上去考虑这个国家或那个国家的更具体的特点。"①中国特色社会主义作为当今世界最具活力的社会主义建设实践，也必然站在这一唯物史观立场基础之上，建立在对时代主题的准确把握之上。

1956 年，中国社会主义改造基本完成，我国社会主义政治制度和经济制度都已确立，成功实现了中国历史上最深刻最伟大的社会变革。国内的主要矛盾已经转化为人民对于建立先进的工业国的要求同落后的农业国的现实之

① 《列宁全集》第 26 卷，人民出版社 2017 年版，第 143 页。

间的矛盾,人民对于经济文化迅速发展的需要同当前经济文化不能满足人民需要的状况之间的矛盾。在调动一切积极因素为社会主义事业服务的思想指导下,以毛泽东为主要代表的中国共产党人抓住了世界政治经济格局的新变化,突破了二元对立的思维旧模式,提出了"三个世界"划分理论,这一理论的提出及其践行,对我国团结世界人民反对霸权主义、维护世界和平、改善我国的国家环境等都起了重要作用。20世纪70年代末80年代初,在对世界局势的把握上,邓小平指出,世界要发生大规模的世界性大战的可能性不大,所以我们改变了过去认为的战争危险性日益迫近的看法,维护世界和平是有希望的。在这种判断下,邓小平提出了"韬光养晦"的发展策略,要求首先把自己的事情办好,先解决好中国的发展问题。邓小平对时代的判断和发展策略在后来的实践中得到了进一步的延续与发展,在时代发展趋势准确判断基础上作出决策,体现了中国共产党人建设中国特色社会主义所坚持的唯物史观基础。

进入21世纪之后,国际形势发生了很多变化,但和平与发展的主题没有发生根本变化,这主要表现在:第一,世界多极化趋势更为突出。美国的相对衰弱和发展中国家的崛起,使国际力量的对比向相对均衡的方向发展。第二,大国之间已经建立起了复杂的双边和多边战略合作机制,这种既相互合作、又相互制约的合作机制,再加上核武器的无法承受的灾难性后果,新的世界大战在可预期的时间内是无法爆发的。第三,尽管因经济危机导致贸易保护主义抬头,但从整体来看,经济全球化日趋深入,地缘经济合作增强,地缘政治影响减弱。基于以上原因,党的十六大报告再次明确了"和平与发展"仍是当今时代的主题。

"和平与发展"的时代主题,是我们党对当今时代的总体形势(社会存在)的科学概括和提炼。社会意识(对和平与发展的时代主题的认识)一旦被人民群众所掌握,就会转化为推动社会前进的巨大力量。纵观中国特色社会主义建设40多年的历程,从党和国家工作重心的战略转移到改革开放;从"坚持两手抓、两手都要硬"到社会主义现代化建设"五位一体"的总体布局;从增强以经济实力为核心的综合国力到五大发展理念……,这一切无不彰显准确把握时代主题的重大意义。因此,准确把握"和平与发展"的时代主题是中国特色社会主义形成自身特色的唯物史观的基本立场要求。

三、从中国国情出发建设社会主义体现了中国特色社会主义实践的唯物史观基本立场

恩格斯明确指出:"我认为,所谓的'社会主义'不是一种一成不变的东西,而应当和任何其他社会制度一样,把它看成是经常变化和改革的社会。"①要想在变化和改革的社会中取得成功,就必须把握这个社会的时代特征和具体国情的变化,因此,如果说准确把握时代主题是唯物史观的基本立场之一极,那么其另一极就是准确把握具体国情。中国特色社会主义实践所体现出来的唯物史观基本立场不仅体现在对时代主题的准确把握之上,而且体现在对我国国情的具体把握之上,更体现在对社会所处的阶段、社会的主要矛盾的准确把握之上。

中国共产党历来重视对中国国情的准确把握。实践证明,什么时候能够准确把握中国国情,革命和建设就能够很顺利,反之则会遇到挫折。毛泽东曾经明确指出:"认清中国的国情,乃是认清一切革命问题的基本的根据。"②新中国成立以后的社会主义建设曾经走过一段弯路,根本原因就在于缺乏对国情的准确研判。改革开放以后,以邓小平为代表的中国共产党人吸取了中国社会主义建设的经验教训,认识到对国情的准确把握是顺利开展社会主义建设的前提,坚持从生产力与生产关系、经济基础与上层建筑辩证统一上来认识中国的国情,坚持从中国与世界上其他国家比较上认识中国国情。邓小平在谈到中国的发展时就指出,中国式的现代化,必须从中国的实际出发,中国经

---

① 《马克思恩格斯选集》第 4 卷,人民出版社 2012 年版,第 601 页。
② 《毛泽东选集》第二卷,人民出版社 1991 年版,第 633 页。

济的发展状况表现出两个特点，一是底子薄，一是人口多，耕地少。从国际比较来看，邓小平认为，中国是个大国，也是个小国。所谓大，就是人多地大，而所谓小，主要是经济发展水平。邓小平提出一个非常著名的观点，即"现在虽说我们在搞社会主义，但事实上不够格"①。

准确把握国情还体现在准确把握我国社会主义建设过程中的矛盾。1956年中国社会主义改造完成之后，中国的社会主义制度已经建立起来，阶级斗争已经不是社会的主要矛盾，人民群众在旧社会被压抑的社会需求得以释放，对物质文化的需求不断提高，但落后的社会生产极大地阻碍了人们需求的满足。改革开放之后，中国的生产力水平有了很大提高，但人民改善物质文化的需求不管是在质还是量的方面也提出了更高要求，落后的生产力在一段时间内成为人民群众物质文化需求的制约因素。

中国特色社会主义进入新时代以后，无论在生产力水平和人民群众需要上都发生了变化，社会主要矛盾已从过去的人民群众对物质文化的需求与落后的生产力之间的矛盾转化为对美好生活的需求与不平衡不充分发展之间的矛盾，中国共产党在十九大上对这一变化作出了明确判断。但同时指出，这一判断并没有改变我们国家仍然处于社会主义初级阶段的基本事实。首先，尽管我们国家的经济总量十分可观，如今已成为世界第二，但人均水平仍然很低，从总体来看，我国的生产力整体水平仍然有待进一步提高。其次，我国存在生产力水平发展不均衡，东西部之间、城乡之间、区域之间发展不平衡，贫富分化现象也比较严重，基尼系数依然偏高，社会保障水平偏低等问题。再次，由于自主创新能力不足，我国粗放型的经济增长的方式没有根本转变，这种牺牲环境和资源的代价越来越大，使我国的发展空间越来越受限制。最后，正是准确把握了我国所处的社会阶段和社会主要矛盾这个基本国情，我们才使中国特色的社会主义建设取得举世瞩目的成就，使社会主义在中国显示出了勃

---

① 《邓小平文选》第三卷，人民出版社1993年版，第225页。

勃生机和活力。在新的历史起点，我们在中国特色的社会主义建设的征途中要想取得更大的胜利，我们就必须在任何情况下仍然坚持这个最大国情。

总之，通过准确把握时代特色和我国具体国情的分析和研究，我们可以得出：准确把握时代主题和国情是唯物史观的基本立场，是指引中国特色社会主义建设事业取得一个又一个胜利的精神法宝，是中国特色社会主义理论的基本观点、原则和方法，是中国特色社会主义建设的一个基本立场，它不仅对中国特色社会主义建设事业，而且对世界其他走社会主义道路的国家、对经济文化不发达的发展中国家都具有重要意义。

第二节　以改革开放推动社会发展的
社会动力观

中国特色社会主义建设实践从探索到开创、发展的全过程表现出了强劲的发展动力，根本原因在于中国共产党人坚持不断地进行改革开放，使束缚生产力和经济基础发展的因素得到解除，生产力的潜力得到不断释放。这种以改革开放推动社会发展的基本方略体现了鲜明的唯物史观基本立场和态度。

一、马克思主义唯物史观产生以前关于社会发展动力来源的几种代表性观点

人类社会历史发展的根本动力来源于哪里？在马克思主义唯物史观产生以前出现过各种看法和观点，其中主要集中表现为唯心主义和旧唯物主义的历史动力观，这些思想和观点都希望找到历史为什么不断经历着从低到高、从野蛮到文明变化的动力来源，但并没有真正找到历史为什么会经历这种变化的根本原因。

早在古希腊，哲学家和历史学家们就希望解释这种历史运动现象。古希腊哲学家赫拉克利特提出了著名的"活火"的观点，认为这个世界过去、现在

和未来都是一团永恒燃烧着的"活火",它在一定分寸上燃烧又在一定分寸上熄灭。这种用"一定分寸"来描绘火的燃烧包含了对世界运动变化的规律性的认识。

在古希腊哲学家柏拉图看来,国家的产生来源于人与人之间的相互需要进而建立一种契约。因为人的各种需要不能完全靠自己满足,因此需要与别人进行交换,于是大家就聚集在一起相互帮助,这种聚居地就成为城邦或者国家。由于这么多的人聚集在一起,人们赖以生活的资源就显得不足了,因而城邦与城邦之间就容易发生战争,这时社会就需要士兵和军队。一个完善的城邦还需要有医生,也需要有统治者来统治城邦。柏拉图对城邦如何实现有序化的统治提出了很多看法,最著名的莫过于把城邦治理的希望寄托于"哲学王",他认为一个治理良好的城邦一定是有正义的城邦,城邦正义包括智慧、勇敢、节制和正义等,而只有哲学家才能拥有这种正义并将其转化为城邦正义,于是把对正义的追求作为城邦或国家不断向前发展的动力。

柏拉图的学生亚里士多德是古希腊哲学的集大成者,他的自然哲学、伦理学、美学以及政治哲学对后世产生了奠基性的影响。在对事物生成以及运动变化的原因分析上,亚里士多德提出了"四因说"即"质料因、形式因、动力因和目的因",质料因是构成事物的实质性因素,形式因是事物存在的特定形式,动力因是促使质料获得某种形式的因素,目的因是事物生成的原因。具体到社会的运动变化发展的问题上,亚里士多德认为,就其存在的价值来看,城邦的价值是优于个人的价值的,因为个人一旦脱离城邦,他就成了"棋盘中的孤子"。亚里士多德在对政体更替的分析中隐含了他对社会运动变化的原因的看法,与他的老师柏拉图一样,认为一个好的政体依赖于执政者好的德性,特别是能够奉行公正和平等的原则,然而实际政体运行中往往不能做到很好地体现这两个原则,于是人们会因为遭受了不公正而推翻旧的政体且建立新的政体。

到了近代,哲学家们对人类社会运动变化发展的动因给予了多重角度的分析,应该说为人们深入认识和把握社会历史发展的动力产生了一定的影响,但无论是英国的经验主义和欧洲大陆的理性主义,哲学家们并没有真正找到社会发展的根本动因在哪里。以霍布斯社会契约论为代表的经验主义哲学把社会发展变化的根源归结于人的自然(自私)欲望,因为这种欲望而导致的纷争成为影响社会变化的重要原因,因此,为了实现每一个人的欲望,人们就通过社会契约来建立国家,由国家来进行总体协调。理性主义哲学家斯宾诺莎与霍布斯一样,把人的生存状态同样分为了自然状态和社会状态,认为社会状态是人获得自由的条件,因为在纯自然条件下表面上看每个人都是自由的,实际上每个人不能够获得自己的自由,而在社会状态下每个人表面上是不自由的,然而事实上社会状态才能真正保证每一个人都获得自由。

　　对历史动力的认识在德国古典哲学时期出现了两个非常重要的哲学家,他们的哲学思想也构成了马克思主义哲学的重要理论来源,但他们的思想也受到了马克思恩格斯的强烈批判,即黑格尔和费尔巴哈的历史哲学。黑格尔以绝对精神构建了整个世界,把自然和精神的世界描绘为一个具有内在矛盾的运动变化过程,在这一点上是具有非常重要的意义的,但黑格尔把世界运动变化的根源归结为绝对精神的外化,从根本上颠倒了世界的本来面目。费尔巴哈作为一名唯物主义者,在对自然的理解上坚持了唯物主义的立场,但在社会历史运动的理解上则走向了唯心主义,受到马克思恩格斯的批判。费尔巴哈把宗教理解为人的本质,人的宗教情感成为历史发展的根本动因,在历史观上滑向了唯心主义的泥潭。所以,马克思在《德意志意识形态》中讲道:"当费尔巴哈是一个唯物主义者的时候,历史在他的视野之外;当他去探讨历史的时候,他不是一个唯物主义者。在他那里,唯物主义和历史是彼此脱离的。"①马克思认为,费尔巴哈在"人"的理解上值得肯定的地方是承认人是"感性对象",但错误也在这里,他只是把人理解为"感性对象"而忽视了人还有"感性

---

　　① 《马克思恩格斯选集》第 1 卷,人民出版社 2012 年版,第 158 页。

活动",费尔巴哈停留在抽象的层面理解人以及人的活动,没有从现实的活动的人去理解历史,把人理解为"现实的、单个的、肉体的人",只看到人与人之间的"爱与友情",而没有看到人与人之间还存在其他的现实关系,特别是没有看到这个世界是由"个人的全部活生生的感性活动"①构成的,因而在历史问题的理解上不可能正确。

二、马克思主义历史动力观的基本内容

马克思恩格斯在批判黑格尔和费尔巴哈唯心主义历史观的基础上形成了唯物史观,把对历史的理解从抽象的脱离个人现实生活的视域中拉回到了生动的实践活动之中,把对历史发展的动力的理解从绝对精神和抽象的个人情感中拉回到了人类社会自身的运动变化和发展之中,在社会运动的内在矛盾中去发现历史发展的动力之源。

在马克思看来,人们认识历史的时候首先应该明确一个基本现实,那就是:"人类为了能够创造历史,必须能够生活。"②能够生活是创造一切历史的前提,如果没有这个前提,一切历史活动都无从谈起。生活中的人就是现实的、生动具体的人,而不是抽象的人。在马克思看来,人类历史的第一个活动就是要能生产出满足人的需要的生产资料和生活资料,这是人的生活存在的基本条件,也是一切历史活动的基本条件。人在生产人所需要的物质资料和生活资料的时候,会产生生产所需要的工具和生产所作用的对象,于是,人、生产工具、生产对象一起构成了人认识外部世界的能力。人、生产工具和生产对象之间始终处在一个矛盾状态之中,其平衡不断被打破同时又在新的基础上构造新平衡。所以研究历史首先需要注意的就是人类这种活动的"全部意义和全部范围"③。随着时代交替的不断发生,人的活动范围的扩大,

---

① 《马克思恩格斯选集》第 1 卷,人民出版社 2012 年版,第 157—158 页。
② 《马克思恩格斯选集》第 1 卷,人民出版社 2012 年版,第 158 页。
③ 《马克思恩格斯选集》第 1 卷,人民出版社 2012 年版,第 159 页。

各民族的原始封闭状态就会被打破,日益完善的生产方式、交往以及因交往而产生的各民族不同的分工消灭得越是彻底,人类历史就由民族史进入了世界历史。

在马克思看来,历史就在这种"世纪交替"中不断前进,推动历史前进的动力不是人的需要,而是隐藏在需要背后的促使需要产生的因素。唯心主义者往往看到的只是表面现象,把"欲望"看作推进历史前进的动力。唯物主义者要通过"需要"这一现象去寻找背后的原因,这就是生产方式的不断变化,正是这种变化使人类社会实现从低级到高级的运动,这就是历史发展的动力之源。

之所以如此,根本原因在于,生产力作为人类认识自然和利用自然的能力必须不断应对新的问题,因而由生产力的内在矛盾所引发的自我运动就成为其存在的基本状态,因此在生产方式的要素之中生产力是最活跃的因素。生产力要解决人类面临的各种问题,不断满足人的新的需要,必须依赖于一定的人类的"共同活动方式"。在马克思看来,生产方式与一定历史阶段中的共同活动形式相联系,"这种共同活动方式本身就是'生产力'"。① 也就是说,生产力的变化必然带来人类相互协作方式的变化及人类社会的生产关系发生变化。生产关系是人们在生产中形成的经济关系,主要包括人们对社会中生产资料的占有关系,生产中人与人之间的关系以及生产产品的分配关系,这些关系的变化自然带来社会政治法律制度和意识形态的变化,整个社会的上层建筑于是发生新的变化。然而,由生产力引发的变化不是单向的,当整个社会的上层建筑发生变化以后,上层建筑又会反向影响经济基础(生产关系),当适合的上层建筑来适应经济基础的需要的时候,上层建筑就会通过经济基础向生产力输送正向的作用力,而当上层建筑不能适应经济基础的时候,上层建筑就会向经济基础输送反向作用力而最终阻碍生产力的发展。当生产力与生产

---

① 《马克思恩格斯选集》第 1 卷,人民出版社 2012 年版,第 160 页。

关系、经济基础与上层建筑的矛盾冲突激化以后,社会变革就将到来,从而形成新的生产力与生产关系、经济基础与上层建筑的矛盾体,于是社会又开始新一轮的矛盾对立,这种矛盾对立就构成了社会运动的动力之源。

三、改革为社会发展注入强劲的动力

生产力与生产关系、经济基础与上层建筑的矛盾对立从根本上推进了社会的运动变化和发展,但在不同的历史时期和社会发展的不同阶段,其表现形式和实现方式是不同的。如何为社会发展注入强劲而持续的动力,这是每一个社会发展都必须要解决的问题。

新中国成立以后,对生产力的解放就受到了高度重视。在新中国成立初期,主要是通过对所有制的改变来释放被压抑的生产力潜力。这种改变表现在:农业和手工业由个体的所有制变为社会主义的集体所有制,私营工商业由资本主义所有制变为社会主义公有制,社会生产力得到了释放。据国家统计局官网资料统计,在第一个五年计划期间,我国工农业生产得到了较快发展,其中,1957 年与 1952 年相比,农业增长约 24.8%,工业增长约 1 倍多,初步改变了我国经济以农业为主的局面。① 这段时期,我国在生产资料的所有制上实行的是单一的公有制,同时实行高度集中的计划经济。这种单一的所有制和经济体制目前看来是存在弊端的,但在新中国成立初期则起到了保证社会主义经济基础的作用,在特定历史时期对于释放被压抑的生产力无疑产生了不可否认的重要影响。

我国在 20 世纪 50 年代中期,由于对大规模社会主义建设经验不足,凭主观愿望和意志办事,“文化大革命”带来的十年内乱使社会主义探索严重受挫,单一公有制和高度计划经济体制所带来的弊端日益突出,社会生产力的潜力受到压抑。进一步解放生产力,探索一条适应中国特色的社会主义发展道

---

① 数据来源:国家统计局官网。

路,不可避免地出现在中国共产党和中国人民面前。

纵观改革开放 40 多年来的发展历程,中国特色社会主义之所以能够取得巨大成就,社会发展表现出蓬勃的生机与活力,关键就在于始终抓住改革开放这条主线,以改革消除束缚生产力发展的因素,为社会发展提供源源不断的动力。主要表现在:

首先,改革破除了对社会主义发展的观念性束缚,实现了理论创新,为生产力的解放和新的生产方式的形成提供了思想基础。没有这种思想上的解放,生产者就缺乏发展生产力的内生动力,被禁锢的生产潜力难以得到真正的释放,生产方式不能得到真正的发展。观念上的解放使人们重新认识生产力与生产关系的矛盾,并助推实践上的行动,使矛盾在社会发展中起到推动力作用。

其次,改革充分调动了生产者的积极性,推动了生产者改进生产工具。从改革的实践进程来看,改革明确了生产者的权益,划定了各种利益边界,使生产者通过参与改革获取自身利益的积极性有效提升,生产工具的改进就成为了必然。工具的改进带来了生产对象的拓展与加工深度的增加,社会财富在这种进步中得到不断积累,反过来又促进生产工具的改进,推动社会不断向前发展。

再次,改革破解了生产关系束缚生产力、上层建筑制约经济基础的制度机制障碍,使生产关系不断适应生产力的变化,上层建筑不断适应经济基础的发展,进而推动社会始终处在一种相对稳定的发展进步状态之中。

党的十八大以来,以习近平同志为核心的党中央,把全面深化改革纳入国家社会发展的战略谋划之中,其核心就是坚持以改革促发展,以改革开放不断推进中国特色社会主义制度的自我完善和发展,让社会生产力与生产关系、经济基础与上层建筑的矛盾关系处于良性状态之中。习近平指出:"改革开放是决定当代命运的关键一招,也是决定实现'两个百年'奋斗目标、实现中华民族伟大复兴的关键一招。实践发展永无止境,解放思想永无止境,改革开放也永无止境。停顿和倒退没有出路,改革只有进行时,没有完成时。"①事实上,党的十八大以来的建设实践表明,无论在经济还是政治、文化、社会与生态领域,改革开放都以其强大的动力推动各领域向纵深发展,改革开放进程中面临的许多新的问题和新的矛盾正依靠改革开放不断得到解决,依靠改革开放所释放出来的生产力正转化为社会发展的现实成果,改革开放作为中国特色社会主义新时代不断向前的动力作用日益显著。

第三节　坚持人民创造历史,促进人的全面发展的历史观

坚持什么样的历史主体观,是一个政党和一个国家选择发展依靠力量的决定性因素。中国共产党从一个几十人的小党发展成为9千多万党员的执政党,靠的是什么？靠的就是依靠广大人民群众的力量,克服一道又一道难关,把中国带向了具有光明前景的康庄大道。在中国特色社会主义建设过程中,坚持人民的主体地位,促进人的全面发展的历史主体观,始终贯彻在社会主义建设的每一项事业之中,为丰富和发展马克思主义历史主体论贡献了中国智慧。

一、始终把人民群众摆在财富创造者的地位,充分发挥人民群众在财富创造上的积极性

主客体范畴属于实践哲学的范畴,主体指具有能动性的人,客体是被主体作用的对象。回到历史运动之中,历史主体是指历史的创造者,是推动历史运动变化的主体力量,历史主体在历史发展中的作用具体表现为财富创造和推动社会变革。在马克思主义产生以前,唯心史观主导着历史问题的解释权,他

_____

① 《习近平谈治国理政》,外文出版社2014年版,第71页。

们否认社会发展的决定力量是现实的物质生产方式,进而否认人民作为历史主体的地位,宣扬少数英雄人物创造历史的历史唯心主义。在 19 世纪 40 年代,马克思恩格斯就同青年黑格尔派代表人物鲍威尔兄弟进行过关于历史主体的论战。鲍威尔兄弟认为历史运动中起决定作用的力量归结为"英雄"的精神,而人民群众则是历史发展中的惰性因素。马克思恩格斯指出鲍威尔兄弟的错误在于,把"存在于我身外的现实的、客观的链条转变成纯观念的、纯主观的、只存在于我身体内的链条,因而也就把一切外在的感性的斗争都转变成纯粹的思想斗争"①。这种否认从外在物质生活和人民群众活生生的实践活动去寻找历史发展的主体力量,表现出彻底的唯心史观。

在历史主体观的问题上,马克思恩格斯坚持从实践的视角把握历史的主体,从人民群众的生动实践来诠释历史主体。在他们看来,人类社会之所以能实现从低级到高级的运动变化,根本的推动力量在于人民群众认识世界和改造世界的活动,即感性的物质生活实践。人民是实践的主体,历史活动是群众的活动,随着历史的发展,推动历史进步的群众队伍将不断增加,群众推动历史进步的力量也将越来越大。在马克思恩格斯看来,人民群众推动历史进步的活动是在一定的社会历史条件下进行的,既受到历史条件的制约,同时又创造历史。列宁在革命和苏维埃政权建设过程中始终坚持群众的主体地位,广泛吸收群众参与苏维埃政权建设,参加国家行政机关和经济管理机关的工作,充分发挥人民群众在国家事务中的监督管理作用,在对待人民群众的历史作用问题上表现出了鲜明的唯物史观立场。

中国特色社会主义建设实践过程中的每一代领导人和中央领导集体都把发挥人民群众在财富创造中的主体作用放在了非常重要的地位,人民群众在推进社会历史前进中的作用得到充分体现。邓小平在 20 世纪 80 年代谈到科学技术的发展时就特别强调要"尊重知识,尊重人才",他认为,我们国家要实

_____

① 《马克思恩格斯文集》第 1 卷,人民出版社 2009 年版,第 288 页。

现现代化,必须把科学技术搞上去,而发展科学技术没有人才是不行的。在中国工会第九次全国代表大会上的致辞中,邓小平代表党中央向全国工人阶级发出了积极参与现代化建设的倡议,同时表达了中央相信工人阶级能在四个现代化建设中发挥更大的作用。邓小平认为,现代化大生产产生了工人阶级,因此工人阶级从一产生就同现代化大生产相联系,因此,工人阶级的觉悟最高,纪律性最强,能在社会主义现代化建设中起到领导作用。他认为,改革开放中的许许多多东西,都是群众从实践中提出来的。可以看到,这种尊重知识、尊重人才的思想和坚持从人民群众创造历史的活动中汲取发展智慧,体现了尊重人民群众主体地位的历史主体观,并且贯穿于中国特色社会主义建设实践中。正如习近平在庆祝中国共产党成立 95 周年大会上所说:"尊重人民主体地位,保证人民当家作主,是我们党的一贯主张。"①正是依靠这种"主张",人民群众在物质生产和精神文化领域的主动性得到了充分发挥,创造了丰富多彩的物质与精神财富,彰显了历史主体的重要作用。在庆祝中国共产党成立 100 周年大会上,习近平再次指出,"人民是历史的创造者,是真正的英雄。"②

二、始终把人民群众作为改革开放的推动力量,不断推进改革开放的历史进程

社会变革是解放生产力、发展生产力进而推动社会运动变化的重要动力,但社会变革的主体力量是谁,这是检验唯心史观和唯物史观的标尺之一。"英雄史观"把社会变革的主体归结为社会发展过程中的"个别人物",否认人民群众在历史变革中的主体作用,其实质是维护少数人在社会生活中的话语

---

① 习近平:《在庆祝中国共产党成立 95 周年大会上的讲话》,人民出版社 2016 年版,第19 页。

② 习近平:《在庆祝中国共产党成立 100 周年大会上的讲话》,人民出版社 2021 年版,第9 页。

权和特殊地位。

社会变革有广义与狭义之分,广义的社会变革包括根本制度的改变和在根本制度不变的前提下所进行的社会制度的自我完善,狭义的社会变革主要指后者。我们在狭义的意义上使用社会变革的含义。社会变革是社会运动变化发展过程中的重要环节,是社会运动的重要动力。社会变革的缘起在于社会运动中的矛盾,特别是生产力与生产关系、经济基础与上层建筑的矛盾,根源在于生产力与生产关系、经济基础与上层建筑之间的不适应。变革的目的就是要让一定历史时期的生产力对应与之匹配的生产关系,经济基础对应相应的上层建筑。其间,历史人物的思想对于发现矛盾和解决矛盾确实具有方向性作用,但矛盾的产生不是在人们的思想中,而是在以广大人民群众为主体的生产实践中,矛盾的最终解决也只能通过人民群众的生产实践来实现,因此,社会变革的主体力量在人民,这是认识社会变革问题应该具有的基本态度。中国特色社会主义建设过程中的改革开放就是在社会主义根本制度下的社会变革,依靠人民群众的主体力量推进改革开放是中国特色社会主义建设过程中蕴含的鲜明的历史主体观,是中国共产党工作的优良传统,是"党和人民事业大踏步赶上时代的重要法宝"①。

习近平在谈到全面深化改革时就多次谈到要形成改革共识的问题,尊重人民群众的首创精神,调动一切可以调动的力量来进行改革。2012 年 12 月 7 日至 11 日,习近平在广东考察工作时讲道,我国有 13 亿人,有 8 千多万党员,包括海外同胞,大家能够达成共识,这本身就是力量。没有广泛的共识,改革就难以推进,即使推进了也难以成功。在党的十八届中央政治局第二次集体学习时,习近平提出了"改革是亿万人民的事业,必须尊重人民的首创精神,坚持在党的领导下推进。"②认为在改革开放中每一个新生事物的出现,以及每一个方面经验的积累与创造,都来自人民群众的伟大实践。要

---

① 《习近平谈治国理政》第二卷,外文出版社 2017 年版,第 39 页。
② 《习近平谈治国理政》,外文出版社 2014 年版,第 68 页。

善于从人民群众的实践中总结经验,完善政策主张,为不断深化改革夯实群众基础。

三、始终把人民群众作为实现中华民族伟大复兴中国梦的主体力量,不断推进"两个百年"奋斗目标的实现

自党的十一届三中全会以来,中国改革开放已经经过了40多年的历程,中国特色社会主义取得了巨大成就,特别是党的十八大以来,以习近平同志为核心的党中央,在外部环境方面,面临着世界经济复苏的困局、局部冲突和动荡不断、全球性问题加剧等问题,在内部又面临着我国经济发展进入新常态所带来的一系列深刻变化,但仍然取得了中国特色社会主义建设的历史性成就,中国正以崭新的面貌屹立于世界民族之林。

中华民族在人类历史长河中创造了灿烂的文明。在人类文明的轴心时代,中华文明就是世界上较为发达的文明形式之一,为世界文明的发展作出了重大贡献。在农业文明时代,中华民族依靠勤劳勇敢、自强不息的民族精神,在富饶的土地上创造了辉煌的文明,在世界文明发展进程中处于领先地位,中华文化表现出了强大的影响力。在工业文明时期,西方文明依靠科学技术两三百年的时间内在世界文明发展样式中占据了主导地位。西方列强凭借先进的技术对中国进行了侵略与掠夺。新中国成立以后,中国人民从此站了起来,开始了建设社会主义的道路。改革开放让中国找到了一条适合中国国情的社会主义建设之路,使中国走上了实现中华民族伟大复兴中国梦的康庄大道。

实现中国梦的主体是谁?以习近平同志为核心的党中央坚持以人民为主体,坚持发挥广大人民群众的积极性开启实现中国梦的伟大征程,体现了鲜明的辩证唯物主义的历史主体观。

首先,中国梦就是人民梦。习近平在许多地方都讲到,实现中华民族伟大复兴中国梦是凝聚几代中国人的夙愿,是中华民族和中国人民整体利益的体

现,也是每一个中华儿女的共同期盼,是全体中国人民的共同梦想,是各族人民的共同愿景,因此,中国梦是国家梦、民族梦,同时也是每一个中国人的梦。可以看到,国家、民族和人民利益的高度一致和内在统一是中国共产党群众史观的具体体现,也是习近平新时代中国特色社会主义思想的重要内容,这种"一致"和"统一"为中国梦的实现提供了坚实的群众基础和磅礴的力量之源。

其次,中国梦为每一个人的出彩提供了平台和机遇。"每一个人的出彩"既是中国梦的实现目的,也是中国梦的实现条件。习近平指出,实现中国梦必须凝聚中国力量。这里的"中国力量"是指由各民族和每一个人为实现梦想而迸发出的力量,为此,中国梦的实现为每一个人共享人生出彩的机会提供了良好的机遇,为每一个人的奋斗提供了舞台。在对青年人的寄语中,习近平特别指出,每一代青年人都有自己的机遇,都有属于自己的时代,实现中国梦为青年人提供了广阔的舞台,要在实现自己的梦想中书写人生,在实现中国梦的过程中谱写人生美丽的篇章。

最后,中国梦需要每一个人的奋斗来实现。中国梦的实现不是一蹴而就的事情,需要一代又一代人的努力奋斗。充分发挥人民群众在实现中国梦过程中的主体作用,用每一个人的奋斗凝聚成整个国家和民族的奋斗,这是以习近平同志为核心的党中央高度重视的问题。在致全国青联十二届全委会和全国学联二十六大的贺信中习近平指出,当代青年要想有所作为,必须同人民一起奋斗。只有同人民一起奋斗,青春才是亮丽的。"奋斗"已然成为新时代的关键词。奋斗是一种主体力量的爆发,也是中国梦实现过程中每一个人发挥主人翁精神的最好体现。

坚持一切为了人民,一切依靠人民的历史主体观不仅助推了中国特色社会主义的伟大实践走向胜利,也必将助推中华民族伟大复兴中国梦的进程。这种唯物史观的历史主体论体现了中国特色社会主义的本质属性,是中国特色社会主义重要的哲学内蕴之一。

第四节　以世界历史眼光确定发展战略的 "世界历史观"

"单个人才能摆脱种种民族局限和地域局限而同整个世界的生产(也同精神的生产)发生实际联系,才能获得利用全球的这种全面的生产(人们的创造)的能力。"①马克思主义的"世界历史观"告诉我们,近代生产力的发展使"历史向世界历史转化",向资本主义所主导的世界历史转化,这使中国特色社会主义建设从一开始就处在"世界历史"这个时代领域中,被纳入世界发展的大潮中,这使中国特色社会主义建设从一开始就必须具有"世界历史观"的视域,用世界历史的眼光确定我国发展战略的"世界历史观",也必然成为中国特色社会主义的一大特征。

一、马克思主义"世界历史观"

马克思主义"世界历史观"产生于"世界交往"的客观现实,是生产方式和人类交往全球化的理论产物,同时是关于历史发展学说的重大创新。作为唯物史观的重要内容,"世界历史观"吸收了黑格尔世界历史理论的有益成分并进行了唯物主义的改造,成为认识近现代历史的"一把钥匙"。与众多认为历史是偶然的、无规律的哲学家和历史学家不同,黑格尔认为,历史不是孤立的个体历史,整个世界的各个民族、地区和国家的历史是相互影响的;世界历史不是杂乱无规律的历史,而是有着内在逻辑的历史,是由绝对精神所推动的从民族历史向世界历史转化的历史。恩格斯对黑格尔的世界历史观给出了高度的评价,他明确指出:"黑格尔的思维方式不同于所有其他哲学家的地方,就是他的思维方式有巨大的历史感作基础。形式尽管是那么抽象和唯心,他的

---

① 《马克思恩格斯文集》第 1 卷,人民出版社 2009 年版,第 541—542 页。

思想发展却总是与世界历史的发展紧紧地平行着。"①在充分肯定黑格尔在世界历史理论方面贡献的同时,他们也对黑格尔世界历史理论的唯心主义观念提出了批判,指出不是绝对精神决定了世界历史的走向,而是"各民族之间的相互关系取决于每一个民族的生产力、分工和内部交往的发展程度"②。在对黑格尔世界历史理论批判继承的基础上,马克思恩格斯以工业和商业的活动为蓝本,通过考察资本主义的生产方式,提出了他们的世界历史理论。其主要内容有:

第一,在"世界历史"产生以前,历史只是民族史和国家史,交往限制在一个民族和国家的内部。资本主义生产首次开创了"世界历史",根本原因在于资本主义通过全球范围的扩张使世界各国和各民族之间的联系更加紧密,每个国家以及这些国家中的每一个人在需要的满足上都依赖于整个世界。在马克思恩格斯看来,在近代由于资本主义大工业的发展所导致的生产方式的极大转变,使世界成为一个以资本为中心的联系越来越紧密的世界。

第二,世界历史形成过程中的东西方关系。因东西方民族历时性的差异,造成在世界历史的形成过程中"未开化和半开化的从属于文明的国家""东方从属于西方"③。另外,因东西方传统的差异,导致东方民族发展道路的特殊性,如俄国"农村公社"使其可以不通过资本主义制度的"卡夫丁峡谷"而进入社会主义制度,但需要注意的是,这种特殊性并没有否定世界历史发展的必然性,反而是以世界的历史必然性为前提的。

第三,从世界历史的前景来看,其最终是共产主义。马克思认为,生产力的发展使分工和交往不断扩大,从而导致世界交往的普遍发展,个人与社会的对立转化为个人与市场的对立。而世界历史的发展,就是要消除个人的异化,打破个人活动的地域性和民族性的限制,使个人活动上升为世界历史的存在而自由发展,世界历史一旦达到这个阶段,人类就进入共产主义。马克思明确

---

① 《马克思恩格斯全集》第13卷,人民出版社1962年版,第121页。

② 《马克思恩格斯选集》第1卷,人民出版社2012年版,第147页。

③ 《马克思恩格斯选集》第1卷,人民出版社2002年版,第405页。

指出:"交往的任何扩大都会消灭地域性的共产主义,共产主义只有作为占统治地位的各民族'一下子'同时发生的行为,在经验上才是可能的,而这是以生产力的普遍发展和与此相联系的世界交往为前提的。"①

二、中国化马克思主义理论蕴含的"世界历史观"

中国特色社会主义实践中形成的特色,是马克思主义的普遍原理同中国特色社会主义的具体实践相结合的产物,是随着时代的变化而不断发生变化的理论,因此,我们在整体掌握马克思主义的"世界历史观"基本理论之后,还需要结合中国实际进行具体分析。

以毛泽东为主要代表的中国共产党人在马克思主义"世界历史观"的指导下,根据国情和世情的变化,丰富和发展了马克思主义"世界历史观",其贡献主要有:第一,马克思主义的创立者已经为我们指明了世界历史的发展方向——共产主义,因此,在中国革命和建设过程中,我们必须坚持社会主义的世界历史前进方向。为此,毛泽东明确指出:"共产党人决不抛弃其社会主义和共产主义的理想。"②第二,根据世界历史的阶段性(战争与革命),确立了中国革命两步走战略,即先进行新民主主义革命后进行社会主义革命。

以邓小平为主要代表的中国共产党人,在分析世情和国情的基础上,进一步丰富和发展了世界历史观。其贡献主要有:第一,世界历史具体发展阶段的转变:从战争与革命转向了和平与发展成为新的世界历史阶段性发展的主题。第二,从生产力是否发达的高度确立了世界历史的发展。以往,由于对进入共产主义的世界历史的过程及其基本要素认识不清,导致在社会主义经济建设方面老是纠缠于"姓社还是姓资"这个问题,严重阻碍了社会的发展,邓小平从生产力的世界历史发展视角入手,通过"社会主义本质论""三个有利于"等标准,解决了什么是社会主义、如何发展社会主义的问题。第三,世界历史发展

---

① 《马克思恩格斯选集》第 1 卷,人民出版社 2012 年版,第 166 页。
② 《毛泽东选集》第一卷,人民出版社 1991 年版,第 259 页。

的趋势:全球化。20世纪70年代末80年代初,尽管两大阵营的对抗以及地区保护主义的存在,但全球化已经成为不可阻挡的世界潮流,邓小平敏锐地意识到这一点,发出了"现在的世界是开放的世界""经验证明关起门来搞建设是不能成功的,中国的发展离不开世界"①等论断,把对外开放确立为基本国策。

以江泽民为主要代表的中国共产党人,深刻意识到"经济全球化和世界多极化"所引起的世界历史变化。当今世界经济发展有一个基本特征就是全球化,表现在科学技术与技术创新、知识的应用以及贸易投资和金融等经济活动都已经日益国际化,不可否认的是,世界各个国家在经济上的相互交流和依存关系日益加深。

以胡锦涛为总书记的党中央在新的形势下进一步丰富和完善了世界历史理论。其主要贡献是用和谐世界理论丰富和发展了马克思的世界历史观。在胡锦涛看来,当今世界是多元价值并存的世界,是"和而不同"的世界。"和"代表了世界是一个整体,人类社会发展有共同的目标,面临共同的问题,承担着共同的义务,因而合作共赢是人类社会在全球化时代的必然选择。"不同"意味着世界上各个国家和各个民族都有自己的发展方式,有自己的发展目标,存在不同的制度形式,因此,承认每个国家根据自己的国情所选择道路的合理性,尊重每个国家和民族的独立自主性是实现和谐世界的基础。"和"不是无差别的一致,是有差异的统一,和谐世界是各种文明形式兼容并包的世界,不存在"终结历史"的普遍适用的社会制度。和谐世界理论将马克思"世界历史观"具体化、时代化,具有非常重要的理论价值和实践意义。

党的十八大以来,习近平站在世界历史的视域、场域思考中国和世界发展,在马克思主义"世界历史"理论的发展中作出了重大贡献。首先,以全球思维谋划新时代中国特色社会主义发展战略。习近平多次强调,当今世界已经是一个联系日益紧密、依存度日益加深的时代,人类生活在同一个地球村

---

① 《邓小平文选》第三卷,人民出版社1993年版,第78页。

里,各个国家和民族的和平发展、合作共赢成为时代潮流,我们的发展思维必须跟上时代步伐,"不能身体进入 21 世纪,而脑袋还停留在过去"①。冷战思维和零和博弈都是缺乏时代眼光的落后思维,不能适应当今世界的发展。其次,以全球思维发挥中国在世界上的作用。习近平强调,中国梦不仅是国家梦、民族梦,也是世界梦,中国发展壮大给世界带来的不是威胁,而是发展的机遇,中国梦不仅要造福中国人民,而且要造福世界各国人民。"人类命运共同体"、"一带一路"倡议、"亚投行"与丝路基金的设立、亚丁湾护航等都是站在全球发展的场域中布局中国的发展,为推动世界历史前进贡献中国智慧。

三、世界历史观视域下的中国特色社会主义实践

世界历史观提供了全球化时代认识世界历史的基本维度,也为国家和民族在适应全球化的问题上提供了基本遵循。改革开放以来,中国特色社会主义建设实践站在全球化的视角,以世界眼光谋划中国的发展,体现了鲜明的世界历史观意蕴。

首先,用世界眼光看世界。

在人类文明发展史上,轴心时代虽然产生了不同的文明形式,但这些文明形式之间是独立发展而没有联系的,那个时候没有"世界"。"世界"是生产和生活方式的世界化以后才出现的。用世界眼光看世界是近代中国遭遇西方列强入侵时以魏源为代表的一批知识分子开启的"睁眼看世界",针对西方在科学技术上的优势,魏源提出"师夷长技以制夷"的思想,大胆向西方学习科学技术用来作为克制西方的手段。"世界眼光"的打开使许多人开始站在世界的视角看中国,促进了中国人放眼看世界的进程。改革开放以后,邓小平正是以"世界眼光"设计改革开放,把中国的发展纳入全球发展的视角,在对世界主题准确判断基础上进行了改革开放的战略谋划,使中国以崭新的面貌出现

---

① 《习近平谈治国理政》,外文出版社 2014 年版,第 273 页。

在世界舞台。江泽民从世界科学技术发展和世界社会主义运动的得失、世界尤其是苏联社会主义失败中汲取教训,认识到新的历史时期加强党的建设的重要意义,认识到中国共产党必须适应科学技术和先进文化的发展要求,必须代表最广大人民群众的根本利益。用世界眼光看世界使胡锦涛从世界各国发展的得失中认识到发展观念转化的重要性。

习近平早在地方工作期间就注重用世界的眼光认识地方经济社会的发展,党的十八大以后,习近平站在全球发展的高度提出了一系列新的发展理念和发展战略,代表了新时代中国共产党人看待世界的眼光。在他看来,当今世界发展面临良好的机遇,这种机遇同时也是中国的机遇,要将世界的机遇转换为中国的机遇,让中国的机遇变成世界的机遇,要在中国与世界的良性互动中实现发展,获得双赢。

其次,用开阔的胸襟对世界。

用世界眼光看世界使中国打开了看待世界的视域,用开阔的胸襟对待世界使中国表现了作为一个发展中大国的自信,这种自信体现在尊重各种制度和文明形式的差异性,特别是大胆借鉴和吸收资本主义的发展成果,对资本主义并没有采取"一棍子打死"的做法。改革开放之初,邓小平就指出,资本主义与社会主义就根本制度上看是对立的两种制度,资本主义是社会主义发展要代替的,但在对待二者的关系上不能简单化。资本主义这种生产方式已经发展了几百年,在这种制度下各国人民发展了许多科学技术的成果,这些成果是全人类的成果,而资本主义发展中所积累起来的许多经验等都是值得中国继承和学习的。因此,中国一方面加强对外资的引进力度,主动吸收资本主义生产方式的有益成分;另一方面,与以美国为代表的西方主要发达国家改善关系,把中国融入世界,为中国的发展创造良好环境。江泽民和胡锦涛都重视借鉴国外发展经验,对资本主义采取批判学习的态度。在十六届三中全会上提出的"五个统筹",就要求在实现和谐发展的过程中要做到统筹兼顾,其中就包括"统筹国内发展与对外开放"的关系,把中国的发展放在世界的发展体系中予以统筹兼顾。

习近平在谈到中国的发展时就要求要统筹好国际与国内两个大局,不仅要站在中国的发展视角思考未来,更应该站在世界的发展视角思考中国和世界的未来,要在中国与世界经济发展的联系中思考未来的发展。对资本主义发展成果,习近平认为资本主义创造的有益成果属于全人类,我们应该以科学的态度对待这些成果,包括理论成果与实践创造。在哲学社会科学工作座谈会上,习近平在谈到人类文明的思想成果时就列举了西方自古希腊以来的重要思想家和重要流派的思想对人类社会发展的积极作用,要求哲学社会科学工作者们学习借鉴西方思想史上的有益成分,继承中华优秀传统文化,进而建设中国特色的哲学社会科学体系,表现了对待人类文明形式的开放态度和开阔胸襟。

最后,用共赢的方式交世界。

世界是一个整体,在信息化时代,人类生活在一个相互联系交往密切的地球村之中。随着全球化进程的推进,世界上任何国家的发展都不可能离开世界,都会对世界的发展产生影响。在这样一个世界中,各个国家和地区只有相互合作,共同发展才能创造一个美丽的世界。作为一个发展中的大国,中国历来重视与世界各国的共同发展和繁荣。新中国成立以后,中国即使在最困难的时候也向需要帮助的国家伸出援手。改革开放以后,中国一方面搞好自己的发展,另一方面也积极参与世界经济发展。在世界贸易组织内,中国遵守世界贸易组织框架内的各项规则,主动承担作为发展中大国的义务和责任,以强烈的担当精神为世界的共赢作出尽可能多的贡献。

总之,以世界历史的眼光确定发展战略的"世界历史观",是指引中国特色社会主义建设事业确保正确方向的又一精神法宝,它不仅是对中国特色社会主义建设事业的发展视域的拓展,而且对世界其他走社会主义道路的国家、对经济文化不发达的发展中国家都具有重要意义。

第八章 中国特色社会主义的方法论意蕴

方法论是在世界观基础上形成的认识世界和改造世界的方法的理论,其核心是用什么方式、方法和手段解决问题的思路。中国特色社会主义作为社会主义运动史上的成功实践,其成功的背后不仅蕴含着中国共产党人的科学的世界观,同时也有在对实践方法科学认知基础上的方法论意蕴,代表性的有矛盾分析方法、辩证否定方法、质量互变方法和系统分析方法。

第一节 矛盾分析方法

在马克思主义哲学话语中,矛盾指事物之间既相互对立、又相互联系的关系,相互对立是指相互排斥、互不兼容的关系,相互联系是指相互影响、相互作用的关系。矛盾这种关系在世界上各个事物之间、事物与事物之间以及事物发展的每一个阶段都普遍存在。因此,承认矛盾,直面矛盾,学会用矛盾分析的方法解决问题,是认识世界和改造世界的基本方法之一。

一、矛盾分析方法的内涵

矛盾分析方法是指运用矛盾思维解决矛盾的一种方法,是人们分析问题、解决问题的一种普遍的、根本的方法。矛盾分析方法的世界观基础是马克思主义唯物论,是马克思主义唯物辩证法的矛盾观在实践中的具体化。矛盾分析方法要求人们从矛盾的视角去分析问题和处理问题,具体包括一分为二和合二为一的方法、具体问题具体分析的方法、两点论和重点论相结合的方法等。

一分为二的方法是指认识一个事物时要看到任何事物都是一个矛盾对立体,都存在着对立面。从事物的外部联系看,任何事物都是它自身,与其他事物存在根本差别,这种差别就决定了该事物与他事物存在对立的一面。从事物的内部来看,任何事物都是由许多内部要素构成的,这些要素从本质上看与其他要素都存在差别,因而内部各要素之间也是对立的关系。合二为一的方法则是指在看到一事物与他事物以及事物内部要素之间存在差别的同时,也要看到这种差别本身也是一种联系的方式,因为不同事物以及事物内部诸要素之间虽然存在差异,但它们共存于事物与事物、事物内部各要素之间所构成的统一体之中,"合二"就是要有统一的思维方式,将矛盾对立的双方放在一个共同体中认识,在对立基础上实现统一。"一分为二"和"合二为一"的分析方法是矛盾对立统一性原理在分析方法上的具体运用,是矛盾分析的基本方法。

具体问题具体分析方法是矛盾特殊性原理在分析方法上的具体运用。矛盾作为事物既对立又统一的关系,是所有事物和事物发展的所有阶段都存在的,但具体到每一个事物和事物发展的每一个阶段,矛盾又具有不同的特点,这就是矛盾的特殊性。矛盾的特殊性不能离开矛盾的普遍性,离开普遍性的特殊性是无本之木、无源之水,当然,普遍性也离不开特殊性,大量特殊属性的综合形成了事物的普遍性。从矛盾的特殊性出发对事物进行具体问题具体分析的方法,被称为辩证法的精髓。这种方法要求从事物矛盾存在的特殊性出发,认真分析每一个事物与他事物的共性与个性,在尊重共性的基础上准确把握事物的个性,从而把握事物的具体特征与发展规律。

两点论和重点论相结合的方法是指在对事物的矛盾进行分析的时候,要看到一个事物的矛盾是以矛盾群的形式存在的,即事物面临的不是一个单一的矛盾,而是多种矛盾,按照矛盾在事物发展中的作用可以分为主要矛盾和次要矛盾,但是,影响事物在一定时期发展的矛盾一定是主要矛盾。同时,矛盾着的对立面在一定时期内所处的地位也不同,占主导地位的那个方面成为矛盾的主要方面,不占主导地位的方面成为次要方面。"两点论"和"重点论"相结合的方法要求我们在分析事物的矛盾时,要注意分析事物存在的各种矛盾,同时发现在这些矛盾中起主导作用的矛盾,避免一叶障目和"眉毛胡子一把抓"。

二、马克思主义经典作家论矛盾

矛盾作为唯物辩证法的重要范畴,马克思主义经典作家对此作了诸多论述。马克思在他的分析框架中就是从对矛盾的分析出发分析了社会发展的内在矛盾,如生产力与生产关系、经济基础与上层建筑等,并将这种方法用于对资本主义发展的分析,得出了资本主义由于自身无法克服内在矛盾、最终必然被社会主义所代替的结论。恩格斯讲道,辩证法的规律是自然界本身存在的实在的规律,不是我们强加于自然界的,因而把握自然界的规律对于理论研究非常重要。在矛盾的特殊性和普遍性问题上,恩格斯在谈到自己的认识方法时指出,我们在认识中把个别存在的事物上升到特殊性,然后再把特殊性提高到普遍性。马克思恩格斯对于矛盾的认识和矛盾方法的运用具有非常重要的意义。列宁是唯物辩证论者,矛盾分析方法在列宁认识俄国革命和苏联社会主义建设上得到充分运用。列宁认为矛盾规律是唯物辩证法的实质和核心,矛盾规律具有非常丰富的内容。在他看来,任何事物都可以分成矛盾对立的两面,而承认和认识矛盾的对立面则是辩证法的实质。

毛泽东是将唯物辩证法的矛盾观点进行中国化和大众化的代表性人物,对中国革命和建设问题上的矛盾分析,在中国革命和建设中发挥了重要的指导性作用。在写于1930年的《反对本本主义》中,毛泽东非常强调在中国革命的问题上不能从本本出发,而应该从中国革命面临的实际情况出发,要做到具体问题具体分析。毛泽东指出,按照马克思主义哲学的基本观点,对立统一规律是客观世界存在的根本规律,这个规律是普遍存在的,不仅存在于自然界,也存在于人类社会和人的思想发展之中。事物之间既对立又统一的关系推动事物的发展。

在毛泽东哲学思想发展过程中,《实践论》和《矛盾论》占有非常重要的地位。《实践论》深入梳理了认识与实践这对矛盾的关系,强调了实践对认识产生的决定性作用和认识对实践的指导性作用,是矛盾分析方法在具体问题分析上的成功运用。《矛盾论》则是系统分析了矛盾的性质及其作用以及矛盾分析方法的重要性。事物的矛盾有内部矛盾和外部矛盾,影响事物根本性质的是事物的内部矛盾即内因,外部矛盾不能从根本上影响事物的发展变化。事物之所以能够实现从低到高的发展,根本原因就在于事物存在的内部矛盾,在于绝对的斗争性和相对同一性的共同作用,从而推动事物的发展。毛泽东同时看到了事物矛盾的普遍性和特殊性,认识到了任何事物和事物发展的任何阶段都存在矛盾这一客观事实。

毛泽东既是一名无产阶级革命家,同时更是一位思想家。他把矛盾分析方法运用于中国社会主义社会的矛盾分析中,在1956年写出《论十大关系》,对中国开始社会主义建设的时候要处理好的"十大关系"即十大矛盾进行了深刻阐述,是矛盾分析方法在实践中的运用典范。

邓小平在分析和解决中国革命和建设一系列问题中,成功运用和发展了马克思主义哲学的矛盾分析法,对改革开放具有非常重要的方法论意义。邓小平具体分析了我国经济和政治体制的严重弊端,科学地澄清了社会主义的根本制度与具体制度的矛盾关系,明确地把改革作为社会发展的强大动力,并用矛盾分析法从根本上系统地解决了什么是社会主义和如何建设社会主义的问题。

邓小平从中国特色社会主义发展面临的矛盾出发,明确了中国特色社会主义发展的阶段性特征和发展中必须处理好的各种矛盾,如,社会主义与资本主义的比较优势、计划经济与市场经济、先富与后富、沿海与内地等,对改革开放具有非常重要的指导性意义。对中国特色社会主义经济社会发展中存在的现实问题,邓小平认为许多问题都要采取一分为二的态度,如对资本主义的评价就不能对其全盘否定,资本主义好的东西我们也可以学习利用,资本主义不好的东西我们必须坚决否定。邓小平同时强调合二为一,要认识到看似矛盾的东西其实也存在相互统一的方面,要在同中求异,在异中求同,实现矛盾中的两面的对立统一。在具体问题具体分析上,邓小平特别强调对中国的问题一定要从自己的条件出发,不能照搬别人的做法。具体而言,中国的发展不能照搬西方资本主义国家的做法,也不能照搬其他社会主义国家的做法,更不能丢掉中国特色社会主义制度的优越性。这种认识方法对于中国特色社会主义建设过程中把马克思主义基本原理与中国特色社会主义建设实际相结合具有重要的方法论指导意义。在抓住事物发展的主要矛盾问题上,邓小平提出"发展才是硬道理",抓住了中国特色社会主义建设中需要解决的主要问题,明确了人民群众日益增长的物质文化需要与落后的社会生产之间的矛盾是社会主义初级阶段的主要矛盾,同时关注社会主义建设中的其他矛盾,将"重点论"和"两点论"有机结合。

江泽民注重运用社会矛盾分析法分析社会主义建设中的新问题。江泽民在《正确处理社会主义现代化建设中的若干重大关系》的报告中,认真反思我国在改革和发展道路上的成败得失,针对改革和发展道路上涉及全局的一系列新矛盾而提出了解决矛盾的方针或措施,并指出:"发展是硬道理。中国解决所有问题的关键要靠自己的发展。"①在谈及社会矛盾的处理方法时,江泽民指出,随着实践的不断深入,我们对社会主义现代化建设的认识也会不断深

---

① 《江泽民论有中国特色社会主义》,中央文献出版社2002年版,第213页。

化,发展中也会出现许多新的矛盾和问题,这个时候我们解决问题的方式必然会有所调整。

胡锦涛立足于中国社会的新特点,在建设和谐社会的进程中,面对社会存在的很多困扰和疑惑,再次明确了中国社会主义初级阶段的主要矛盾,并对发展中的矛盾进行了深刻认识。随着经济社会发展,各方面的问题也不断暴露,人民内部矛盾明显增多,群体性事件不时出现,胡锦涛认识到解决好人民内部矛盾的重要性,指出:"要从中国特色社会主义事业发展全局出发,从实际出发,针对存在的突出矛盾和问题,采取切实有效措施,促进社会和谐。"①在认识了矛盾的新变化和新状态之后,围绕如何巩固执政地位、如何提升执政能力等,从人民群众的切身利益出发,进一步调整执政理念,提高执政水平,使党始终处于时代发展的核心位置,胡锦涛提出"以人为本"的中心理念,用和谐思想解决矛盾。他认为构建社会主义和谐社会,就是将矛盾的斗争性转化为统一性,将不和谐转化为和谐。针对社会出现各种矛盾的现状时指出,我们要建设的和谐社会不是没有矛盾的社会,承认矛盾运动是社会发展的基本动力是马克思主义的一个基本原理。面对社会主义和谐社会建设中出现的诸多矛盾,我们一定要正视各种矛盾,找到化解矛盾的有效方法,形成解决矛盾的制度机制,妥善处理好各种矛盾。

习近平高度重视马克思主义哲学原理的学习与运用,要求把我们党学哲学、用哲学的好传统继承下来,用马克思主义的哲学智慧滋养人生,把马克思主义哲学作为领导干部的看家本领。在对矛盾问题的认识上,习近平高度重视新时代中国特色社会主义发展中面临的各种矛盾,同时抓住社会发展中的主要矛盾,明确了新时代我国社会主要矛盾的变化。在谈到全面深化改革的总体框架和重点问题时指出,全面深化改革要解决主要矛盾,以重大问题为导向,要抓住关键性问题,解决突出矛盾。在治国理政的过程中,习近平充分运

---

① 《胡锦涛文选》第二卷,人民出版社 2016 年版,第 425 页。

用马克思主义哲学基本原理,将矛盾分析运用到具体实践中,体现了领导人良好的哲学素养。

三、矛盾分析方法在中国特色社会主义实践中的应用

从人类社会诞生开始,矛盾就以不同的形式存在着,社会发展到今天,矛盾已经成为人们的一种共识,中国共产党在面临纷繁复杂的国际国内形势下,历代领导人结合中国实践,根据矛盾表现的新形式,提出了一些新观点、新看法和新目标。

首先,认真处理人与自然的关系。

马克思主义唯物辩证法的对立统一规律深刻地揭示了人与自然的既统一又斗争的矛盾关系,人与自然的矛盾是贯穿社会运动始终的矛盾。自人类社会诞生以来,在地球上便产生了人与自然生命力系统相伴的演化结构,也就客观地存在着两者既对立又统一、既相矛盾又须和谐共生、既要有序依存又混沌交织的复杂机制和均衡与非均衡的相变过程。人与自然的这种对立面的统一和斗争推动社会向前发展。

前已有述,在中国共产党领导的中国社会主义建设实践中,对于人与自然矛盾关系的处理,也经历了一个认识变化的过程。2012 年 11 月,党的十八大从新的历史起点出发,作出"大力推进生态文明建设"的战略决策,从十个方面描绘出生态文明建设的宏伟蓝图,全面论述了生态文明建设的重大成就、重要地位、重要目标。党的十九大报告从理念、体制机制和奋斗目标上都对处理人与自然关系,保护生态环境进行了总体设计与规划,"坚持人与自然和谐共生"也成为"十四个坚持"之一。习近平生态文明思想已经成为处理人与自然矛盾关系的根本遵循。

其次,正确处理人与社会的矛盾。

在中国社会主义建设过程中历代领导人都做了艰辛的探索和实践,从毛泽东的"十大关系"到邓小平的"以经济建设为中心,坚持改革开放"到江泽民

的"十二大关系",到胡锦涛的"构建和谐社会",再到习近平对新时代社会主要矛盾发生转化的认识都体现了矛盾分析方法在实践中的科学运用。

在《关于正确处理人民内部矛盾的问题》中,毛泽东对我国社会主义发展中面临的人民内部矛盾进行了全面梳理,分清楚了两类矛盾——敌我矛盾和人民内部矛盾①,指出在新中国成立以后,我国社会的主要矛盾的性质已经发生了变化,由对抗性转为非对抗性,从敌我矛盾转化为人民内部矛盾,由此我国的工作重心就要发生改变,要从过去的"打江山"转变为加强社会主义建设。

改革开放以后,中国发展面临的各种矛盾凸显出来,特别是人的发展与社会发展之间的矛盾更加突出,如何充分调动人的积极性,缓解人与社会的矛盾,成为亟须解决的问题。以工作重心的转移来组织和调动人的积极性,加强社会主义现代化建设,走改革开放之路,通过发展生产力来缓解人与社会的突出矛盾。实践证明,改革开放释放了人的潜力,调动了人的积极性,生产力得到快速发展,社会财富不断增加,人与社会的矛盾得到有效缓解。

进入新时代,社会主义矛盾发生变化,从本质上看就是人与社会的矛盾发生了变化。以前,人民对物质文化生活有不断增长的需求,但社会生产不能满足这种需求,这一矛盾在经过几十年改革开放的巨大发展已经不是影响社会发展的主要矛盾。而今天,人民的物质文化生活得到了极大改善,生产能力得到极大提升,人民群众对物质文化生活的需要由过去的基本生活需要转变到了更高的需要,包括对良好生态环境、优质教育、社会公平正义、社会安全等方面有了更多的需求,而发展中的不平衡不充分已经成为制约人民群众对美好生活需要的矛盾的另一方。因此,新时代以习近平同志为核心的党中央紧紧抓住处理发展的不平衡不充分的矛盾来解决人与社会的矛盾,促进人与社会的共同发展。

---

① 《毛泽东文集》第七卷,人民出版社 1999 年版,第 204 页。

最后,科学处理人与人之间的关系。

人与人关系的科学认识是处理好人与人之间矛盾的基础。人与人的关系是人在社会活动中形成的交往关系,从本质上看受制于人与自然的关系和人与社会的关系,但同人与自然和人与社会的关系相比较,人与人之间的关系在社会发展中显得更为具体,也更加复杂。在中国社会主义建设过程中,历代中央领导集体,都重视调节人与人的关系。

在《论十大关系》中毛泽东就指出要处理好人与人之间的关系,提出要调动一切积极因素来处理各种矛盾,包括人与人之间的关系。改革开放以来,经济体制改革首先带动了人与人之间关系的变化,使人的交往方式与交往内容发生了许多新的变化。从交往空间看,过去人与人之间的关系主要在集体制和单位制所框定的范围内,但随着农村集体所有制和城市单位制改革的推进,特别是社会主义市场经济的发展,使人的流动性得到增强,因而人与人之间的交往空间得到极大延伸。随着互联网技术的发展,人的交往空间由现实空间向虚拟空间拓展,网络交往成为人与人之间关系的重要形式。从交往内容看,在过去集体制和单位制背景下,人与人之间交往的内容比较单一,主要围绕集体制和单位制下的工作任务而展开,但改革开放以后,人的社会角色变得更加多样,人与人之间的交往内容随着交往空间和方式的变化而变得越来越丰富,由此引发的矛盾也不断增多。

通过改革与发展来处理人与人之间的关系是改革开放以来的一条主线,紧紧抓住经济体制改革这个核心,大力发展市场经济,使过去集体制和单位制下人与人的关系变得更加多样,经济联系在人与人的关系中占有较之前更加重要的地位。

党的十八大以来,习近平多次谈到处理人与人之间关系的重要性,指出中国人民是具有伟大团结精神的人民,高度重视团结在建设中国特色社会主义过程中的重要作用。"今天,中国取得的令世人瞩目的发展成就,更是全国各族人民同心同德、同心同向努力的结果。中国人民从亲身经历中深刻认识到,团结就是力量,团结才能前进,一个四分五裂的国家不可能发展进步。我相信,只要 13 亿多中国人民始终发扬这种伟大团结精神,我们就一定能够形成勇往直前、无坚不摧的强大力量。"①

第二节　质量互变方法

中国特色社会主义建设实践不仅蕴含了矛盾分析的方法论意蕴,同时也蕴含着质量互变的方法。这种方法在处理社会主义建设中的许多问题中发挥了非常重要的作用。

一、质量互变的基本内涵

质与量、肯定与否定是事物自身存在的内在属性,从量的积累到质的变化,是事物变化发展的基本过程与环节,从本质上来看,是事物经历的由肯定到否定的变化过程。因此,从这个意义上看,质量互变与辩证否定是内在统一的。

质量互变指事物发展过程中质变与量变的相互转化,是事物联系和发展所呈现出来的规律之一。质是指一事物区别于其他事物的内在规定性,量则是指事物可以用数量来表示的性质,质实际上就是事物本身。任何事物的质都对应着相应的量,当事物的质相对恒定,也就意味着事物的量的变化始终在质所规定的范围之内,事物始终是处在一种量变的状态之中,而当量的积累达到了一定程度,保持事物属性的质所要求的量已经很难维持的时候,事物的质就会发生变化。质变从本质上看是一个事物对另一事物的否定,当然,这个否定的过程是事物的自我否定,不是事物的外在否定。

---

① 《习近平谈治国理政》第三卷,外文出版社 2020 年版,第 141 页。

二、质量互变的基本特征

事物的发展过程总是呈现质量互变的过程,量变表现为事物在程度、速度、规模等可以用数量来表示的规定性上的变化,质变则是事物根本性质上的变化。事物的变化首先是从量变开始,量变达到一定程度以后,当维持事物一定质的量的平衡被打破,事物的质就发生根本性变化。但要打破量的平衡,实现事物质的变化,必须经过量变的充分积累。从量变到质变的具体形态来看,量变体现了事物发展的连续性特征,事物在量变过程中对自身性质呈现出肯定状态。当量的积累达到一定程度就会引起事物质的变化。质变是事物根本性质的变化,质变有爆发式和非爆发式两种形式。事物从量变到质变的转变是事物发展中连续性和间断性的统一,但在实际变化过程中并不是呈现截然二分的状态,而是相互作用、相互渗透,在量变中有部分质变,在质变中有部分量变。

质量互变的辩证关系原理具有非常重要的方法论意义。任何事物都会经历从旧事物向新事物的发展,要实现这种转变,必须经过长期的量的积累,量的积累在实现事物的自我否定与发展中具有基础性作用。在社会生活领域,社会运动的实质都是新事物代替旧事物的过程,任何社会运动都是由社会基本矛盾引起,社会生产方式的变化引起社会形态的变革。社会形态是社会经济基础与上层建筑的统一体,在不同的历史时期表现为不同的社会制度形式。

社会形态的变革包括量变和质变两个阶段,当生产力与生产关系、经济基础与上层建筑的矛盾处于非对抗性的状态时,社会形态的变革表现为量的变化阶段,而当社会形态的变革是由于生产力与生产关系、经济基础与上层建筑的对抗性矛盾引起的时候,社会形态的变革就表现为质的变化。

在社会发展中准确把握量变与质变的性质,才能够选择针对性的社会行动。当事物的量变达到一定程度的时候,事物发生质变的趋势是必然的,但到底什么时候发生质变,则带有一定偶然性。在自然界,自然事物的变化是自在的,当事物内在矛盾无法兼容的时候,事物自然发生质变。在社会领域,人是社会运动的主体,因而社会运动不是自在运动而是自为运动,人的主观意识虽然不能从根本上改变社会运动的方向,但对社会运动会产生推进或者延缓的影响作用。因此,社会运动中的质变与自然事物的质变不同,人可以在适当的时机促进事物向好的方向发展,阻止事物向坏的方向转化,从而推动社会的运动变化和发展。

三、中国特色社会主义建设实践中蕴含的质量互变方法论

中国特色社会主义建设实践充分体现了中国共产党人对质量互变规律的运用,表现了高超的哲学智慧与能力,这些智慧和能力是中国建设社会主义的重要精神财富,也是新时代走好新的长征路需要继续运用的哲学智慧。

首先,在中国特色社会主义建设实践产生的社会变化的性质定位上,明确了中国特色社会主义建设所产生的变革仍然属于量变阶段。从人类社会发展的纵向看,到目前为止,人类社会已经经历了包含原始社会、奴隶社会、封建社会、资本主义社会和社会主义社会五种社会形态,中国在经历新民主主义社会向社会主义的过渡以后,从社会形态的性质上看已经进入了社会主义阶段,这是对中国社会性质的基本判断。改革开放以后,中国开启了中国特色社会主义的建设历程,经过40多年的发展取得了巨大成就。中国的现代化建设性质是社会主义现代化而不是资本主义现代化,中国特色社会主义是社会主义而不是别的其他什么主义,那么,中国特色社会主义基本矛盾仍然是社会主义社会的基本矛盾,根本性质没有发生变化,中国特色社会主义建设与发展带来的变化从总体上定位都是在社会主义制度框架下量的变化,社会性质没有发生变化。当然,在总体性质没有发生变化的情况下,并不排除在社会生活的个别领域发生着质的变化。这种变化性质的定位,对于社会主义建设过程中把握方向、明确定位具有非常重要的意义。

其次,在中国特色社会主义建设和改革开放进程的确立上充分体现了由

量变到质变的哲学智慧。在前面章节的分析中已经进行了中国特色社会主义在建设进程安排上的分析,从质量互变的视角来看,社会主义初级阶段是在对中国特色社会主义建设历史与现状分析基础上得出的阶段性定位,这种定位一方面确立了中国特色社会主义初级阶段的社会主义性质;另一方面又确立了初级阶段是为高级阶段的实现进行量的积累的性质,既为初级阶段的发展明确了任务,又为初级阶段的发展指明了方向。在改革方法与路径上,以点到面、由沿海到内地、由经济到政治、文化、社会和生态领域等都体现了从量的积累到质的飞跃的哲学智慧。所以在对待中国特色社会主义共同理想和共产主义远大理想的关系问题上,历代领导集体都强调要把中国特色社会主义共同理想与共产主义远大理想结合起来,共产主义理想信念是共产党员的精神支柱,是人类社会的崇高理想,中国特色社会主义建设就是为共产主义远大理想的实现进行量的积累,因此,中国特色社会主义共同理想与共产主义远大理想都是我们应该具有的理想信念。

最后,在具体领域的改革中质量互变的分析方法得到充分体现。《荀子·劝学篇》讲道:"不积跬步,无以至千里;不积小流,无以成江海。"这种注重从量的积累到实现质的变化的思维方式深藏于中国传统智慧之中,如"精卫填海""愚公移山"等故事所展现的不仅是中华民族自强不息的精神,同时也包含了对事物质量互变的认知。在中国特色社会主义建设实践中,质量互变的分析方法不仅体现在发展阶段和进程的认知与实践上,也体现在具体领域的改革中,如经济体制的改革就是经历了从计划经济到有计划的商品经济再到市场经济的变化过程,从计划经济到市场经济,从经济体制的性质上看是实现了质的变化,但这种变化不是一蹴而就的,而是经历了一个从量的积累到质的变化的过程。在党的十四大确立市场经济体制之前,中国首先在农村进行了经济体制的改革,农村经济体制改革也是从个别地区先行试点然后逐步推开,最终在农村全面实施联产承包责任制。城市经济体制改革,无论是改革的面,还是具体内容,都是从点到面、从局部到全局的变化,体现了由量到质的变化过程。经济体制如此，政治、文化、社会和生态领域的改革同样如此，都经历了一个从量的积累到质的变化的过程，逐步形成具有中国特色的社会主义建设局面，体现了质量互变的辩证思维方法。

第三节　辩证否定方法

辩证否定是马克思主义辩证唯物论的基本范畴，是新事物否定旧事物的基本方式。作为一种方法论，辩证否定在中国特色社会主义建设实践中得到广泛运用，展现了中国特色社会主义的独特魅力。

一、辩证否定的内涵

肯定与否定是事物内部存在的两个方面的性质，肯定是维持事物现状、保持事物稳定性和连续性的性质，而否定是促使事物向对立面转化，是表示事物发展性和间断性的性质。肯定与否定作为事物内部存在的两种性质，是与事物并生且同时存在的两种性质。当事物的肯定方面占据主导地位时，事物就处在一种相对稳定的发展状态之中，事物的变化也处于量变阶段，而当一事物的否定方面占据主导地位时，这个事物就处于一种质变的状态之中而向他事物发生转化。

否定是事物发展的环节，没有否定，没有新事物对旧事物的取代，事物就不能发展。但新事物对旧事物的否定不是全面否定，而是有选择的否定，抛弃旧事物中已经过时的因素而保留符合历史发展潮流的因素，因此，新事物对旧事物的否定是辩证否定。

所谓辩证否定，是指一事物对他事物的否定不是全盘抛弃，而是有选择性的抛弃，即肯定被否定事物的积极因素而否定消极因素。事物的发展不是新事物对旧事物的全面否定，而是"扬弃"。事物从一种质态向另一种质态的转化，本质上是经历了从肯定到否定的转变。在马克思主义哲学视域中，肯定与否定不是绝对对立而是相互作用、相互渗透的关系。肯定之中有否定,否定之中有肯定,辩证否定就是既否定又肯定,既克服又保留。绝对的肯定和绝对的否定都是形而上学的思维方式,不符合事物发展的客观规律。肯定与否定是事物存在的两种属性,肯定是保持事物连续性和稳定性的属性,而否定则是事物间断性和转化性的属性。所以,否定的实质是新事物的产生和旧事物的灭亡,是代表历史发展趋势的事物对不能适应历史发展事物的代替。

二、辩证否定的方法论特征

辩证否定作为唯物辩证法认识事物的基本方法,具有重要的方法论特征,这种特征在于:

首先,否定的思维就是发展的思维。事物的运动变化发展是世界客观存在的现象,发展代表一种前进性和上升性的运动。从自然界到人类社会再到思维领域,整个世界都经历着由运动带来的发展。因此,发展是一种趋势,是世界不可逆的运动变化过程。但发展又不是简单的重复,而是在原有基础上的跃升,这种跃升是依靠否定实现的,没有否定,事物就不可能发展。反过来,强调否定,就是强调事物发展的性质。

其次,否定的思维也是联系的思维。联系是事物内部要素之间以及事物与事物之间相互影响相互作用的关系,联系是事物普遍存在的性质与状态。联系的思维要求从相互关系中去认识事物,而不是孤立地看待事物。否定作为事物联系的环节,是新旧事物之间联系的纽带。否定不是新事物与旧事物的割裂,而是在否定中实现自身的发展。新旧事物之间的联系一方面表现为内部要素的保留,另一方面表现为外部环境的延续。新事物的出现不是空穴来风,而是继承了旧事物中具有发展潜质的内部要素并产生新的要素,完全没有继承的新事物是不存在的。同时,任何事物都是在一定环境中产生的,所以新事物不仅要继承旧事物中的内在要素,同时也会沿袭旧事物的环境,而影响旧事物发展的外在因素对新事物将会继续产生作用。因此,否定的思维也是联系的思维。

最后,否定的思维也是矛盾的思维。否定与肯定本身就是一对存在于事物内部的矛盾,否定是对肯定的否定,肯定是对否定的否定,所以在一定程度上肯定就是否定,否定就是肯定。这种矛盾思维要求我们在认识事物的肯定时要同时看待对肯定可能产生的否定,在认识事物的否定时要看到事物肯定的方面。从方法论的运用上看,既然事物都存在肯定与否定的两种性质,我们在认识事物时,首先需要弄明白事物存在状态中肯定与否定哪个性质占据主要方面,同时分析肯定与否定的性质。如果肯定是在维护事物已经过时的性质,那么促成否定是我们应有的态度和行动;如果肯定是在维护新生事物的存在,那么尽量维护事物的肯定而消解否定所带来的负面影响就是我们应该选择的态度和行动。同时,认识事物时要注意发现事物发展的机遇和危机。机遇是通过否定实现发展的机会,而危机是指促使事物向相反方向转化的因素。因此,从这种肯定与否定相互转化的视角看,否定的思维也就是矛盾的思维。

三、辩证否定方法在中国特色社会主义建设中的运用

在人类发展史、科学社会主义运动史和中华民族发展史的大视域中,中国特色社会主义事业都是一项全新的事业,作为一个新生事物,其产生和发展过程不是突如其来的现象,而是具有深刻的理论逻辑、历史逻辑和现实逻辑的社会运动,其发展进程蕴含了丰富的辩证思维,其中辩证否定方法得到了广泛的运用,为其发展提供了重要的方法论基础。

首先,在对待传统文化的继承与创新上使用了辩证否定的方法。文化是一个民族的灵魂,是一个民族发展进步的精神基础。对一个社会历史阶段而言,文化首先来源于人们的物质生产实践活动,是物质生产的精神产物,但文化同时也来源于历史继承。作为社会意识的一部分,文化的发展具有相对独立性,这种独立性表现在文化对社会生产、地理环境以及人口都具有重要影

响,同时表现在文化内部各要素之间的相互作用以及文化自身发展的规律性
等方面,文化的这种相对独立性决定了每一个时代的文化都必然会承袭文化
的历史成果。中华民族的文化是世界上唯一没有断裂过的文化,因而文化的
资源非常厚重。

对中国特色社会主义文化建设而言,源远流长的文化资源既是文化建设
与繁荣的滋养,同时也是一种沉重的负担。因此,在对待传统文化的问题上,
继承与创新是中国特色社会主义文化建设坚持的基本原则。一方面明确社会
主义文化与传统文化是不同历史时期形成的文化,从文化作为上层建筑一部
分的性质来看,传统文化与社会主义文化所反映的经济基础是有质的差别的。
传统文化是在中国传统社会经济基础之上形成的,社会主义文化是在社会主
义经济基础之上产生并为经济基础服务的文化,从这个意义上讲,社会主义文
化发展过程必然经历对传统文化中存在的落后成分的否定过程。另一方面,
社会主义文化的发展不是建立在空中楼阁之上,传统文化又是社会主义文化
的重要资源,社会主义文化的发展过程也是对传统文化中优秀成分的继承过
程。中国特色社会主义文化建设正是在继承与创新中实现不断发展和不断
进步。

其次,在对待资本主义的问题上使用了辩证否定的方法。社会主义与资
本主义作为两种不同性质的制度具有质的区别。从制度的维度上看,资本主
义的经济制度是以生产资料私有制为基础,决定了生产目的是为了最大限度
地满足资本的需要,实现资本利益的最大化;资本主义的政治制度是建立在私
有制基础之上为资本服务的制度,私有制的制度性质决定了资本主义的民主
制度只是被少数人左右并为其服务的民主;资本主义的文化制度根本上是为
资本服务的文化制度,维护资本主义制度的意识形态功能是文化制度的核心;
资本主义的社会制度表面上为了提高社会福利和社会保障,但根本目的仍然
是为资本主义生产提供更多劳动力资源;资本主义生态制度的建立虽然有工
业文明反思的推动,但生态问题本身与资本主义的生产方式是直接相关的,资

本主义生产方式产生的人与自然的对立是生态问题产生的根源。当然,资本主义在人类发展史上一开始仍然是以新事物的姿态出现的,相对于封建主义,资本主义有其进步性的一面,资本主义在为资本进行生产的同时,也创造了在一定历史时期内具有时代价值的生产形式,如市场经济体制、公司制、股份制等,同时在文化建设中也为人类文明宝库贡献了许多瑰丽的精神财富,许多精神产品都是人类精神文化的共同财富。

中国特色社会主义建设进程中,在对待资本主义的问题上坚持"洋为中用"、开放包容的态度,只要对社会主义建设有用的东西,都可以借鉴。在实践中,资本主义经济制度、政治制度、文化制度和社会建设、生态文明建设的许多有益成分都运用于中国特色社会主义建设实践之中,如股份制、公司制等。特别是生态文明建设理念对中国特色社会主义生态文明建设产生了重要影响,可持续发展观念、大地伦理等理念和生态保护的措施,都对中国特色社会主义生态文明建设实践产生了良好的助益作用,体现了既肯定又否定的辩证思维方法论。

最后,在对待中国社会主义建设各个阶段的历史贡献上使用了辩证否定的方法。如果以1978年实施改革开放为界,中国社会主义建设阶段可以分为改革开放前和改革开放后两个阶段。改革开放以前,中国共产党带领全国人民建立并巩固了人民民主专政的国家政权,全面确立了社会主义基本制度,在社会主义经济、政治、文化等方面取得了巨大成就。但由于社会主义建设经验不足,虽然已经意识到中国社会主义建设必须实现马克思主义与中国实际的"第二次结合",并发现了苏联模式的缺陷,但由于对当时国际国内形势有认识上的失误,犯了将阶级斗争扩大化和在经济建设上急于求成的错误,后来还发生了"文化大革命"的错误,使社会主义建设进程严重受挫,中国社会主义建设遭受了严重损失。

改革开放以后,邓小平在谈到对毛泽东的评价时就认为,对毛泽东的评价一定要站在我们党和国家的发展历史来看,毛泽东的功绩是第一位的,错误是第二位的。所以在党的十一届六中全会通过的《关于建国以来党的若干历史问题的决议》中明确指出,毛泽东同志是伟大的马克思主义者,是伟大的无产阶级革命家、战略家和理论家。毛泽东同志虽然在"文化大革命"中犯了严重错误,但他对革命的功绩远远大于他的过失。

党的十八大以后,面对社会上存在的用改革开放以后的发展成就来否定改革开放前的社会主义建设实践,用改革开放前的实践来否定改革开放后的发展成就的言论,习近平2013 年 1 月 5 日在新进中央委员会委员、候补委员学习贯彻党的十八大精神研讨班上明确指出,"不能用改革开放后的历史时期来否定改革开放前,也不能用改革开放前的历史时期来否定改革开放后的历史时期"①。这两个时期从本质上看都是社会主义建设的实践探索,是相互联系但又有重大区别的两个历史时期。中国共产党人关于两个历史时期关系的认识,充分体现了中国共产党人在社会主义建设实践中的辩证思维方法,是辩证否定方法的鲜明体现。

第四节　系统分析方法

中国特色社会主义建设实践不是一个单项的行动,而是一个由经济、政治、文化、社会和生态建设构成的有机系统。中国共产党人带领全国人民推进中国特色社会主义建设的实践进程,不仅蕴含了矛盾分析、质量互变和辩证否定的方法论意蕴,同时还蕴含了系统分析的科学方法,这些方法完整地构成了中国特色社会主义实践的辩证方法论体系。

一、系统分析方法的基本含义

系统是由部分构成整体的意思。系统分析方法最先是奥地利生物学家贝

---

① 《习近平谈治国理政》,外文出版社 2014 年版,第 23 页。

塔朗菲提出并应用于科学研究的。按照贝塔朗菲的理解,系统就是处于一定相互联系中的与环境发生关系的各组成部分的总体。一般认为,事物都是以系统形式存在的,系统内部各要素相互联系、相互作用构成一个整体。系统是开放而不是封闭的,系统与周围环境之间要发生相互作用。系统分析是一种具有综合性质的科学方法,已经成为一门具有普遍方法论意义的科学。从系统观点出发,着重从系统和环境、系统和要素、要素和要素之间的相互联系、相互作用中综合地、动态地考察对象,并定量地调整和处理它们之间的关系,以达到最佳化处理问题的一种方法。

二、系统分析方法的主要特征

系统分析方法具有整体性特征、目的性特征、联系性特征、发展性特征几个方面。

一是系统分析方法的整体性特征。系统分析方法最基本和最重要的特征,是整体性特征。贝塔朗菲强调,任何系统都不是内部要素的机械组合或者简单相加,系统的功能是各要素相互作用所形成的整体功能,处于相对独立状态的要素不可能形成系统,也不可能产生系统的功能。可以说整个系统理论的框架,都是建立在这个基础上的。按照整体性原则的基本观点,世界上的一切事物及其发展过程,都是系统的整体,这种系统的整体或全局,是由部分、局部组成而又高于部分、局部的,认识必须具有综合的能力、整体的观念,没有综合的能力、整体的观念是不能认识部分的,也不能认识整体对象的。

二是系统分析方法的目的性特征。系统的目的性直接决定了其结构和功能,具有目的性,系统就具有了目标,之后才能够在目标的指引下确立系统的结构,深化系统的功能。系统分析方法就是运用系统原理将一个有机的系统逐个分成不同等级和层次结构,在动态中协调整体与部分的关系,使系统的功能达到最优化,实现系统运动的总体目标。

三是系统分析方法的联系性特征。系统分析方法认为,世界上的一切事物及其发展过程,不仅是具有系统性的整体,而且任何事物及其过程之间是互相联系、互相作用的。一方面,任何作为系统整体的事物与其所处的周围条件、环境相互作用、相互影响,表现为系统的环境性;另一方面,组成系统的内部各要素之间,也是相互作用、相互影响,有一定的结构方式或耦合关系。世界上任何事物,从宏观宇宙到微观粒子,从自然界到人类社会,从客观物质世界到人的精神世界都表现为系统性特征。因此,对世界上任何事物的认识都可以纳入系统分析的框架之中。

四是系统分析方法的发展性特征。发展性是系统整体性的又一个重要方面,是系统更为具体和复杂的方面。系统论认为,任何一个系统都处于不断的运动变化之中,引起系统运动变化的因素和方式是复杂多样的,同时也是有规律的。与时俱进、发展更新就是系统的特征。这一特性要求我们在认识系统的时候要用发展的眼光,从长远着手,看到系统纵向的发展变化,以避免一些没有必要的错误出现。

三、系统分析方法在中国特色社会主义实践中的应用

系统分析方法贯穿于中国特色社会主义的伟大实践之中,系统性思维在政治、经济、文化、社会和生态各领域的建设中都得到了体现,一方面体现为几大领域之间的系统性特征和整体性发展;另一方面在每一个具体的领域中也充分体现了系统思维的方法。

在中国特色社会主义的总体布局中,经济、政治、文化、社会和生态环境建设一直是作为一个系统工程在抓,注重各大领域之间的整体协调。经济建设在中国特色社会主义建设中具有中心地位,但经济建设从来就是与其他建设相辅相成的。邓小平作为改革开放的总设计师,一直强调在坚持四项基本原则的基础上进行经济建设,强调政治建设,特别是在政治方向的把握上对于经济建设的重要性。邓小平认为,改革是解放生产力和发展生产力,改革开放的胆子要大一点,步子也要快一点,但是,改革开放不能离开我们党的基本路线,要坚持党

的基本路线一百年不动摇。邓小平还非常重视党的自身建设,特别是党员干部队伍的建设,中国的发展一方面要稳定的发展,另一方面也要注意各方面的协调,在稳定协调中加快发展。邓小平同时重视科教事业与经济建设发展的关系,认为必须通过教育为经济发展提供人才,通过科学技术促进生产力的发展,他同时也非常重视改善民生和改善环境,进而不断提高人民群众的生活水平。

党的十三届四中全会到党的十八大以前,中国特色社会主义建设进入了新阶段,面对国际国内的复杂形势,中国共产党运用系统思维的方法,科学处理发展中面临的科学社会主义运动遭遇挫折、国内发展遭遇瓶颈等问题,使中国特色社会主义在发展的轨道上继续前行。特别是党的十六大以后,胡锦涛提出科学发展观,对发展中存在的问题进行了纠偏,进一步明确发展目的和发展方式,在人与自然、人与人、人与社会的统一的大系统中实现发展。党的十六届三中全会在《关于完善社会主义市场经济体制若干问题的决定》中提出的"五个统筹",涉及城市与乡村、区域之间、经济社会、人与自然、国内与国外等几个方面,这五个统筹涵盖了中国特色社会主义建设的主要方面,构成了一个完整的建设体系,体现了鲜明的系统方法特征。

城市与乡村的发展是每一个追求现代化的国家都要必须处理好的关系,城市与乡村发展的差距是每一个国家都面临的问题。工业化和城市化作为现代化的两驾马车,对城市的发展起到了助推作用,但现代化之初乡村发展往往面临着城市的挤压,因此,必须从系统思维的视角来处理城市与乡村之间的关系,实现城乡共同繁荣。中国是一个幅员辽阔的国家,各个地区之间自然社会条件差异较大,东部沿海与中西部之间发展不平衡,只有运用系统思维将各个地区的发展纳入到一个系统之中,才能实现区域之间的和谐发展。经济与社会、人与自然、国内与国外都是在发展中需要处理好的几大关系,经济发展与社会进步是相互关联的,人与自然相互联系相互作用,国内与国外都在全球发展的大视域之中。系统化的思维使这些关系成为一个有机整体,进而从总体上推进中国特色社会主义的进程。

　　党的十八大以后,新一届中央领导集体更加重视改革的整体性和协调性,"四个全面"战略布局的提出就更加凸显了深化改革的全面性和整体性思维。"全面"即"系统",在全面深化改革的大视野中不断推进改革,使改革的系统性特征更加明显。习近平特别强调要将改革的顶层设计与大胆探索结合起来,在改革的过程中要注意各领域、各部门以及各环节的相互配合与协调,要从整体上推进改革向纵深发展。这种全面推进改革的思路,充分体现了新一代领导集体重视系统化推进改革的战略思维。

　　在实践运用中,"五位一体"的总体布局本身就体现了发展的系统性思维,经济建设、政治建设、文化建设、社会建设和生态文明建设相互影响、相互作用构成一个完整的系统,同时,每一"位"内部都形成了有机联系的整体。作为一个整体,每一个领域的建设在这个系统中都发挥着重要的作用,其中,经济建设是根本,只有经济建设实现快速发展,才可能为其他建设提供开展的物质性条件。政治建设在五位一体总体布局中具有保证性作用,政治建设保证其他建设的方向,为其他领域建设提供良好政治体制,创造良好的政治环境和氛围。文化建设在总体布局中起到灵魂作用,为其他领域建设提供思想和价值观资源。社会是以人为中心、以文化为纽带、以有目的的生产活动为基础、具有一套自我调节机制和特定地理空间的有组织的系统。

　　中国特色社会主义建设也是一个系统工程,涉及人与人、人与社会、地区与地区、城乡之间各个方面的建设发展。社会建设是关乎人民群众民生问题的建设,包括教育、卫生、医疗、社会保障等,社会建设是总体布局能够顺利实施的重要条件。生态文明建设是继工业文明之后的一个崭新的文明形态,它是人类文明发展到一定阶段的必然产物。改革开放以后,社会生产力得到提高,生产工具的改进,人们一方面发挥人的主观能力,对自然进行改造,另一方面,人们也加剧了对自然的索取,而人类对自然资源的无序使用和掠夺性开发,造成生态失衡。生态文明建设是总体布局顺利实施的基础,是实现人与自然和谐发展的保证,在新时代中国特色社会主义建设中发挥着重要作用。

第九章 中国特色社会主义实践特色 与理论特色的关系

中国特色社会主义所独有的特色体现了中国特色社会主义建设的鲜明特征,每一个特色的形成与发展都有其自身的理论逻辑与实践基础,但每一个特色之间又是相互联系相互影响的,实践特色作为"四大特色"产生的现实基础,在相互影响和相互作用中发挥着主导作用。深入分析以中国特色社会主义实践特色与理论特色为中心的"四大特色"之间的内在关系,对于准确把握中国特色社会主义之所以"特",为什么"特"具有非常重要的作用。

第一节 实践与理论的辩证关系

实践与理论是马克思主义认识论的两对重要范畴,其关系影响和制约着实践特色与理论特色之间的关系。实践作为人类社会的物质性活动,对理论的产生与发展具有决定性影响,而理论一经产生又会反过来对实践具有指导作用,并通过实践来检验。

一、人类全部实践是理论的生成之源

理论是人类认识的产物,是认识的系统化总结和提炼。

首先,人的认识来源于实践,是实践活动的产物。作为人与动物的根本性区别,实践是人类所特有的活动,这种活动使物质与精神、主观与客观、主体与客体产生了分离。实践使人的手足分离,通过这种分离使人的大脑得到充分刺激而发育成了能够产生意识的载体。有了人类大脑这一特殊的物质载体,人类意识在实践的不断深化中得以产生与发展。

其次,人类实践不仅使意识得以产生,而且为意识的形成提供了客观对象。人首先通过感觉获得对事物的外部认识,如通过人的嗅觉可以闻到物体发出的气味,通过眼睛可以分辨出物体的形状、颜色和大小,通过触觉可以感知物体的温度等,进而形成对事物外部印象的整体认知,即形成对事物的知觉,在感觉和知觉的基础上,人类可以形成对事物的表象。与动物不同,人类不仅可以形成对事物外部特征的认知,还可以通过概念、判断和推理的形式形成对事物内在本质的认识,进而从感性认识进入到理性认识阶段,形成对事物的全面认知。而人类感知什么,如何感知,从根本上受制于人类采取什么形式的实践。因此,实践为感性认识和理性认识的形成提供了基础,从而为意识的产生提供客观内容。

再次,实践是人类认识发展的动力。实践产生了认识,并为认识提供客观对象。但同时,实践也是认识不断发展的动力之源。人类实践不断提出问题,产生认识上不断创新的需要,从而推动人类认识不断向前发展。如对自然气候和适应季节变化的需要产生了天文学,对机械动力的需要产生了物理学,对冶炼技术的需要产生了化学等,对自动化和智能化的需要产生了计算机科学等。而实践作为认识发展的动力还体现在每一次新的实践成果的出现,都为新的认识产生提供了手段和条件。如近代科学技术的发展为人类认识的深化提供了条件,现代智能化技术为人类认识的深化提供了技术手段。因此,实践的每一次深化都为意识的进一步发展提供了动力支持。

最后,实践提供了人类认识的目的。人类认识的目的绝不是人的自我愉悦,本质上是为了人类认识世界和改造世界的实践活动。人类要生存和发展,就必须从环境中获得自己所需要的物质资料,要想实现这一目的,必须要认识自己所作用的对象,找到事物发展的规律,从而满足人类生产实践的需要。从人类认识发展的历史看,认识的发展过程始终是围绕着实践需要的变化过程而展开,也正是这种对实践目的的服从,使人类认识随着实践的发展而不断发展与深化。

二、理论对实践的指导是人类行为的重要标识

实践是认识产生的生成之源,但人的认识从来不是被动的,而是主动积极的。认识不仅来源于实践,而且对实践具有指导性作用,表现为对实践的能动反作用。

首先,人类实践行为不同于动物的本能活动,是一种受认识指引的行为。前已有述,人类建筑的行为与蜜蜂造房的行为的根本区别在于人在建筑之前就已经有了对建筑的认识,人类其他行为与建筑行为一样,在行动之前就已经有了对行动目的和行动方式的认知,这种认知就是人类对事物的认识。从本源上看,实践是理论产生的源头,但从二者的相互作用关系上看,认识(理论)与实践是相互渗透和交融的关系,没有脱离实践的认识,也没有完全不受认识影响的实践。因此,理论作为系统化的认识,在实践中产生,同时也就决定了它一经产生就与实践发生关联并产生对实践的反作用。

其次,理论通过系统化的认知对实践产生作用。列宁指出:"人的意识不仅反映客观世界,并且创造客观世界。"①列宁在这里所指称的"创造客观世界",不是指脱离物质的纯粹精神活动,而是指人的认识对实践活动作用而产生的新的实践形式,就"新的实践形式"而言,意识"创造客观世界"。人的认识上升为理论的过程,不是一个简单的认识拼凑与堆积的过程,而是一个根据实践需要进行的创造性总结提炼过程,既是一种对既有认识的系统化,同时也

---

① 《列宁全集》第 55 卷,人民出版社 1990 年版,第 182 页。

是一种对未来实践的前瞻性认知。所以马克思恩格斯指出:"周围的感性世界绝不是某种开天辟地以来就直接存在的、始终如一的东西,而是工业化和社会状况的产物,是历史的产物,是世世代代活动的结果,其中每一代都立足于前一代所达到的基础上,继续发展上一代的工业和交往,并随着需要的改变而改变它的社会制度。"①

最后,理论通过创新性发展而引领实践的创新。理论的发展从根源上来说源于实践的进步,但理论作为人类认识的成果,其发展也表现出相对独立性,这种独立性也构成了理论创新的促成要素。从人类社会发展史的维度看,每一次重大的理论创新除了人类实践创新的客观前提之外,人的主观能动性也发挥了不可否认的作用。而一旦理论创新成果出现,一场新的实践创新就会到来。如马克思主义理论带来了科学社会主义运动,改变了世界发展格局,爱因斯坦相对论的出现改变了20世纪人类科学技术的发展势态。因此,理论创新对实践创新具有重要的引领作用。

三、实践是检验理论正确与否的唯一标准

实践与认识的辩证关系不仅体现为决定与被决定、作用与反作用的关系,而且表现在实践是检验人类认识准确与否的唯一标准,即,在检验认识是否准确的问题上,除了通过实践检验别无他途。

首先,理论(认识)必须要经过检验,才能证明其科学性(真理性)。

人的认识从实践中来,但由于主客观原因,人的认识并不能全部准确地反映事物的全部,因而很多时候包含着对客观事物的错误认识。从客观原因上看,事物总是发展变化的,事物向人的呈现受到事物发展程度和外部环境的制约,因而,人的认识往往容易出现偏差,或者只看到事物的某一个侧面,不能准确把握事物的全部。从主观原因上分析,人的认识水平本身是有限的,用有限

——————————

① 《马克思恩格斯选集》第 1 卷,人民出版社 1995 年版,第 76 页。

的认识能力认识无限发展的事物,很容易在主观认知与客观事物之间产生间距;同时,人的既有认识中如果本身就包含了许多错误的认知,无疑会干扰人对事物形成正确的认识。因而,人的认识必须经过检验才能证明其科学性。

其次,检验理论正确性的标准必须是主观与客观的中介。

检验认识的科学性,本质上就是检验主观认识与客观实际是否相符。主观认识准确反映了客观实际,我们认为认识就是科学的,反之就是错误的。因此,要检验认识的真理性,认识本身作为被检验的对象不能作为标准,而客观存在的事物作为检验认识是否相符的对象也无法来进行自我确证,那么,只有找到能够把主观与客观联系起来的中介才能对人的认识进行检验。实践作为主观见之于客观的物质性活动,具有直接现实性特点,是人运用主观去作用于客观的活动,因而,实践才是检验认识科学性的唯一标准。

最后,实践作为检验标准的确定性与不确定性。

坚持实践是检验真理的唯一标准,同时也要看到实践本身是一个不断变化发展的过程。因而,在实践检验标准的问题上还必须坚持检验标准的确定性和不确定性的统一。实践标准的确定性有两层含义,一是就认识的检验标准来说,实践是检验真理的唯一标准这是确定的,毋庸置疑的。虽然人类的某些认识在一定实践和空间维度下不能检验,但必须承认,认识的最终检验仍然要依靠实践。二是在特定的时空范围内,实践作为检验认识的唯一标准是确定的。凡是被实践检验为谬误的认识一定是与客观实际不相符的认识,凡是被实践检验为正确的认识一定是准确反映了客观实际的。实践标准的不确定性也有两层含义,一是人类实践本身是具体的,是特定历史时空下的人类活动,因而实践不可能对人类所有认识进行检验。二是实践和人类认识都是发展变化的,在特定条件下检验的认识,只能是在总体上对认识与客观事物是否相符的证明。同时实践本身也受到许多条件的制约,实践标准也需要不断变化与发展。从这个意义上看,实践检验标准又具有不确定性。

总之,实践是理论的来源,理论又要能动地作用于实践,理论的科学性最终必须得到实践的检验,这是马克思主义认识论为我们处理实践与理论关系提供的根本方法论,是我们认识实践与理论的问题应该遵守的原则和标准。

第二节　理论科学性决定了实践方向的正确性

　　理论之于实践一直都发挥着至关重要的指导作用,这一点在科学社会主义运动和中国社会主义实践的过程中都得到了充分的体现,在马克思主义理论的正确指导下,世界无产阶级革命和我国的社会主义建设事业不断地取得胜利。而理论有科学与非科学之分,科学的理论对实践具有积极的指导作用,非科学的理论则只会产生阻碍作用。在社会主义实践的过程中,就出现过因偏离科学理论体系的指导,制定了某些错误的方针、决策,给国家社会发展带来巨大的损失和伤害的现象。可见,科学理论是指导人们实践的一枚利器,理论的科学性决定了实践方向的正确性,人们在实践中是否能把握事物的发展规律,达到预期的目的,都取决于能否以科学的理论作为指导。马克思主义正是指导人们社会实践的唯一科学的理论,只有坚定不移地坚持这一理论的指导,我们在实践中才能达到预期的效果和目标,相反,则只会导致盲目的、错误的实践。

一、关于理论对实践指导作用的重要观点

　　首先,马克思主义经典作家对理论指导作用的相关论述。

　　理论是人类的智慧之花,理论思维是一种运用概念的艺术,运用概念进行思维是人类所独有的能力。理论对实践具有十分重要的指导作用。马克思主义经典作家们向来都十分重视理论的这种指导作用,在他们不同时期的思想中,都始终把理论对实践的指导作用看作是自己认识论的重点。

马克思恩格斯在参加欧洲工人运动并分析早期工人运动失败的原因时发现,工人运动之所以失败与他们缺乏科学的理论指导密切相关,由于没有科学的理论指导,因而运动的本质与目标不明确,导致运动缺乏强有力的组织领导和明确的目的做支撑。因此,用科学理论指导实践,使工人掌握理论并以此来指导自己的行动成为马克思恩格斯的毕生追求。在《黑格尔法哲学批判导言》中马克思指出:"批判的武器当然不能代替武器的批判,物质力量只能用物质力量来摧毁;但是理论一经掌握群众,也会变成物质力量。"①从这里可以看出,马克思对理论武装的高度重视,按照这样的逻辑,无产阶级要进行革命,实现自身解放,必须有科学的理论进行指导,特别是要掌握哲学的思维方式。在马克思看来,哲学要产生现实作用,必须要有自己的物质武器,否则只能是停留在书斋中的自说自话。在现实运动中,"哲学把无产阶级当作自己的物质武器,同样地,无产阶级也把哲学当作自己的精神武器。"②无产阶级一旦掌握这个武器,就能运用这个武器去改造世界,实现自身的解放。恩格斯也曾在《德国农民战争》中谈到英国工人组织的斗争时认为,就单个行业的斗争而言,英国的工人运动组织性还是很强的,但总体看来英国的个人运动发展进程非常缓慢,"其主要原因之一就是对于一切理论的漠视。"③虽寥寥数语却十分中肯地指出了理论在工人运动中的推动作用。

理论能够走在实践的前面,指导实践避免盲目性。马克思主义认为,人区别于动物的一个基本特征是自觉能动性。动物是基于本能而产生一种适应性行为,而人在作出一种行动之前就在自己的头脑中形成了行为的目的,这就是人比其他动物的高明之处。更进一步讲,理论对实践的指导作用表现在两个方面,错误的理论会误导实践的方向,而科学的理论则能产生良好的预见作用,即以理论思维的方式对事物的本质、规律及其发展趋势作出科学的说明,

---

① 《马克思恩格斯选集》第1卷,人民出版社2012年版,第9页。
② 《马克思恩格斯选集》第1卷,人民出版社2012年版,第16页。
③ 《马克思恩格斯文集》第2卷,人民出版社2009年版,第217—218页。

从而走在实践的前面,为实践的可行性进行超前论证,指导实践达到预期的目的,克服实践的盲目性。

理论能帮助人们揭示客观事物的规律。列宁认为,马克思主义理论是帮助我们了解当前事物的全部规律的理论,马克思主义理论能够为具体实践活动提供科学的依据,为人们的社会实践指出明确方向,列宁在十月革命过程中就批判了在俄国工人运动中存在的崇拜自发性的思想,并提出:"没有革命的理论,就不会有革命的运动。""只有以先进理论为指南的党,才能实现先进战士的作用。"①列宁在革命和苏联社会主义建设中坚持以马克思主义科学理论为指导,发现俄国革命的规律,取得了俄国十月革命的胜利并推进了苏联的社会主义建设。

理论是行动的指南,是制定方针政策的科学依据。在现实活动中,人的行为可以分为自发和自觉两种状况。自发的行为是基于实践个体对外部世界的本能反应以及自我对外部世界的认知而产生的,由于个体自身认识的局限性,自发行为往往带有很强的盲目性。自觉行为是一种取向性和目的性很强的行为,人对外部世界的自觉认识是产生自觉行为的前提。理论来源于实践,是人对实践经验的概括和总结,理论不仅要反映事物的现状,同时要预测未来,因此,理论同时也要回到实践,成为行动的指南。

其次,中国共产党人高度重视理论的指导作用。

中国共产党是一个高度重视理论武装的政党。从建党以来,就把马克思列宁主义作为中国共产党的行动指南。无论在革命年代还是在新中国成立以后的每一个历史时期,中国共产党都把理论的学习、教育和践行作为党的建设的重要内容,每一届中央领导集体都高度重视理论对实践的指导作用。

毛泽东在革命和建设时期都高度重视理论对实践的指导作用,他认为,理论如果不和革命相结合,就会变成没有对象的理论,而实践不以理论作为指

———————

① 《列宁选集》第 1 卷,人民出版社 1960 年版,第 241—242 页。

导,就会产生盲目的行动。毛泽东作为把马克思主义实现中国化的代表性人物,首先就在于他对马克思主义理论的深入学习和领会以及对理论指导实践作用的认识。在他看来,共产党员学习马克思主义的目的不是为学习而学习,根本原因在于马克思主义是指导革命和建设的行动指南,所以共产党员必须深入加强理论学习,重视理论对实践的指导作用。

邓小平高度重视理论对实践的指导意义。在如何对待马克思主义问题上,邓小平首先强调的就是学习。邓小平多次告诫和号召全党同志特别是领导同志,要结合新的条件和新的任务,努力学习马克思主义,把马克思主义的普遍原理同四个现代化建设的具体实践结合起来。对于学习,邓小平不仅在各类讲话中进行倡导,而且要求相关部门制定相应决定,将学习制度化,促进各级领导干部加强学习,核心是要学习好马克思主义的基本理论,因为马克思主义理论是科学的理论,是中国特色社会主义的行动指南,用科学的理论指导我们的行动,才能增强工作中的原则性、系统性、预见性和创造性。

除了学习之外,邓小平还要求大家要在学习的基础上,在深刻把握其精神实质的基础上信仰它。邓小平时常告诫全党同志,不管在什么情况下都要坚定马克思主义立场。邓小平从早年接受马克思主义之后,就始终怀着对马克思主义的坚定信念。在几十年革命实践中,他对马克思主义理论有着越来越深的理解,对其实践功能有着越来越深的体会,因而对马克思主义的感情和信仰也就越来越浓郁和深厚。他曾直截了当地告诉人们他自己是个马克思主义者,一直遵循马克思主义的基本原则。在邓小平看来,学习和信仰马克思主义是每一个共产党员的基本态度,中国要建设成现代化的国家,要实现社会主义建设的胜利,就必须以马克思主义为我们的信仰,没有信仰,就会失去前进的动力。联系到中国革命的胜利,邓小平指出,在革命时期,如果没有马克思主义信仰,没有将马克思主义与中国实际相结合,中国革命就不可能取得成功,这样一来,中国就没有独立,也没有统一,而将会处于四分五裂的状态。邓小平把信仰马克思主义视为一种精神动力,充分地指明了马克思主义在指导中国革命和实践道路上的重要作用,我们党正是因为不断地坚持着马克思主义思想的指导,中国的社会主义建设道路才充满着希望。

伟大的事业需要伟大的理论作指导。推进理论创新,加强理论武装,是我们党始终走在时代前列和推动事业发展的根本保证。在社会主义事业发展的关键时期,我们的党中央领导集体继承了党多年来的优良传统,高度重视科学理论的指导作用。江泽民在《为把党建设成更加坚强的工人阶级先锋队而斗争》的讲话中,谈到马克思主义科学理论的重要性,他认为,中国共产党之所以坚强有力,是因为找到了一个先进的理论体系作为自己的世界观和行动指南。一个党要成为先进的党,没有先进理论的武装是不可能的,而一个党员要成为先锋战士,没有先进理论的武装也是不可能的。那些拒绝先进理论武装的人,就丧失了作为党员的资格,丧失了真正的党性,就没有资格存身于工人阶级先锋队的行列。

胡锦涛也高度重视科学理论对行动的指导,重视理论建设,强调马克思主义理论对实践的作用。胡锦涛指出,思想政治建设是党的最根本的建设,其核心是理论建设。对一个政党来说,理论是否正确与牢固,对党的兴衰存亡和国家的前途命运有重要影响。胡锦涛还从战斗力的角度来说明理论建设的重要性。他认为,一个政党要有战斗力和凝聚力,必须在思想上和理论上要统一,如果思想混乱与涣散,在行动上就没有什么战斗力和凝聚力可言。对马克思主义,在中国特色社会主义建设过程中要不断学习和不断丰富,不能丢掉老祖宗,也就是不能丢掉马克思主义基本原理,不能丢掉马克思主义科学的世界观和方法论。如果丢掉了,就丢失了根本。所以,要坚持学习并运用马克思主义于中国特色社会主义实践之中,用科学的理论指导正确的行动。

习近平历来重视科学理论对实践的指导作用,重视党的理论武装。党的十八大以后,习近平多次在多种场合谈到了学习的重要性,谈到了运用马克思主义这一科学理论指导中国特色社会主义实践的重要意义,强调理论创新与实践创新,要有"一物不知,深以为耻"的精神。习近平强调领导干部首先要学习马克思主义理论,认真研读马克思主义经典原著,同时也要求认真学习党的路线方针政策,只有学习,才能适应知识大爆炸的需要,也才能充分发挥理论对实践的指导作用,在新的历史时期不断推进理论创新和实践创新。

二、科学理论在欧洲工人运动中的运用

科学理论是人脑对客观事物及其规律的正确反映,并按照其内在的逻辑组成的一定体系,是真理的系统化,是从实践中来又经过实践检验的理论。科学的理论是行动的指南,是制定方针、政策的依据,对于人们的实践活动具有巨大的指导作用。科学理论可以预见未来,帮助人们把握社会发展的方向和历史进程;能够提供正确认识事物和有效行动的方法,有助于我们纵观全局、高瞻远瞩,更正确地认识世界、改造世界;能够帮助人们树立正确的世界观、价值观和人生观。它能够透过现象,抓住事物的本质,揭示事物内在的必然联系,反映事物的发展规律,预见事物的发展趋势,确定事物的发展方向。而马克思主义正是这样的科学理论,马克思主义是在继承基础上创新发展的科学理论体系。作为一种继承和创新互为统一特点的科学理论体系,它是时代的伟大产物,它的产生带有深刻的时代烙印,自身散发着无穷的威力,在它的正确指导下,世界无产阶级革命和社会主义建设事业不断地取得胜利。

从18世纪末到19世纪三四十年代的工人运动也大都以失败而告终,工人运动的进一步发展迫切需要一种科学理论的指导。马克思恩格斯敏感地察觉到了这一变化和工人阶级斗争发展的需要,他们对当时的政治、经济以及社会等状况进行深入研究,而他们的研究成果就是影响十分深远的唯物史观和剩余价值学说。马克思主义理论揭示了剩余价值的实质和发现了人类社会运动规律,先后提出了"两个必然"和"两个决不会"的重要论断,在这种科学理论的指引下,无产阶级由自在阶级转变为自为阶级,由自发斗争转变为自觉斗争,使社会主义由空想转变为科学。

首先,马克思恩格斯非常重视工人运动的国际联合与团结。在《共产党

宣言》中,他们对无产阶级反对资产阶级经历的各个阶段,以及最终走向国际性联合的必然趋势做了翔尽分析。他们指出,在工人运动的初期阶段,自发性的斗争有时候也能取得胜利,但这种胜利往往只是暂时的,这种自发性斗争所取得的成果算不上成功。斗争要想取得成功,必须有工人的联合,工人的这种联合有日益发展的交通工具作支持,所以能够得到不断发展,从而把地方性的斗争汇聚成全国性的斗争,把国家内部的斗争汇聚成全世界范围内的斗争,把个体的斗争汇聚成整个阶级的斗争,这种联合和汇聚是"无产阶级获得解放的首要条件之一"①。

其次,马克思认真总结国际工人运动的实践经验,明确指出实现经济的解放是工人阶级斗争的目标。在《国际工人协会共同章程》中马克思指出,生产资料的垄断者(占有者)支配劳动者的生活源泉,这就是为什么劳动者处于受剥削受奴役地位的根本原因,"工人阶级的解放应该由工人阶级自己去争取"②。工人要实现自身的解放,首先就要在经济上获得解放,其他运动包括政治运动都要服从于经济解放这一任务,这样无产阶级才能从根本上解放自己。当然,要获得经济上的解放,必须在政治上取得政权,这样才能从根本上解放自己。

最后,马克思提出了建立无产阶级政党的重要性以及无产阶级政党的指导思想和组织原则并将其运用于实践之中。马克思认为,工人阶级要想作为一个阶级行动,必须建立自己独立的政党,因为只有成立自己的政党,无产阶级的运动才能作为一个整体来行动,才能最终实现革命的目标。因此,在受到成立于19世纪30年代的德国工人和手工业者的秘密组织——共产主义者同盟的邀请以后,马克思恩格斯就用自己的理论来改造这个组织,并于1847年6月成立了共产主义者同盟,这是第一个以科学社会主义为指导的无产阶级政党。为了更好地指导工人运动,马克思恩格斯受共产主义者同盟第二次代

---

① 《马克思恩格斯选集》第1卷,人民出版社2012年版,第419页。
② 《马克思恩格斯选集》第3卷,人民出版社2012年版,第171页。

表大会的委托起草了一个纲领性文件,于 1848 年 2 月正式出版并命名为《共产党宣言》,这一著作的出版标志着无产阶级运动有了自己的行动纲领,从此,无产阶级运动进入了一个新阶段。

三、科学社会主义理论在苏联社会主义建设中的运用

1917 年,人类历史上第一个社会主义国家俄罗斯苏维埃社会主义联邦共和国诞生了。苏联无产阶级政权的建立和社会主义制度的建立,使社会主义由理论变成了现实。

正如所见,十月革命的胜利并非偶然,是在马克思主义丰富和发展的列宁革命理论指导下的必然产物,没有科学的理论做指导,十月革命很难走向成功之路。列宁作为伟大的共产主义者、无产阶级革命家、理论家,俄国革命的领袖,他将马克思主义理论与俄国实际以及资本主义发展到帝国主义时代的特征紧密相结合,把科学社会主义发展到了一个新的阶段,创立了列宁主义。

列宁首先提出了帝国主义理论,他分析了 19 世纪末资本主义社会已经发生了新的变化,资本主义进入帝国主义阶段,资本的对外扩张更加加剧,资本主义发展的矛盾更加突出。列宁认为帝国主义是资本主义的最高阶段,帝国主义有其自身特有的经济、政治和文化特征,帝国主义不断进行的资本扩张和海外掠夺使资本主义社会的矛盾更加尖锐,因而帝国主义必然是现代战争的根源。进而作出明确断言:"帝国主义是无产阶级社会革命的前夜。"①他认为,第一次世界大战是帝国主义的侵略战争,是非正义的。无产阶级政党要消除战争、实现和平,必须进行无产阶级革命,消灭帝国主义。只有通过无产阶级革命,推翻并最终战胜全世界而不只是一国资产阶级之后,真正的和平才会到来。

同时,列宁在分析帝国主义时代的矛盾和危机以后,深刻揭示了帝国主义

---

① 《列宁选集》第二卷,人民出版社 2012 年版,第 582 页。

时代无产阶级革命的规律,果断提出社会主义可以在一个国家范围内首先取得胜利的科学判断。他认为,由于资本主义发展到帝国主义阶段以后,资本主义国家之间的不平衡性越来越突出,矛盾也不断加深,特别是新兴国家与老牌资本主义国家之间的利益冲突越来越大,势必引起大范围的冲突或者战争。无产阶级就可以利用帝国主义内部的矛盾,首先在一个国家或者几个国家内获得胜利。列宁同时指出,在帝国主义时代,世界已经分成了两个部分,一部分是由受压迫群众组成的民族,一部分是经济与军事实力都很强大的受压迫民族,所以世界上受压迫的民族就应该联合起来实现自己的解放。列宁正是基于对帝国主义时代的认识形成了帝国主义时代无产阶级革命理论,并用这个理论指导俄国的十月革命,最后取得了胜利。

这众多的科学论断为俄国社会主义革命实践提供了方法论的正确指导,是对马克思社会革命理论的创新和超越,使马克思主义丰富发展到马克思列宁主义的新阶段,布尔什维克党在它的指导下带领俄国民众推翻了资产阶级的统治,建立了无产阶级政权,实现了革命的胜利和民族的解放。由此可见:没有革命的理论,就不会有革命的运动,科学的理论一旦为群众所掌握,就会在实践中发挥出巨大的指导作用。

革命胜利后,列宁依旧十分重视科学理论对实践的指导作用,他又对如何建设社会主义进行了深入的思考和艰苦的探索,他始终关注着现实国情,并在实际国情的基础上不断地丰富和发展马克思主义,列宁坚持运用马克思主义指导思想,并将马克思主义与苏联实际相结合,提出一系列符合苏联战后具体实际情况的政策措施。

在苏维埃政权的建立之初,在面临英、法、德等西方帝国主义国家入侵的困境下,在特殊的战时共产主义时期,以列宁为核心的苏维埃政权提出了一系列对农村、企业、贸易等领域高度集中的强制性措施,即"战时共产主义"政策,例如:余粮征集制、贸易国有化、企业国有化等,后统称为战时共产主义政策。通过这一政策,布尔什维克迅速打退了内外敌人的进攻,使苏联成功地抵抗住了西方资本主义国家的入侵。战后,为消除各种强制性的直接过渡方略给俄国的发展带来的消极影响,列宁又广泛地听取了群众的意见建议,在总结经验教训的基础上改行"新经济政策":农业方面实行粮食税政策,工业上逐步贯彻经济核算制,商业方面逐步开放市场,实行自由贸易,同时注重加强与资本主义国家之间的经济交往合作。在这一正确策略的指导下,苏联消除了国内战争时期形成的农民对国家政权的不满情绪,广大群众的生产积极性得到了调动,稳定了农村的形式,国家的生产逐步得到恢复,工农联盟得到了进一步巩固,苏维埃政权日益稳固,社会主义建设事业得到了进一步发展。

总的来说,苏联的社会主义建设能够在列宁时代取得巨大成就,原因就在于列宁对马克思主义指导思想的正确把握和运用,可见理论决定着实践方向的正确与否,只有在正确理论指导下的实践活动才能够取得成功。

四、中国社会主义建设中理论特色对实践的作用

正确理论的重要指导是实践走向成功的前提条件。中国革命、建设和改革能够走向成功,就在于始终高举马克思主义旗帜,用马克思主义指导实践,使革命和建设不断走向胜利。

首先,中国在社会主义道路上的艰辛探索表明科学理论指导的重要意义。

在旧民主主义革命时期,许多革命先辈和志士仁人为了复兴中华民族、救国富民,奋斗了多少次却都失败了,一个重要的原因就是没能找到科学的理论——马克思主义作为革命的指导。十月革命的胜利,为中国传来了马列主义,以毛泽东为代表的中国共产党人将马克思列宁主义作为自己的行动指南,把马克思主义与中国实际相结合,与中华优秀传统文化相结合,使实践始终朝着正确的方向前进并形成了自己的实践特色。

新中国成立之后,以毛泽东同志为代表的中国共产党人,领导和团结全国各族人民开始了崭新的社会主义建设实践。毛泽东清楚地把握住了我们当前社会的主要矛盾,在此基础上提出了既反保守又反冒进,在综合平衡中稳步前

进的经济建设方案。

然而,随着形势的发展,在如何建设社会主义的问题上,由于缺乏社会主义建设经验,对马克思主义国家和阶级斗争理论的某些教条化理解,对国内外阶级和阶级斗争情况与形势的错误估计,党的八大提出的方针政策并没能很好地坚持下去。在前进的道路上,忽视了效益和质量,一味地注重速度和数量,使急于求成的经济建设方针占据了主导地位。在"大跃进"迅猛发展的同时,农村掀起了人民公社化运动高潮,在农村搞"一平二调"的"共产风",即搞平均主义,无偿调拨生产队包括社员个人的财物和劳动力,这一行动严重损害了农民的生产积极性。从1958年11月第一次郑州会议到1959年7月庐山会议前期,党中央对"左"倾错误作了初步纠正,"共产风"、浮夸风、高指标和瞎指挥得到初步遏制,但随后出现的"反右倾"斗争中断了纠"左"的进程,加上自然灾害和苏联政府的背信弃义,中国社会主义建设面临着新中国成立以来前所未有的严重经济困难。

可见,"解放思想、实事求是"这一科学社会主义的精髓,是我们党在任何时期都不能抛弃的,只有时刻坚持着马克思主义这一科学理论的指导,我们的社会主义建设道路才能够不断地取得成功。

其次,中国特色社会主义建设中理论科学性彰显了理论指导的重大意义。

从俄国十月革命和苏联社会主义建设的经验与教训以及中国革命和建设的成功中我们可以看出,理论的科学性是实践成功的前提,也是形成实践特色的先决条件。没有科学的理论做指导,实践将会走向错误的方向,也不可能形成自己的特色。

中国特色社会主义是在对中国社会主义建设的经验和教训反思基础上开展的新的社会主义建设实践。从新中国成立到"文化大革命"结束,是我们党领导人民艰辛探索社会主义革命和建设道路的历史时期。虽然经历了严重曲折,但仍然取得了独创性理论成果和巨大成就。改革开放前,虽然在社会主义建设中取得了巨大成就,但对社会主义发展规律认识上出现的错误认识并没有随着"文化大革命"的结束而消失。虽然"文化大革命"结束了,但要在短时期消除其在政治上思想上造成的严重混乱,也并不是一件容易的事情。改革开放之初,在思想认识上的拨乱反正就显得尤为重要。1978 年 12 月,中国共产党召开十一届三中全会,重新确立了党的政治路线,全会一致决定坚决停止"以阶级斗争为纲"和"无产阶级专政下继续革命"的理论,作出了把工作重心转移到经济建设上来的战略决策,并确定了对党和国家各项工作进行相关改革的决定。重新确立了党的实事求是的思想路线,全会坚决批判了"两个凡是"的方针,最终确定了解放思想、开动脑筋、实事求是、团结一致向前看的指导方针。

在这一正确思想路线的指导下,以邓小平同志为主要代表的中国共产党人形成了对社会主义建设规律认识的一系列理论,产生了马克思主义中国化的又一理论成果——邓小平理论,包括了社会主义本质理论、社会主义初级阶段理论、社会主义市场经济理论、社会主义政治建设理论、一国两制理论等具有中国特色的社会主义建设理论。进入 21 世纪以后,科学社会主义运动和中国特色社会主义建设面临了许多新的问题,如何首先从理论上破解这些问题成为中国共产党人必须要解决的问题。从中国特色社会主义建设面临的时代课题出发,中国共产党人形成了"三个代表"重要思想和科学发展观,这是马克思主义中国化的理论成果。"三个代表"重要思想科学回答了科学社会主义运动在新的历史时期面临的党的建设的新问题,科学发展观则回答了社会主义建设在新的历史条件下如何实现科学发展的问题,使中国特色社会主义建设渡过了因苏联解体、东欧剧变带来的危机,使发展中出现的发展方式不科学、发展成果分配不均等问题得到纠正,使中国特色社会主义的实践特色更加丰富和完善。

党的十八大以后,中国特色社会主义又面临着许多新的问题。经过 40 多年的改革开放,中国特色社会主义在经济、政治、文化、社会和生态文明建设方面都取得了显著成就,但这 40 多年无论是世界还是中国自身都发生了较大变化,中国特色社会主义建设要能够继续前行,必须首先从理论上解决现实中遇到的问题。党的十八大报告正是首先从认识上厘清了新时期中国特色社会主义需要解决的新问题,明确了新的历史条件下新的奋斗目标,提出坚决反对走"两条路",即改旗易帜的邪路和僵化封闭的老路,从而保证了中国特色社会主义道路的正确方向。党的十九大报告立足于新时代中国特色社会主义的建设实际,从理论上对新时代的特征、主要矛盾的转化和新的发展阶段、发展目标等问题进行了全面总结,为新时代中国特色社会主义建设指明了方向。

从中国特色社会主义建设历程来看,实践特色的形成首先得益于马克思主义和中国特色社会主义理论的科学性,这种科学性保证了中国特色社会主义不会走上错误的道路,同时在这条正确道路上不断形成自己的特色,使中国特色社会主义的特质越来越鲜明,道路越来越宽广。

第三节　实践探索性决定理论创新性

实践作为认识世界和改造世界的客观物质性活动,是人的主观见之于客观的行为。就一般性特征来说,实践具有客观性和能动性的特点。实践的客观性是指人作为实践主体以及实践对象与实践方式都具有客观属性,不以人的意志为转移。能动性是人与动物在适应自然方式上的本质差别,能动性主要指实践过程中的目的性、主动性和创造性,其中探索性则是实践创造性的重要表现。

实践的探索性往往产生于一项新的实践活动之中,是实践主体面对新的实践对象时所表现出来的一种行为特征。探索性又包含两种属性,一种是尝试性,即面对实践新对象时表现出来的实验性特点;一种是创造性,即根据实践新对象的特点所表现出来的创新性特点。中国特色社会主义作为一项全新的事业,中国共产党人带领广大人民群众在实践过程中表现出了非常鲜明的探索性特征,这种探索性是中国特色社会主义理论创新性特色的前提。

一、探索性实践是理论创新的源头

马克思说:"通过实践创造对象世界,改造无机界,人证明自己是有意识的类存在物,就是说这样一种存在物,它把类看作自己的本质,或者把类看作自己的本质,或者说把自身看作类存在物。"①这里,马克思把实践作为证明人类自己是有意识的类存在物的利器,充分肯定和认识了实践的作用和重要性,认为人在改造无机界和有机界的过程中不断找寻自我意识找寻客观世界的规律,寻找人类更好的生存方式和发展方式。在《关于费尔巴哈的提纲》中,就确定无疑地把"实践"作为他们全部哲学的出发点和落脚点,认为要检验人的思维是不是具有客观真理性,这必须在实践中才能回答。同时认为,关于人的思维如果离开了现实实践去讨论,这样的讨论事实上就是毫无意义的争论,就像经院哲学的讨论一样。要讨论思维的问题,一定要回到现实的活生生的实践之中。

列宁在谈到实践时认为,实践活动是人们为了满足自己主客观要求而进行的一系列实践活动,实践活动是有目的性的活动而不是漫无目的的活动。包括实践之前对目的的构想、实践的过程,以及对实践结果的认识和反思。对于实践结果的认识和反思的总结就形成了初步的经验理论,由此反反复复实践和总结,新的社会发展理论就诞生了。列宁正是在领导十月革命和苏联早期社会主义建设的创新性实践中形成了列宁主义。

在救亡图存和建立新中国的道路上,毛泽东进一步继承和发展了实践的观点。结合当时中国的世情和国情,不断总结经验和教训,进一步进行实践的探索,这种实践探索为后来的理论创新提供了重要前提。面对中国革命面临的新情况,特别是大革命失败以后所遇到的困境,以毛泽东为代表的中国共产党人在南昌起义和秋收起义遭遇挫折以后,在实践中逐渐探索出与俄国革命

---

① 《马克思恩格斯选集》第 1 卷,人民出版社 2012 年版,第 56—57 页。

不一样的道路。抗日战争爆发以后,救亡图存的历史使命摆在中国共产党人面前,在严酷的战争面前,中国共产党人创造性地开展了反抗侵略的战争形式,形成了反对侵略、争取民族独立的相关理论。

新中国成立后,中国共产党在坚持社会主义制度的前提下,自觉地调整和改革生产关系同生产力、上层建筑同经济基础之间不相适应的方面和环节,促进生产力的发展和各项事业的全面进步,更好地实现广大人民群众的根本利益。在广东、浙江、上海等沿海地区进行的市场化改革实践,则为形成社会主义市场经济理论提供了现实基础,这些实践所表现出来的探索性为邓小平理论的产生提供了客观前提。江泽民和胡锦涛也非常重视实践创新对理论创新的重要作用,认为建设中国特色社会主义必须加强实践创新才能取得更大的成就,而实践创新则是理论创新的前提和基础。

党的十八大以后,立足于中国特色社会主义所处的新的历史方位,中国共产党人在经济建设、全面深化改革、民主法治建设、思想文化建设、社会建设、生态文明建设、军队建设、港澳台工作、全方位外交和党的建设等方面都进行了许多创新性实践,如供给侧结构性改革、"一带一路"倡议、京津冀协调发展、国家与社会治理创新、全面依法治国、社会主义核心价值观倡议、精准扶贫等,正是这一系列创新性实践为新时代马克思主义中国化创新理论的产生提供了客观前提。

实践作为人类特有的活动,面对的是不断变化和发展的世界,因而其内容也处在不断的变化发展之中。实践的发展性特征决定了人的认识必然经历一个从个别到一般、从现象到本质的变化过程,理论的创新也就在这种发展着的实践过程中实现了。

从自然科学认识的创新历史看,科学理论的每一次重大突破都是在科学实践的重大突破基础上实现的。如从古代数学到现代数学、从经典物理学到现代物理学、从燃素说到现代化学、从进化论到基因理论等都建立在探索性的科学实验之上。自然科学如此,社会科学和思维科学也是一样,每一个历史阶段的重大实践探索都会推动理论上的重大发展。如俄国十月革命的胜利为无产阶级革命理论的发展提供了现实素材,发展了马克思主义社会革命理论。

中国特色社会主义之所以能够焕发生机和活力,关键在于最广大人民群众能够在社会主义的实践中不断摸索前进、不断开拓创新、不断总结社会主义建设中的经验和教训,形成了中国特色社会主义创新理论体系。中国特色社会主义实践的发展进程从根本上决定了理论的发展进程。从邓小平理论、"三个代表"重要思想、科学发展观到习近平新时代中国特色社会主义思想,每一个时代马克思主义中国化理论成果的产生都是以发展了的实践为基础,在解决新问题中产生新实践,在新实践中推动新思想的出现。

二、探索性实践是理论创新科学性的检验标准

理论创新为什么需要实践的检验,这是由理论创新本身的性质决定的。理论创新是人作为主体在实践过程中对创新性实践的总结与升华,是人的意识对实践创新的反映。因为是创新性实践,较之一般实践而言,人的意识要把握其规律性更有难度,因而实践检验对理论的继续发展具有更加重要的意义。同时,从人的认识能力角度来看,理论创新受到双重因素的限制,一是人自身认识能力的局限性,二是认识对象的变动性。一方面人的认识不可能完全准确地把握事物,另一方面任何事物都处于不断变动的状态之中。因此,实践是理论创新的检验标准。

在社会领域的认知上,理论创新的难度相较于自然科学与思维领域的创新难度更大,经历的时间更长,参与的人员更多。一项关于社会运动变化发展的认知往往要经历长期的实践过程,创新性认知的产生还需要对创新性实践特征与规律进行深刻把握。因此,社会领域的创新性认知需要通过实践进行检验,以证明其理论的科学性。

中国特色社会主义理论之所以能够体现出创新性特征,除了有创新性实践作为客观前提之外,实践对理论的不断检验也证明其科学性,反过来再推动

理论的不断创新也是重要的原因。以社会主义市场经济理论为例,邓小平南方谈话对计划与市场的关系进行了深刻阐述,超越了过去将社会主义与市场经济截然分开的思维藩篱,形成了社会主义市场经济理论。这一理论一经产生就充分调动了市场主体的积极性,激化了生产潜力,使社会主义经济在全新的体制下快速发展。从党的十四大正式确立社会主义市场经济体制以来,中国特色社会主义市场经济的发展成就充分证明了这一创新性理论的科学性。所以习近平多次强调,要充分发挥市场在资源配置中的决定性作用,用好市场规律这只"看不见的手",调动有利于促进市场良性发展的各方面因素,推动经济社会健康发展。

三、改革作为一项探索性实践对理论创新的作用

马克思主义认为社会历史发展的根本推动力不是在人的头脑中去寻找,而是在人的客观的社会需求中寻找。这种根本动力来源于社会的生产力与生产关系、经济基础与上层建筑的矛盾,生产力的发展状况决定这个社会的发展程度。一般来说,生产力处于与生产关系的协调状态,生产关系就可以发挥对生产力的推进作用,否则,生产关系就会成为生产力发展的羁绊。

第一,改革本质上是实践创新的过程。

在社会主义制度已经确立并巩固的条件下,生产力与生产关系的矛盾已经不是根本性质对立的矛盾,因此生产力与生产关系的协调不需要靠根本制度的改变来解决,而只需要在根本制度不变的前提下的改革来实现。只有通过改革,才能真正激活生产力。改革是生产要素的重新分配,本质上是实践创新的过程,目的是促进社会生产力的进步和人民生活水平的提高。社会主义运动史表明,在苏联、东欧一些国家改革失败的真正原因在于这些改革不是真正意义上的改革。这些改革是对社会主义中的某些制度上的小修小补,是细枝末节上的改革,不是为扫除发展社会生产力阻碍的改革。在我国生产力与生产关系有相适应的地方也有矛盾的地方,一部分可以通过改革进行完善,另

一部分则成为束缚生产力发展的桎梏,这就需要根本性和彻底性的改革,即革命性的改革才能完成。因此,改革是解放生产力的必然要求,本质上是实践创新的过程。

第二,改革为理论创新提供了客观前提。

改革是对生产力要素的重新组合,是对制约生产力发展的生产关系进行重新调整,这个过程本身就是一个创新的过程。改革与理论创新从时间维度上看,一般是在现有观念上的创新,然后通过改革进行大胆尝试,产生一系列的实践,在实践基础上再不断丰富原初的观念,当观念形成一个系统的时候,理论的产生就是自然而然的事情了。

当代中国的改革开放,作为我们党历史上一次伟大的觉醒,作为决定当代中国命运的关键选择和关键一招,作为党和人民事业大踏步赶超时代的重要法宝,作为党和国家保持生机活力的关键,绝不是否定中国特色社会主义,而是在坚持中国特色社会主义道路基础上进行的自我完善。改革不仅是实践创新的过程,同时也将伴随着理论上的不断创新。因此,改革为理论创新提供了客观前提。

第三,改革为理论创新提供了主体条件。

新的历史条件呼唤着新的理论。中国人民伟大的、充满生机活力的、富有创造性的社会主义实践,为中国特色社会主义理论的形成提供了坚实的实践基础和主体条件。

理论创新一方面以客观的实践行动为基础,但另一方面也离不开主体的创造性思维活动。马克思主义理论的产生不仅有工人阶级运动等客观前提,同时也离不开马克思恩格斯在理论上的创造性过程,这种创造性既来源于马克思恩格斯本人自身的学习,更离不开他们对工人运动的深度参与,这种参与使马克思恩格斯更能深刻体会到无产阶级革命的必要性和必然性,为理论的产生提供了重要条件。中国特色社会主义每一个时代的重大理论创新都离不开改革发动者与参与者的思维创造性活动,特别是邓小平、江泽民、胡锦涛和习近平作为党和国家的领导人,他们本身既是改革的发动者,同时也是改革的见证者和参与者,他们本身的经历对每一个时代的理论创新都具有非常重要的作用。因此,改革不仅为理论创新提供了客观前提,同时也提供了主体条件。

第十章　实践特色与民族特色的关系

中国特色社会主义实践扎根于中华民族优秀传统文化的沃土之中,实践特色的形成离不开以爱国主义为核心的民族精神及其特色的滋养,特别是自强不息的精神气质、大同社会的社会理想以及天人合一的文化理念对中国特色社会主义实践特色的形成都具有非常重要的文化支撑价值。

第一节　自强不息的民族精神与开拓创新的建设实践

前已有述,中国特色社会主义实践特色有其鲜明的开拓创新的特点,这种开拓创新的特点及其形成具有理论逻辑、现实逻辑和历史逻辑。从理论逻辑上看,中国特色社会主义是科学社会主义运动的一个历史阶段,本质上就蕴含了开拓创新的特质;从现实逻辑上看,中国特色社会主义面临许多新的问题和挑战,只有以开拓创新的行动才能在纷繁复杂的现实问题中找到一条新路;从历史逻辑上看,中国特色社会主义开拓创新的特色来源于中华民族的历史特色中所蕴含的自强不息的精神特质,正是这种精神特质为中国特色社会主义的开拓性特征提供了文化支撑。

一、自强不息精神的内涵

民族精神是一个民族在长期历史发展过程中形成的价值取向、思维方式与道德规范的总和,反映的是一个民族在特定自然和历史条件下的生存与发展方式。民族精神是民族文化的重要组成部分,是一个民族与其他民族相区别的精神性标识。民族精神的形成不是一蹴而就的,而是长期历史积淀的产物。民族精神一旦产生,就将对民族发展和民族成员的价值取向产生作用,成为民族发展的精神动力。

《易传·象传》中讲道:"天行健,君子以自强不息;地势坤,君子以厚德载物。"中国著名国学大师张岱年先生认为这句话代表了中华民族精神的最核心内容。自强不息包含两个方面的内容,一是自强,二是不息。所谓自强,是指通过自己的努力实现自身发展以不断走向强大的过程,与奋发图强、发奋有为等同义;不息是指称奋斗的状态,表达了不断奋进、永不停息的状态。自强不息从基本含义上看,是指中华民族在长期历史发展进程中表现出来的奋发图强、不断追求的精神气质。

中华民族的发展历史就是一部自强不息的历史。在5000多年的文明史中,中华民族在面对各种困难和挫折时表现出的不畏艰难、奋发向上的精神状态成为中华民族最显著的文化标志。正是依靠这种精神,中华民族在不同的历史时期创造了辉煌灿烂的文明。特别是在近代,中华民族在面临外辱的情况下所表现出来的不屈不挠、奋起抗争的精神就是自强不息精神的具体体现。新中国成立以后,面对国家建设一穷二白的状况,中国共产党人带领全国人民实现了从新民主主义向社会主义的过渡,开启了社会主义建设的历程,社会主义建设取得了巨大成就。改革开放以来,立足于中国实际,我们开启了中国特色社会主义的建设并取得了巨大成就,达到世界第二大经济体的地位,依靠的正是这种自强不息、奋发有为的民族精神。在新的历史时期,自强不息的民族精神对于实现中华民族伟大复兴具有非常重要的时代价值。

二、自强不息精神是开拓创新实践的精神资源

建设社会主义现代化国家是中国特色社会主义建设的阶段性战略构想,对于基本实现现代化和建设现代化强国具有非常重要的意义。作为一个拥有14亿多人口的世界上最大的发展中国家,中国要全面建成小康社会面临的问题和困难很多。这些问题包括:

从经济上看,虽然我国经济总量已经上升到全球第二,但人均国内生产总值并不高。根据国家统计局公布的数据,2020年国内生产总值为1013567亿元①,虽然GDP总估量世界排名第二,但人均排名不高。而从经济结构上看,长期以来,中国主要依靠投资与出口拉动经济的增长,但随着社会的发展,中国经济发展出现了结构失衡的现象,特别是内需拉动经济不足,某些领域已经出现了产能过剩的现象;出口则随着增长速度的放缓,结构上的矛盾就更加突出,内需对经济发展的拉动作用没有得到充分的发挥。过去支撑中国经济长期增长的动力主要来自要素驱动,但随着劳动力成本的上升以及国际分工的进一步分化,要素驱动在很大程度上已经很难保证经济长期增长,创新驱动成为必然趋势。综合起来看,经济发展水平与全面建成小康社会的要求之间还存在距离。

从政治建设上看,党的十八大以来政治建设取得了显著成效,但政治建设的保障作用的发挥还有待于进一步提升。政府职能的转变、国家治理能力与经济建设的适应性还有待于进一步加强,政府与市场的关系还有待于进一步理顺,党的建设也需要根据新的形势进一步向纵深推进。

从文化建设上看,文化是一个国家和民族进步的灵魂,是一个国家软实力的重要体现。文化也是全面建成小康社会的重要决定性因素,不仅对社会精神文明建设具有关键性影响,而且对物质文明建设也具有重要作用。但当前

---

① 数据来源:国家统计局官网。

文化建设与经济建设的匹配度还有待增强,文化促进经济发展的功能还有进一步提升的空间。

从社会建设的角度上看,社会建设水平是衡量小康社会的重要指标,也是影响全面小康社会的重要因素。改革开放以来,我国的社会建设水平有了极大提升,但在民生领域、环境保护等方面还需要进一步加强。

从生态建设的角度上看,生态环境的好坏影响人们的生活品质,也是小康社会的重要指标。近些年,我国生态环境得到了进一步改善,但与人民群众日益增长的美好生活需要还存在距离,生态环境整治的力度还需要进一步提升。

全面建成小康社会是我党提出的第一个百年奋斗目标,从"总体小康"到"全面小康",不仅需要经济建设成就的支撑,同时需要政治建设、文化建设、社会建设和生态文明建设的协同推进,尤其需要精神文化上的支撑。中国特色社会主义进入新时代,不平衡不充分的发展成为社会主要矛盾的一个方面,已经成为影响人民群众对美好生活需要的制约因素。这种不平衡不充分的发展特点是全面建成小康社会进程中必须要克服的障碍,这一问题的解决需要有更高质量的经济发展,更加完善的制度体系,同时也需要更加强大的精神动力。自强不息的民族精神就是实现全面建成小康社会的精神之源,在全面建成小康社会的进程中发挥着重要的作用。就是依靠这种自强不息的精神,克服重重困难,迎难而上,最终实现全面建成小康社会的目标。

三、自强不息的民族精神是新时期中国特色社会主义不断开拓进取的重要精神动力

党的十八大以来,以习近平同志为核心的党中央带领全国人民在各个领域取得了巨大成就,这些成就的取得依靠的就是这种蕴含在中华民族血液中的自强不息的民族精神,使中国特色社会主义建设不断迈上新的历史台阶。

在新时代,中国特色社会主义建设在外面临着世界经济复苏乏力、局部冲突和动荡频繁、全球性问题加剧的局面,而在内则面临着经济发展进入新常态

带来的转型冲击,这些问题和困难交织在一起,使中国特色社会主义经历了极不平凡的建设历程。

在世界经济复苏上,2008 年由美国次贷危机引发的金融危机波及全球,其影响至今仍未消除。金融危机一方面是美国经济发展问题长期积累的后果,也是美国经济前些年过度依赖金融创新的必然产物。由于全球经济的相互依赖性比以往任何时候都强,美国金融危机使全球经济增长缓慢,部分国家或地区经济陷入衰退的局面,全球劳动力需求下降,全球贸易环境恶化,全球经济复苏乏力。与此同时,地区性冲突不断,所引发的动荡给全球安全带来隐患,生态危机、难民危机、恐怖活动等为全球治理带来严重影响。在国内,经济结构仍然存在不合理、经济增长仍然存在持续动力不足等问题,经济发展进入了调结构、转动能、促增长的新常态,转变中带来的阵痛给经济社会的发展带来了不可忽视的影响。

面对错综复杂的国际局面以及国内发展的新问题,习近平在 2013 年 1 月 5 日的十八大新进中央委员和候补中央委员贯彻党的十八大精神会议上指出,面对新的形势,共产党人要有"逢山开路,遇河搭桥的精神",要直面问题,锐意进取,大胆探索。习近平在这里讲到的"开路搭桥"精神就是自强不息精神,就是不断创新、奋勇争先的精神。道路自信、理论自信、制度自信和文化自信"四个自信"的提出,一方面体现了对中国发展成就的肯定,另一方面也体现了我们通过自己的努力实现自己发展的自信和自强不息精神。正是依靠这种精神,党的十八大以来在经济、政治、文化、社会和生态领域以及党的建设方面都取得了巨大成就,并将作为持续推进社会主义现代化建设的坚强动力。

第二节　中国传统社会理想与中华民族伟大复兴

中华民族是一个有理想的民族,正是依靠这种对未来社会的美好追求,中华民族在长期的历史发展中始终保持着强大的生命力,特别是近代以来中华民族面临内忧外患的情况下,始终不忘初心,为民族的独立、自由和解放而努力奋斗。在今天,我们面临着中华民族伟大复兴的历史任务,这是中国共产党向全国人民的承诺。民族复兴的光明前景来源于中国特色社会主义的发展逻辑,也来源于中华民族传统的社会理想,体现了中国特色社会主义鲜明的民族特色。

一、中国传统社会理想——"大同""小康"的基本内涵

第一,"大同""小康"思想溯源。

"大同"一词始见于《礼记·礼运》:"大道之行也,天下为公,选贤与能,讲信修睦。故人不独亲其亲,不独子其子,使老有所终,壮有所用,幼有所长,矜、寡、孤、独、废疾者皆有所养,男有分,女有归。货恶其弃于地也,不必藏于己;力恶其不出于身也,不必为己。是故谋闭而不兴,盗窃乱贼而不作,故外户而不闭,是谓大同。""大"在中国传统话语中描绘一种比较高层次的状态,也有"美好"之意,如"大道""大功""大行"等,而"同"在《说文解字》里指"合会",清代段玉裁解释为"畴帐所以覆也",本意是指在一个帐篷里面居住的人,其实质是指居住在一起的人,寓意为人类社会的一种共生共存的状态。"大"与"同"在一起,指人类共同生活、友好相处、平等相待的美好社会状态。

"小康"一词最早出现在《诗·大雅·民劳》中,其中有"民亦劳止,汔可小康"的说法,意思是说老百姓非常辛苦,需要尽快实现较好的生活状态。"小康"作为一种社会状态,在中国古代许多思想家的思想中都有所描述。在孔子那里,小康社会是指天下的人都能够遵守礼节,讲求信义,服从大义,具有仁爱之心,国家以纲常正礼仪,每一个人都在纲常伦理的框架下生活,无忧无虑,生活殷实。

根据中国传统思想对"大同""小康"的认知可以看出,"大同"描绘的是美好的社会状态,而"小康"指称的则是一种生活状态,二者构成了中华民族

传统社会理想的基本内容。

第二,近代以后对"大同""小康"理想的认知。

中国历史发展进入近代以后,在面临帝国主义和封建主义的双重压迫之下,许多人并没有放弃对美好社会的理想和追求,在面对西方蜂拥而来的先进技术和中西方文化的强烈碰撞的时候,一些先进的中国人开始思考中国社会的发展方向,甚至将其理想付诸实际行动,赋予了"大同"与"小康"社会理想以新的内涵,其中以洪秀全、康有为和孙中山的思想最具代表性。

一是洪秀全的太平天国理想。

洪秀全是清末农民起义领袖,他所领导的太平天国农民运动对中国近代历史产生了深远的影响。洪秀全提出的社会理想代表了近代中国农民对未来社会的美好设想,虽然具有明显缺陷,但从根本上仍然蕴含了中国传统社会的社会理想。

太平天国定都天京以后,制定了一系列制度,其中以《天朝田亩制度》为代表,最能反映太平天国的社会理想。在《天朝田亩制度》中,规定了对土地进行平均分配的方案,实行"凡天下田,天下同耕"①的原则。按照该项制度的设想,土地根据产量分为9个等级,按人口平均分配,分配过程中根据土地的优劣进行搭配。土地按年龄进行分配,凡是16岁以上的男女,都可以分得一份数量相同的土地,不满16岁的减半。这项制度的目的是建立"有田同耕,有饭同食,有衣同穿,有钱同使,无处不均匀,无人不保暖"②的理想社会,这种社会理想是中国传统社会理想在近代土地问题上的体现。

在太平天国的后期颁布了《资政新篇》,这是太平天国在社会发展方面的实施方案,涉及政治、经济、文化、外交等方面,是一个具有资本主义色彩的社会发展方案,虽然最终由于历史条件的限制并没有得到实施,但表达了太平天国对未来社会的设想。

---

① 罗尔纲编注:《太平天国文选》,上海人民出版社1956年版,第45页。
② 罗尔纲编注:《太平天国文选》,上海人民出版社1956年版,第45页。

二是康有为的大同社会。

在近代,康有为作为近代有影响的思想家和维新派的代表人物,他所提出的"大同"和"小康"社会理想具有重要的影响。

在《大同书》中,康有为描绘了未来社会的美好蓝图。在经济上,提出"天下为公"①"凡农工商之业,必归之公"②等思想。在康有为看来,一切生产事业皆由社会的"公政府"统一管理,实行按劳分配,"其工价因其工之美恶勤惰为数十级而与之"③。在政治上,提出全世界设一个总政府,并按全球经纬把地球分为若干个"度"④,"度政府"以下设地方自治局和群众直接联系的行政管理体系;在康有为所设想的社会中,没有帝王和君主,也没有统领,人人平等,没有尊卑高下之别,社会上没有主人与奴仆之分,官员也没有大小之异。

康有为在《大同书》里对未来社会人与人之间的地位关系做了描述,这是一个没有阶级也没有国家的社会,人们拥有充分的自由,享有平等的人权,国家对老人儿童实行"公养""公教"和"公恤"。在未来社会中,人们的道德风貌极为高尚,"人质皆和平广大,风俗道化皆美"⑤,生产力高度发展,科学技术空前发达,人们过着最高级的物质享乐生活,"安乐既极,惟思长生"⑥;机器日新,体力劳动废除,人们追求知识竞争,并出现许多"聪明睿智之士",享受最高的待遇和荣誉,在"特重开人智之法,悬重赏以鼓励之"⑦的驱使下,人人都想创造发明,从而推动了人类社会的不断进步。

康有为的小康思想主要集中体现在他关于社会发展的"三世"理论中。他认为,人类社会是一个从"乱世"到"升平世"再至"太平世"⑧的不断更新、

---

①　康有为:《大同书》,辽宁人民出版社 1994 年版,第 253 页。
②　康有为:《大同书》,辽宁人民出版社 1994 年版,第 280 页。
③　康有为:《大同书》,辽宁人民出版社 1994 年版,第 288 页。
④　康有为:《大同书》,辽宁人民出版社 1994 年版,第 101 页。
⑤　康有为:《大同书》,辽宁人民出版社 1994 年版,第 255 页。
⑥　康有为:《大同书》,辽宁人民出版社 1994 年版,第 348 页。
⑦　康有为:《大同书》,辽宁人民出版社 1994 年版,第 316 页。
⑧　康有为:《大同书》,辽宁人民出版社 1994 年版,第 144—146 页。

发展、进化的历史过程。在他看来,"乱世"是人类社会的原始形态,也是社会的现实状态;"升平世"就是他所称谓的"小康"社会阶段;"太平世"就是"大同"世界阶段。"升平世"是居于这二者之间的社会形态,是社会从多灾多难的乱世发展到世界大同的一个必经阶段。"升平世"是人类社会进入"太平世"的必经阶段,即小康是进入大同的必经阶段。

康有为将政治制度与他设想的三个阶段进行了联系,认为君主专制的政治制度是"乱世"的政治制度,资本主义君主立宪制是小康社会的政治制度基础,而民主制则是"太平世"的政治制度。在他看来,大同社会是趋于完美的和谐社会,而小康是一种较好的社会。康有为不仅将宏观政治制度与社会理想相联系,而且对社会的具体制度进行了描述。在大同社会的理想中,他主张全面发展现代大机器生产,建立资本主义经济制度。在政治制度的设计上,他主张设议院,兴民权,实行君主立宪制度。在思想文化上,他主张要改造人民的思想,去掉愚昧,尊崇知识,抛弃旧的习惯,崇尚新的习俗。国家应该奖励科学技术方面的创新,以及代表新思想的著书立说,科学技术活动中的新领域以及对新习俗有启发者,使全国上下移风易俗、遵从新法、开启新论,使得民众的思想得以解放,物质财富实现增长,从而达到"立国新世"[①]的目的。可以看出,康有为是通过社会发展来实现他希望的"大同"社会,但把希望寄托在资本主义制度建立的基础上,就决定了他的"大同"社会理想的局限性。

三是孙中山的民生社会主义。

19世纪末20世纪初,当康有为资产阶级改良派在力主维新变法、希望通过改良的办法实现他们的社会理想时,以孙中山为代表的资产阶级革命派开始酝酿着新的道路来拯救中国,挽救民族危亡,并提出自己的社会理想。当戊戌变法失败后,他们便很快被推到历史前台,他们的理想和主张开始被广泛宣传和接受。孙中山的社会理想主要集中在他的民生社会主义学说。

---

① 康有为:《请厉工艺奖创新折》,中国史学会主编:《中国近代史料丛刊·戊戌变法(二)》,上海人民出版社1957年版,第227页。

从 19 世纪 90 年代起,孙中山就开始对中国的社会民生问题进行研究,希望从中寻求解决的方法。到了 1904 年他已初步形成了自己的"大同"观,提出了自己的社会理想即民生主义。民生,根据孙中山的解释,"就是人民的生活社会的存在、国民的生计、群众的生命便是。"①关于什么是主义,他解释道:"主义就是一种理想、一种信仰和一种力量。大凡人类对于一件事,研究当中的道理,最先发生思想;思想贯通以后,便起信仰;有了信仰,就生出力量。"②并说:"我们国民党所提倡的民生主义不但是最高理想,而且是社会发展的原动力,是一切历史活动的重心。"③

在对当时欧洲已经兴起的社会主义的认识上,孙中山认为,"民生主义就是社会主义,又名共产主义,即大同主义。"④认为民生主义的真正目的就是达到大同,正如孙中山自己曾宣称的那样:"这才是真正的民生主义,就是孔子所希望之大同世界。"⑤正是在此基础上孙中山构建了他的"大同"理想:废除封建君主专制制度,建立民主共和政体;土地收归国家所有,消除私人垄断;规模大、有独占性质的企业由国家控制,中、小资本的企业在国家的保障下,得以发展;生产力高度发达,工农业生产实现了现代化,中国已成为一个凌驾于欧美列强之上的富强国家;国家免除各种苛捐杂税,提供各种福利设施;国家兴办各种免费教育,提高全民族的思想文化;提倡人道主义,等等。

1924 年 4 月,在谈到革命之后建立什么样的社会时,孙中山明确提到了"小康之家"的概念,并设计了他理想中的"小康",他说:"我国革命之后,要实行民生主义,就是用国家的大力量,买很多的机器,去开采各种重要矿产。"⑥

---

① 孙中山:《孙中山选集》(下),人民出版社 2011 年版,第 832 页。
② 孙中山:《孙中山选集》(下),人民出版社 2011 年版,第 639 页。
③ 孙中山:《孙中山选集》(下),人民出版社 2011 年版,第 860 页。
④ 孙中山:《孙中山选集》(下),人民出版社 2011 年版,第 832 页。
⑤ 孙中山:《孙中山选集》(下),人民出版社 2011 年版,第 875 页。
⑥ 孙中山:《孙中山选集》(下),人民出版社 2011 年版,第 926 页。

"到了那个时候,我们也要用机器去制造货物。"①他认为,"到了那个地步,中国成什么景象呢?我们预先看不到,可以看英国、美国现在是什么景象。"②

可见,孙中山给未来社会设计了一个非常美好的蓝图,和康有为一样,他也希望通过走资本主义道路来实现其美好理想,但是和康有为不同的是,孙中山希望通过革命的手段来实现他的理想社会。然而,他所领导的辛亥革命,只是局限于他自身小资产阶级的范围内,其阶级的软弱性及妥协性使他没有也不可能制定一个彻底的反帝反封建的纲领,从而发动广大人民群众进行阶级斗争,通过整个推翻帝国主义、封建主义和官僚资本主义的根本性政治变革来实现自己的社会理想,实现民族的解放、国家的富强。

第三,毛泽东的"大同"社会理想。

毛泽东作为无产阶级革命家和伟大领袖,其思想中蕴含着非常丰富的"大同"社会理想,这种理想对于我们今天全面建成小康社会和建设社会主义现代化强国具有非常重要的指导性意义。

在毛泽东看来,社会主义制度的建立为实现"大同社会"奠定了坚实的基础。毛泽东在《论人民民主专政》一文中指出,康有为写了《大同书》,提出了"大同社会"的理想,但他不可能找到实现"大同"社会的正确道路。而工人阶级领导的人民民主专政制度的建立,就使经过人民共和国到达社会主义和共产主义,达到阶级消灭和世界大同成为可能。在毛泽东看来,资产阶级共和国的这种政治制度,在外国实行过,但在中国不可能实行这种制度,这是中国国情决定了的现实,因为中国自近代以来就受到了帝国主义的压迫,中国只有建立人民民主专政的政权,由人民当家作主,才可能实现真正意义上的"大同"社会。

在毛泽东看来,中国要实现"大同"社会,一方面必须由人民掌握政权,自力更生建设自己的国家,不要对帝国主义抱有幻想,因而我们必须不断巩固自

---

① 孙中山:《孙中山选集》(下),人民出版社 2011 年版,第 927 页。
② 孙中山:《孙中山选集》(下),人民出版社 2011 年版,第 927 页。

己的国防和保护人民群众的根本利益；另一方面，我们必须加强自身建设，发展经济，加大工业化进程，使中国在"工人阶级和共产党的领导下稳步地由农业国进到工业国，由新民主主义社会进到社会主义社会和共产主义社会，消灭阶级和实现大同。"[1]

第四，邓小平关于小康社会的思想。

邓小平关于小康社会的思想是汲取了中国传统小康思想的精华并结合马克思主义基本原理和中国现代化建设的现实国情，并赋予了它以新的科学内涵。邓小平所设计的小康社会已经是一个建立在以公有制为主体，多种所有制共同发展的基本经济制度基础上，以人民共同富裕为目标的社会，是一个人们不愁吃穿、安居乐业的社会，是一个经济、政治、文化全面协调发展的社会，更是一个有中国特色的社会主义社会。邓小平所提出的小康社会是社会主义社会的小康。社会主义是我们的立国之本，是中国实现小康社会的一个根本条件。对此，邓小平始终坚持社会主义建设必须要发展生产力，只有生产力发展了，社会主义才能摆脱贫穷，只有摆脱贫穷达到小康，实现共同富裕，才能显示出相对于资本主义制度的优越性。

然而由于历史的原因，我们的社会主义社会还是一个尚未充分发展的社会，正如邓小平所说，社会主义的优越性要真正体现出来，要到下个世纪（21世纪）中叶中国达到了中等发达国家水平的时候才能体现出来。中国的社会主义将长期处于初级阶段，在这个初级阶段，中国社会主义建设应该确定一个什么样的目标，这关系到社会主义建设能否顺利进行。目标太高了，如果实现不了就会挫伤人们建设社会主义的积极性。如果太低了，社会主义优越性就不能充分体现出来，会使人们对社会主义制度失去信心。为此，经过思考，邓小平提出了小康的社会主义发展目标，并认为只有实现小康社会，我们的社会主义才真正有说服力，才能充分体现社会主义制度的优越性。从邓小平的设

---

[1]　《毛泽东选集》第四卷，人民出版社1991年版，第1476页。

想中我们不难看到,他所希望建立的小康社会是一个包含了经济、政治、文化等多方面的内涵,而且这些方面是协调发展的。

二、习近平关于全面建成小康社会的重要论述

党的十八大以来,习近平对中国全面建成小康社会有许多重要论述,这些论述对全面建成小康社会具有非常重要的指导作用。

关于全面建成小康社会的重要意义,习近平指出,"全面建成小康社会是实现中华民族伟大复兴中国梦的关键一步"[1],是实现中国共产党向党向人民和向历史作出的庄严承诺,是满足人民群众对美好生活新期待的重要战略安排。实现全面建成小康社会,就是要实现国家富强、民族振兴、人民幸福。在谈到"四个全面"的重要意义时他指出,党的十八大以来党中央提出的"四个全面"的战略布局,"既有战略目标,也有战略举措,每一个'全面'都具有重大战略意义。全面建成小康社会是我们的战略目标,到二○二○年实现这个目标,我们国家的发展水平就会迈上一个大台阶,我们所有奋斗都要聚焦于这个目标。"[2]

关于全面建成小康社会与传统中国社会理想的关系,习近平认为,全面建成小康社会,"既深深体现了今天中国人的理想,也深深反映了我们先人不懈追求进步的光荣传统"[3]。在纪念孔子诞辰二千五百六十五周年国际学术研讨会暨国际儒学联合会第五届会员大会开幕式上的讲话中指出,"使用'小康'这个概念来确立中国的发展目标,既符合中国发展实际,也容易得到最广大人民的理解和支持。"[4]在谈到小康社会中的文化建设时就特别强调中华优秀传统文化的创造性转化和创新性发展,充分发挥中华优秀传统文化在提升

---

[1] 《习近平关于全面建成小康社会重要论述摘编》,中央文献出版社 2016 年版,第 9 页。
[2] 《习近平关于全面建成小康社会重要论述摘编》,中央文献出版社 2016 年版,第 6 页。
[3] 《习近平关于全面建成小康社会重要论述摘编》,中央文献出版社 2016 年版,第 3—4 页。
[4] 《习近平关于全面建成小康社会重要论述摘编》,中央文献出版社 2016 年版,第 5 页。

国家文化软实力中的源泉作用,在全社会形成向上、向善的社会风尚。

关于全面建成小康社会的路径,习近平在党的十九大报告中有 19 处提到了小康,在谈到决胜全面建成小康社会的目标时,提出统筹推进经济、政治、文化、社会和生态建设,实施七大战略,包括科教兴国战略、人才强国战略、创新驱动发展战略、乡村振兴战略、区域协调发展战略、可持续发展战略、军民融合发展战略等,指出特别要重视抓住重点,补齐短板,做强弱项,尤其要做好风险化解、精准脱贫、污染防治等工作。同时指出,在全面建成小康社会的过程中,既要看到我们具备的条件和优势,也要看到我们存在的困难和挑战,要看到前进道路上会遇到很多风险和挑战,我们必须做好充分的应对准备。

关于精准扶贫,习近平指出,在实现全面建成小康社会的目标过程中,要花大力气解决重点难点问题,这是我们"必须迈过的一道坎儿"①。在谈到重难点问题时,习近平讲到三个方面的问题,一是要转方式,主要解决的是发展质量和效益问题;二是补齐短板主要解决的是发展不平衡问题;三是防风险,主要解决增强风险防控意识和能力的问题。② 所以,习近平要求在脱贫攻坚过程中"必须在精准施策上出实招、在精准推进上下实功、在精准落地上见实效"③。特别是对于深度贫困地区的扶贫问题,习近平要求聚集各方力量实现深度贫困地区群众脱贫,特别是要合理确定脱贫目标,加大对深度贫困地区的支持力度,打好脱贫攻坚战,精准发力,加大帮扶力度,注重培育脱贫群众的内生动力,加大组织领导,确保深度贫困地区的群众脱贫。在打赢精准脱贫攻坚座谈会上指出,"必须坚持精准扶贫、精准脱贫,坚持扶持对象精准、项目安排精准、资金使用精准、措施到户精准、因村派人(第一书记)精准、脱贫成效精准等'六个精准'。"④在党的十九大上,把精准脱贫作为三大攻坚战

---

① 《十八大以来重要文献选编》(中),中央文献出版社 2016 年版,第 827 页。
② 《十八大以来重要文献选编》(中),中央文献出版社 2016 年版,第 828—834 页。
③ 《习近平关于全面建成小康社会重要论述摘编》,中央文献出版社 2016 年版,第 156 页。
④ 《习近平谈治国理政》第三卷,外文出版社 2020 年版,第 151 页。

之一进行部署。

习近平站在党和国家事业发展全局的高度,围绕全面建成小康社会的战略布局提出了许多新观点和新论断,对于全面建成小康社会具有重要的指导意义。经过全国上下的努力,脱贫攻坚取得了巨大成就。在 2021 年 2 月 25 日举行的全国脱贫攻坚表彰总结大会上,习近平指出:"今天,我们隆重召开大会,庄严宣告,经过全党全国各族人民共同努力,在迎来中国共产党成立一百周年的重要时刻,我国脱贫攻坚战取得了全面胜利,现行标准下 9899 万农村贫困人口全部脱贫,832 个贫困县全部摘帽,12.8 万个贫困村全部出列,区域性整体贫困得到解决,完成了消除绝对贫困的艰巨任务,创造了又一个彪炳史册的人间奇迹!"①

三、中国传统社会理想是中华民族伟大复兴的精神底蕴

第一,大同、小康与共产主义的理想取向。

中国人民在中国共产党领导下,之所以最终选择了走社会主义道路,并把共产主义确立为奋斗目标,除了共产主义理论本身所具有的科学逻辑之外,中国传统大同理想也为中国人民作出这一抉择在传统文化上找到了契合点。在马克思恩格斯看来,共产主义应有以下几个特征:共产主义分为低级和高级两个阶段,生产资料全部由社会直接占有,"共产党人可以用一句话把自己的理论概括出来:消灭私有制"②。在共产主义低级阶段,实行"各尽所能,按劳分配"的原则,到高级阶段则实行"各尽所能,按需分配"的原则;有计划地组织社会生产;阶级、国家逐渐消亡;消灭分工、消灭三大差别,人们将获得自由和全面发展;全社会拥有高尚的道德品质等。据此,当我们再回过头来看前面对中国古代"大同"理想特征的描述,只要把二者稍加比较,我们便不难看出,二者在社会状态、分配原则、人际关系、精神面貌等方面具有很多

① 习近平:《在全国脱贫攻坚书总结表彰大会上的讲话》,人民出版社 2021 年版,第 1 页。
② 《马克思恩格斯选集》第 1 卷,人民出版社 2012 年版,第 414 页。

惊人的相似之处。

第二,大同、小康对社会主义建设的启示。

中国共产党围绕共产主义远大理想和中国特色社会主义的共同理想,开启了中国革命、社会主义建设和中国特色社会主义波澜壮阔的伟大实践,实现了中国走向富强民主文明和谐美丽的现代化强国的发展模式的转变。认识中国传统"大同""小康"社会理想,对于我们建设中国特色社会主义具有重要的启示作用。

马克思主义是中国特色社会主义建设的指导思想,马克思主义之所以能在中国扎根、开花和结果,其重要原因就是,在实践层面上,它满足了中国革命和建设的需要,在文化精神层面,它和中国传统文化找到了"共同语言",中国的传统文化为它在中国的存在和发展奠定了深厚的文化底蕴。

正确对待中国传统文化,既要吸取其精华,使之与马克思主义结合起来,同时又要运用马克思主义原理剔除其糟粕的部分。一个民族的发展,总是与其文化思想传统有着不可分割的联系。中国是一个有着悠久的历史文化传统的国度,中国的传统文化的优秀成分为先进中国人选择和接受马克思主义奠定了文化底蕴。如中国传统的"大同""小康"社会理想都是中国传统文化的精华,这些社会理想和马克思主义关于未来共产主义的理想具有相似或相通之处,这使人们首先对马克思主义产生了心理上的认同,为人们接受马克思主义找到了契合点,从而推动了人们对马克思主义的接受。历史也证明了,无论是实现"小康"社会还是实现"大同"社会,没有马克思主义为指导都是不行的。

第三节　"天人合一"与绿色发展

"天人合一"是中国传统哲学的基本范畴之一,也是中国传统文化中处理人与自然关系的基本态度,这种态度在中国特色社会主义建设过程中始终受到高度重视,成为选择人与自然和谐共生的绿色发展道路的传统文化基因。

一、"天人合一"的基本内涵

在中国传统哲学的分析框架中,对天的理解可以从广义和狭义两个层面展开。从广义上讲,天代表了在人之外的大千世界,包括自然界、宇宙甚至人们未知的神秘事物。如孔子"天下之无道也久矣,天将以夫子为木铎。"(《论语·八佾》)"吾十有五而志于学,三十而立,四十而不惑,五十而知天命,六十而耳顺,七十而从心所欲,不逾矩。"(《论语·为政》)颜渊死。子曰:"噫! 天丧予! 天丧予!"(《论语·先进》)等就是指称存在于人之外的某种神秘力量。《道德经》第二十五章"有物混成,先天地生,寂兮寥兮,独立而不改,周行而不殆,可以为天地母。"以及"人法地,地法天,天法道,道法自然"里"天"都是指与"地"相对的"天",即地球之外的世界。从狭义上讲,天就是指自然界。如《庄子·外篇·天道》"天道运而无所积,故万物成;帝道运而无所积,故天下归;圣道运而无所积,故海内服。明于天,通于圣,六通四辟于帝王之德者,其自为也,昧然无不静者矣"中的天就是指自然,天道即指自然规律。

"天人合一"最早蕴含在道家的哲学思想之中,后来经过历代思想家的阐发与拓展,内涵不断丰富,意旨也从人与自然的关系延伸到人与人的关系之中,但主要集中在几种看法上:将"天人合一"理解为天人相通,如孟子的"天将降大任于斯人也,必先苦其心志,劳其筋骨,饿其体肤,空乏其身,行拂乱其所为,所以动心忍性,曾益其所不能。"(《孟子·告子下》)将天人合一理解为天人合德,其中如《周易·乾·文言》"夫大人者,与天地合其德。"周敦颐《太极图说》中的"故圣人与天地合其德"等;将天人合一理解为天人相类,以董仲舒的"天人感应"为代表;而许多思想家如荀子、王夫之等人则将天人合一理解为"人定胜天"。梳理中国传统天人合一观,我们可以看出,不管从什么维度理解天人合一,其中都蕴含着处理好人与自己生活的外部环境关系的思想,强调人与外部环境的和谐统一,这才是天人合一思想的精髓。

二、"天人合一"的当代价值

天人合一思想作为中国传统哲学智慧,在中华文化的永续发展中发挥了重要的作用。张岱年认为,"应该承认,中国古代哲学家所谓'天人合一',其最基本的含义就是肯定'自然界和精神的统一',在这个意义上,天人合一的命题是基本正确的。"①在当代,人与自然的关系随着工业化进程的不断推进出现了许多矛盾与冲突,人类社会对自然界的利用越来越深入,自然资源的无节制开发和自然环境的破坏成为人类发展中遇到的现实问题,中国传统的天人合一思想无疑能够为人类发展提供有益的借鉴。

首先,天人合一思想为理解人与自然的关系提供了新的视角。

近代工业社会带来的环境问题以及人与自然的冲突,根本上源于西方近代以来"主客二分"的思维模式。按照基督教的传统思维,世界是上帝创造的,人是上帝的子民,上帝创造世界是基于人类生存的目的,地球更是为人类创造了可以使用的财富,因而,在自然面前,人就是主体,人之外的客观世界就是被人认识和利用的客体。在这种思维模式下,自然对于人类来说是外在的,是被人利用的工具和材料,而人则是具有主观能动性,能够认识自然和利用自然的主体性存在。人在认识和利用自然的过程中,一方面从自然界中获取现成的资料供自己使用;另一方面又借助自然材质将自己的意志外化为自己生产生活所需的物质资料。在工业化时代,科学技术进步助推了人类对自然资源的开发与利用,人类利用自然的广度和深度得到空前增强,但随之而来的是自然资源面临枯竭和环境受到破坏的后果。

天人合一不是站在主客二分的视角看待天与人的关系,而是把人与天看作具有内在联系的两个事物,把天看作与人一样的具有内在价值的统一体,人具有与天一样类似的属性,天与人相互影响和相互作用,甚至相互感应,赋予

---

① 张岱年:《中国哲学中"天人合一"思想的剖析》,《北京大学学报》(哲学社会科学版)1985 年第 1 期。

了天人的属性。这些思想虽然带有一定神秘色彩,但这种天人合一的思维对于思考人与自然的关系无疑是具有启发性的。

其次,天人合一的思想为人类重新审视自然的价值提供了新的思路。

自然界对于人到底应该具有什么价值,这是人在处理与自然关系时必须回答的问题。西方人类中心主义赋予自然的工具价值只是反映了人与自然关系的一个侧面,自然对于人而言不仅具有工具价值,而且具有内在价值。人是因自然而产生的,是自然界长期发展的产物,人本身就是自然的一部分,自然的属性在人身上得到了充分的体现,而人也将自己的意志外化为自然存在的一部分,人与自然本身就是一体的,这是看待自然价值的基本态度。

天人合一赋予了天多重含义,将天看作与人一样具有喜怒哀乐的"感性的存在",从本体论的意义上看是错误的,但从价值论的视角,赋予天与人相似的感情色彩,事实上赋予了天的内在价值。在天人合一的思维视角中,人应该像爱护自己一样保护自然,不能践踏自然。《孟子·梁惠王上》中指出,"数罟不入洿池,鱼鳖不可胜食也;斧斤以时入山林,材木不可胜用也。谷与鱼鳖不可胜食,材木不可胜用,是使民养生丧死无憾也。"讲的就是必须遵循自然规律而不能违背,北宋张载更是提出"民吾同胞,物吾与也",表达了人天一体的思想。这些思想虽然还带有朴素的色彩,但强调自然与人具有同等价值的思想值得我们借鉴。

再次,天人合一思想为当代利用自然提供了新的路径。

人作为自然长期发展的产物,与其他存在物不同,人是有主体性的存在物,人需要从自然界获取自身生产生活所需要的物质资料,因而对自然的利用是人生存与发展的第一要务。人如何利用自然才能保持与自然关系的和谐并实现自然的改善与人的发展的一致性呢?西方人类中心主义与主客二分的思维方式在日益脆弱的自然面前已经显得无能为力,中国传统的天人合一思想则提供了全新的视角。

近代工业化所推动的人类社会进步有目共睹,但被工业化过分消耗的自然资源也成为制约人类进一步发展的桎梏。人类只有摆正在自然面前的姿态,以顺应自然规律为前提,以不破坏自然环境为基础,节制自己的欲望,合理利用自然资源,在天人合一的视野下利用自然资源,进而才能实现人类的永续发展。

三、"天人合一"思想与绿色发展理念的文化传承

绿色发展理念是习近平生态文明思想的重要内容,是在处理发展与自然环境保护问题上的具体体现。习近平早在担任福建宁德地委书记的时候就非常重视生态资源的有效利用问题,在《闽东的振兴在于"林"》一文中就引用了闽东群众的一句话,"什么时候闽东的山都绿了,什么时候闽东就富裕了。"①在习近平看来,林业具有很高的经济效益和社会效益,森林在生态环境保护中能够发挥非常重要的作用,森林可以调节气候,实现生态环境良性循环。在这篇文章里,习近平引用了《左传》中的"筚路蓝缕,以启山林",意指宁德地区的人民群众一定要坚持艰苦创业,充分利用宁德丰富的资源,开发荒山野林,向生态要效益,要发展。

"天人合一"思想为绿色发展理念提供了文化滋养。党的十八大以来,习近平更加重视经济社会发展与环境保护的关系,重视从中国传统智慧中吸收思想的营养。他认为,"中国优秀传统文化的丰富哲学思想、人文精神、教化思想、道德理想等,可以为人们认识世界和改造世界提供有益启迪,可以为治国理政提供有益启迪,也可以为道德建设提供启迪。"②。在 2013 年 5 月 24 日举行的十八届中央政治局第六次集体学习时指出,"建设生态文明,关系人民福祉,关乎民族未来。"③生态环境保护对于建设美丽中国具有重要意义,建

---

① 习近平:《摆脱贫困》,福建人民出版社 1992 年版,第 83 页。
② 习近平:《在纪念孔子诞辰 2565 周年国际学术研讨会暨国际儒学联合会第五届会员大会开幕会上的讲话》,人民出版社 2014 年版,第 7 页。
③ 《习近平谈治国理政》,外文出版社 2014 年版,第 208 页。

设好生态文明关系到人民的福祉和民族的未来。习近平要求人们要树立起尊重自然、顺应自然和保护自然的生态文明理念,在观念、制度、生态安全和环境上要有新的变化,要树立绿色发展、循环发展和低碳发展的理念,绝不能用牺牲环境的办法去实现经济的发展,我们这代人在实现发展的同时,要为子孙后代留下碧水蓝天,让他们有更好的发展环境和发展空间。

在 2016 年 1 月 18 日召开的省部级主要领导干部学习贯彻党的十八届五中全会精神专题研讨班上,习近平再一次讲到了绿色发展对于中国特色社会主义建设的重要意义。习近平在讲话中特别引用了《论语》、荀子以及《吕氏春秋》中对于生态环境保护的思想,如《论语》中的"子钓而不纲,弋不射宿",荀子的"草木荣华滋硕之时,则斧斤不入山林,不夭其生,不绝其长也;鼋鼍、鱼鳖、鳅鳝孕别之时,罔罟、毒药不入泽,不夭其生,不绝其长也",《吕氏春秋》中的"竭泽而渔,岂不获得,而明年无鱼;焚薮而田,岂不获得,而明年无兽"[①]。可以看出,中国传统中注重环境保护的天人合一的自然观对习近平生态文明建设思想的影响。在这次会议上,习近平指出了我国改革开放以来经济社会发展取得了历史性成就,但也积累了许多生态环境问题,要求我们在生态环境保护问题上一定要像爱护自己的眼睛一样爱护环境,像保护自己的生命一样保护环境,推动我国真正实现绿色发展,建设美丽中国。

总之,天人合一的思想是中国特色社会主义实现绿色发展,建设美丽中国的重要思想资源。中国特色社会主义所展现出来的实践特色和理论特色,其实都蕴含着这种深刻思想意蕴,这种思想也将会是人类处理日益严重的环境问题的重要理论借鉴。

---

① 《习近平谈治国理政》第二卷,外文出版社 2017 年版,第 209 页。

第十一章 实践特色与时代特色的关系

中国特色社会主义实践特色的形成与时代特色之间具有非常紧密的内在逻辑关系，表现为时代丰富了实践特色的基本内涵，而实践则不断丰富了时代特色的中国元素，同时也决定了时代变迁的基本趋势。对实践特色与时代特色这种关系的挖掘，对于丰富实践特色和时代特色，准确把握时代特征具有非常重要的现实意义。

第一节 实践与时代的辩证关系

要认识实践特色与时代特色的关系，首先必须认识实践与时代的关系，这是认识两个特色关系的前提。实践是人类特有的活动，人类实践活动的方式决定一个时代的产生，而在时代发生根本性变化以后，实践又必然带上时代的烙印。

一、实践决定时代的转化

从历史的视角看，不同时代相互交替是人类社会发展的基本样态。在马克思主义历史唯物主义的分析框架中，社会形态的变化从根本意义上说代表着时代的转化,每一个时代具有自己时代所特有的历史风貌。如果说不同的社会形态代表了人类社会发展的每一个大的时代,那么在每一个大时代中还存在不同的小时代。问题在于,是什么因素从根本上决定了社会发展过程中的时代转化? 是实践。

实践为什么决定时代的转化,这要从实践的根本属性谈起。实践不仅是人的存在方式,也是社会存在的方式。实践是决定了人之所以为人、社会之所以为社会的根本依据。而从时代转化的依据来看,社会形态作为一个时代的转化是由于社会生产力与生产关系已经无法兼容必须有一种新的生产关系来适应生产力的发展,最终导致经济基础和上层建筑的变化,在同一性质的社会形态之下,每一个小时代的转化是在社会基本矛盾性质没有发生质变的情况下量的变化带来的结果。生产力与生产关系的统一体——社会生产方式本质上就是实践方式,即实践主体用什么实践工具、作用于什么对象以及生产资料归谁所有、生产中生产主体处于一种什么样的关系状态和生产出来的产品怎么分配的问题。因此,从根本意义上讲,实践决定了时代的转化。

习近平在党的十九大报告中指出,中国特色社会主义经过长期发展已经进入了新时代。这一判断的逻辑依据就在于实践方式的转化,即在社会基本矛盾没有发生根本性变化的情况下,社会生产方式即实践方式发生着量的变化。中国自改革开放以来开启了中国特色社会主义的建设历程,生产力与生产关系从总体上判断是协调的,中国特色社会主义制度充分激活了社会生产潜力,生产主体的潜能得到释放,生产积极性普遍提高,社会生产得到了快速发展。当代中国,社会主义制度的优越性得到充分彰显,说明社会生产力和生产关系、经济基础和上层建筑总体上是相互适应的,因而,"新时代"不是"经济的社会形态"的更替,而是社会主义初级阶段的一个时期。

但在新的发展时期,以互联网、人工智能和大数据为代表的新兴科学技术催生了生产力的新一轮革命性变化,我国社会基本矛盾的具体内容已经表现出鲜明的时代性特征。首先,当代中国的生产力水平已经发生了显著变化,"经济实力、科技实力、国防实力、综合国力进入世界前列","天宫""蛟龙""天眼""悟空""墨子""大飞机"等代表当代科学技术最新进展的重大科技成果相继问世,落后生产力的状况不再是生产力的状态标签,决定时代变化的根本性因素已经发生了改变。其次,在新的生产力发展状态面前,生产关系在生产资料的占有、产品的分配和人与人的关系上(如虚拟交往)已然发生着新的变化。再次,上层建筑结构在适应经济基础的过程中已经出现了新的形式,如新思想的产生、党的全面领导、政府权力的下放、机构的改革等,这些都是上层建筑在保持质的稳定下的量的变化。最后,社会主要矛盾的新变化带来了"关系全局的历史性变化",这一变化决定了中国特色社会主义进入从以解决落后生产力与物质文化需求的矛盾开始转向解决美好生活需求与发展不平衡不充分的矛盾时代。但这些变化发生的根本原因不在于认识观念的转化,而在于实践方式的变化。因此,实践决定时代的转化。

二、实践是一定时代的实践

人与动物的根本区别在于人是一种社会存在物,人的存在方式是以社会和实践的形式而存在的,同时人也是一种历史的存在。正如马克思讲道:"人们用以生产自己的生活资料的方式,首先取决于他们已有的和需要再生产的生活资料本身的特性。"①也就是说,人们怎么实践从根本上说不是由自己的主观意志决定的,而是由已有的实践的成果所决定。更进一步讲,人们的实践总是在一定的时代背景下进行的,时代规定了实践的方向与方式。

按照未来学家阿尔文·托夫勒②在《第三次浪潮》中提出的看法,从人类

---

① 《马克思恩格斯选集》第1卷,人民出版社2012年版,第147页。
② [美]阿尔文·托夫勒,当今最具影响的未来学家之一,著有《未来的冲击》《第三次浪潮》《权力的转移》等极具影响力的著作,其思想对当今社会思潮具有深远的影响。

社会经历的时代来看,按照影响社会发展的生产要素来分,可以分为农业文明时代、工业文明时代和知识文明时代。按照托夫勒的观点,不同时代决定一个国家或者地区发展水平的关键性生产要素是不一样的。

农业文明时代,涵盖了从原始野蛮的渔猎时代过渡到以农业为基础的时代,这个时代决定社会发展程度的根本性因素是土地,这也就是为什么轴心时代的文明形态都集中在水草丰盛、土壤肥沃地区的原因。从实践的形式来看,这个时代的实践主要以渔猎和农耕形式为主,实践主体是掌握一定渔猎与农业耕种技术的人,实践内容主要以猎获与耕种粮食为主。

进入工业文明时代,随着科学技术的发展,人类认识自然和改造自然的能力有了实质性的飞跃,工业在社会发展中具有重要地位,资本成为决定一个国家或地区发展程度和水平的根本性因素。在工业时代,实践主体从主要从事渔猎和农业耕种的人变成了主要是掌握一定技术从事工业生产的生产者,实践内容随着科学技术水平的提高开始了从以农业生产为主向农业与工业同时发展转化,工业在生产中占有至关重要的地位并影响农业的发展。以机械化及自动化为代表的生产形式成为实践的标志性形式,无论在工业还是农业生产中都得到广泛运用。

到了知识时代,按照托夫勒的观点,决定社会发展程度和发展水平的根本性因素不再是土地、资本,而是知识,这也就是为什么某些后发国家如日本、韩国、新加坡等能够在资源并不富足的情况下实现经济的快速发展的根本原因。在知识时代,掌握知识的人是实践活动的主要参与者,以信息技术、航天航空、新型材料等为代表的高新技术成为实践能力与水平的重要标志,围绕知识的开发与利用形成了实践的重要内容,高新技术已经嵌入到生产的各个环节和生活的各个领域。与农业时代和工业时代相比,知识时代的实践具有鲜明的知识性和技术性特征,在实践发展历史上具有非常重要的意义。

从根本意义上讲,时代是由实践决定的,但时代一旦发生变化,实践就必然又打上时代的烙印。农业文明向工业文明、工业文明向知识文明的时代转化,根本上是由于人类实践形式的转化而引起的,但时代变化又同时催生了实践形式对时代特征的不断适应,使实践具有鲜明的时代特点。

在农业文明时代,人类的实践始终围绕以土地为主的自然资源而展开,因此当实践并没有发生实质性变化的时候,无论在实践工具、实践对象和实践主体上都具有非常鲜明的农业社会的特征,实践工具主要服从于猎守采集和耕种的需要,因而经历了从石制工具向铁制工具的变化,实践对象则是由土地所滋生的人类实践能力所能及的对象,实践主体则是掌握猎守采集与耕种技术的人。

工业文明时代到来以后,机械化、电气化、自动化和电子化工具成为重要的生产工具,实践对象从土地向更加广泛的自然资源延伸,矿物资源成为重要的生产对象,并且在一定程度上成为决定性的资源,掌握工业生产技术的工人成为实践的重要主体。

知识时代的出现,信息化、网络化和智能化成为标志性的特征,知识已经不再充当工具性角色,而是成为社会发展的重要资源,因此,知识使实践的形式和内容都发生了重要变化,知识渗透到实践的每一个环节,以知识为基础的科学技术成为"第一生产力",科学技术的发展程度成为判断一个国家发展程度的重要标志。在知识时代,科学技术作为渗透性要素渗透到实践的各个要素之中,实践的知识性和技术性特征更加显著。

第二节　时代特色丰富实践特色的内涵

中国特色社会主义实践是在特定的历史方位和时空环境下展开的,时代特征使实践的内涵更加丰富,时代的开放性、发展性和引领性使实践的开拓性、务实性和人民性内涵更加丰富,实践特色更加鲜明,实践的指向性更加明确,而塑造开放性、发展性和引领性特征的重要时代背景之一——经济全球化对实践特色的形成和发展则具有非常重要的影响。这里,仅以经济全球化的视角来分析时代特色对实践特色的影响。

一、经济全球化的含义

经济全球化使世界处于一个紧密联系的时代场域之中,开放性使中国特色社会主义实践特色更加鲜明。根据国内外的研究,我们可以将经济全球化概括为超越国家和地区之间的全球经济一体化,具体表现为生产、贸易、金融、资源、技术、信息等的全球化。经济全球化是在人类科学技术获得巨大进步特别是通信技术和交通工具改善的前提下,国家(地区)与国家(地区)之间进行的全球性经济活动。

20世纪80年代末期以来,经济全球化表现出市场化、一体化、集团化、自由化、信息化等特征,其中市场化表现为:各国经济发展普遍以市场为导向,并与国际市场接轨,商品的国内价格与国际价格日益趋于一致,国际市场成为资源配置的调节平台。一体化主要体现为:跨国公司和跨国经营的迅速发展,企业跨国并购增多,在国际合作基础上的国际分工。一体化还表现在全球经济的相互联系更加紧密,相互依赖更加明显,相互渗透更加加深。在全球化时代,各国经济和社会发展的开放度日益增大,世界市场变得更加统一,资源的流动变得更加畅通。而信息化体现在:经济信息传播速度的加快使得国际经济社会成为信息社会。总之,在经济全球化的趋势下,各国之间的经济关系日趋密切,甚至成为利益共同体。

经济全球化是人类经济发展的必然产物,随着生产力水平的提高,人类的生产加工能力不断增强,进入生产领域的生产对象将不断增多,生产从国家和地区向全球的蔓延就成为必然,随之而来的商品和技术等生产要素的流动就会应运而生。20世纪中期以来,随着第三次科技革命的浪潮汹涌而至,以信息技术为代表的新一轮技术革命推动了生产力水平向更高层面发展。特别是交通工具的改善为经济的全球交往提供了基本条件,信息技术特别是互联网技术的快速发展,使人类信息共享成为了可能,同时为商品交易的全球化提供了重要平台。因此,全球化不是一种个人主观意志的产物,而是经济发展的必然结果,是全球经济发展的必然趋势。

二、经济全球化的机遇和挑战

经济全球化作为全球经济发展的必然产物,将从根本上改变全球经济的发展格局。对世界上的每一个国家而言,全球化既意味着机遇,同时也带来了挑战,这种机遇和挑战对每一个国家和地区的发展都带来无法回避的影响。

从经济全球化带来的机遇看,主要表现在:

一是全球化有利于促进世界各国之间资本的流动,为世界经济的发展产生积极的推动作用。对发展中国家而言,全球化使之可以充分利用先发国家的技术与资本优势实现自身的发展;先发国家则可以实现过剩资本的全球流动,提高资本的利用效率。

二是全球化有利于促进全球合作,为全球治理提供支持。全球化不仅能够促进全球资本的流动,同时也有利于世界各国的往来和相互合作,特别是在全球气候治理、全球安全等方面进行有效合作,推动全球治理水平的不断提高。

三是全球化有利于促进后发国家抓住机遇实现自身快速发展。全球资本流动可以实现国家间资本与技术的转移,为后发国家改善自身经济结构、实现经济转型升级提供机遇。事实证明,许多后发国家也正是抓住了全球化的机遇,引进先进技术与管理经验实现自身发展,缩小与先发国家的差距,进而减少全球贫困人口的总数。

经济全球化带来机遇的同时也会产生许多新的挑战,如何应对这些挑战,主动适应全球化要求,是世界上绝大多数国家必须面对的问题。

第一,经济全球化加剧世界经济发展的两极分化。从表面上看,所有在经济全球化过程中参与的国家都会从中受益,但目前的事实表明,并非所有国家在经济全球化中都有平等的利益。几个国际经济组织,例如世界贸易组织、国际货币基金组织、世界银行等领导和管理权以及政策的制定权都掌握在发达国家手中,为世界经济运转所需要的各种原则和秩序都由其制定。而且,西方发达国家所拥有的经济、技术和管理优势是许多发展中国家望尘莫及的,所以在经济全球化中获利最大的还是少数发达国家。广大发展中国家不仅获得的利益有限,而且在其经济发展的过程中还可能受到这些国际经济组织所制定规则的冲击。也正因为如此,经济全球化也加剧了发展中国家与发达国家的差距和国民收入的两极分化。

第二,经济全球化可能导致世界经济处于不稳定状态。随着经济全球化的加速发展,许多国家和地区的对外贸易依存度大大提高,在高依存度的情况下,某一个国家或地区的经济,也会受到其他国家或地区经济的影响。一个国家或地区的经济危机也很容易蔓延,直至产生世界性的经济危机。例如1997年泰国的金融危机,就曾很快蔓延到整个东南亚、东亚地区,形成了严重的地区性金融危机,而后又波及俄罗斯和拉美地区,形成了全球性金融动荡;2007—2008年源于美国的金融危机,更是由于美国在世界经济中的地位迅速地成为席卷全球的世界性的经济危机。

第三,经济全球化在一定程度上削弱或束缚了国家的经济主权。国家的经济主权是一个国家主权的重要组成部分。但是,国家经济主权由于全球化所必要的让渡也会受到削弱或束缚。一个国家参加世界经济组织,在获得了一定的权利和利益的同时,必然也要尽到各项义务,遵守共同的规则,这就要被迫调整一些国内的经济政策,在一定程度上将国家经济主权让渡出去。随着全球化的深入,国家经济将面临更大的挑战,同时,国家主权也会受到相应的影响。诸如跨国公司等国外经济机构的发展战略目标往往都与各东道国的经济发展战略目标有很大差异,必然对各东道国的经济发展构成妨碍,从而也会削弱和束缚民族国家的经济主权。随着经济全球化的深入,民族经济的自主性将进一步受到限制,国家经济主权也将面临更大的挑战。

第四,经济全球化加剧了国际经济竞争和经济摩擦。国际经济竞争是一种有意识的利益冲突活动,在经济全球化的背景下,世界各国都被卷入了世界市场中来。各国都对自己本国的公司或企业采取积极支持的态度以获取和维护各自国家的经济利益,导致竞争变得十分激烈。主要体现在:服务贸易领域中,少数发达国家在金融、电信、咨询等涉及国家安全的服务业领域争夺激烈,这些服务领域曾成为我国加入世界贸易组织谈判中与我国争执不下的主要焦点。知识产权方面,以美国为首的发达国家在高新科技领域占有压倒性的优势,但仍然不遗余力地推进知识产权保护,近年来发达国家与发展中国家知识产权纠纷前所未有地增多。环保问题成为南北摩擦的重要领域,发达国家为了保护本国的资源和环境,在以低成本开发和利用发展中国家资源并向发展中国家转嫁污染的同时,还利用环境保护问题对发展中国家进行贸易限制和制裁,从而使南北矛盾进一步加深。

第五,社会制度的不同造成不可避免的摩擦。经济全球化虽然可以促进各国之间的交往与合作,但基于不同制度基础的合作在很多时候往往会产生许多摩擦甚至冲突,处理不好,将会对全球化进程产生严重的负面影响。

从经济全球化的历史进程上看,全球化进程由西方发达国家发动,在一定程度上仍然是他们在主导。第二次世界大战结束到冷战终止以前,全球化其实是不全面和不深入的全球化,冷战思维限制了全球化的广度和深度。随着冷战的结束,全球范围内不同制度的国家之间的交往越来越密切,合作越来越广泛,积极融入全球化的国家也越来越多。但随着交往的加深,在不同社会制度之间的摩擦与冲突也不断出现。特别是冷战虽然结束了,但某些先发国家的冷战思维并没有消失,尤其是个别资本主义发达国家往往抱着陈旧的思维搞霸凌主义,高高在上,以所谓自己国家利益优先而罔顾其他国家的利益和全球利益,在全球经济复苏乏力的背景下制造事端,掀起贸易战,对全球经济治理和恢复增长制造障碍。

全球化带来的机遇与挑战是中国特色社会主义建设的重要时代场域,坚持从全球化的视野选择中国的发展策略,是时代特色对实践特色最突出的影响之一。

三、经济全球化使中国特色社会主义的开放性内涵更加丰富

经济全球化作为当今时代最重要的特征之一,其影响是深远的。虽然全球化自出现以来就有反全球化的声音不断出现,但全球化使国家与国家之间的联系更加紧密,依赖性也更强,因而世界上任何国家面对这种趋势都无法避免卷入其中的命运。

我国社会主义建设和发展的历史经验也从正反两个方面足以说明,在经济全球化时代,无论外部环境如何变化,开放是必然的选择。不开放,只能走向封闭僵化的老路,而面对复杂的国际环境,开放带来的不只是"风和日丽",也有"疾风骤雨",因而必须依靠人民的力量,以开拓创新的精神去迎接全球化的机遇和挑战。正是这种开放包容的态度使中国特色社会主义的开放性特色更加鲜明,开放性内涵也更加丰富。

十一届三中全会确立了改革开放的基本方略,改革是对生产力与生产关系、经济基础与上层建筑关系的调整,开放则是对封闭僵化发展道路的否定,是对经济全球化的主动适应。开放一方面可以引入国外的先进技术,另一方面可以使中国站在世界发展的潮流之上,以世界的眼光发展中国。邓小平曾经多次指出,中国要实现发展,绝不能走闭关锁国的道路,一定要主动向世界上先进的东西学习。只有增强与世界各国之间的交往,才能在交往中取长补短,实现优势互补,国内市场与国际市场的相互衔接,从而提高经济效益,加快我国经济社会的发展。在经济全球化的今天,如果闭关锁国,最终只能被世界所抛弃。邓小平特别重视从通过开放走向成功的国家中吸取经验,如通过开

放实现经济腾飞的亚洲"四小龙"就引起了邓小平的高度关注。他认为,世界上每一个国家和每一个民族都应该向别的国家和民族学习,要学习别人的长处。针对中国技术落后、管理经验缺乏等问题,邓小平认为,依靠自力更生解决我们存在的问题是必然的,但通过向外国学习来引进先进的技术和管理经验,以及引进国外资本也是一个解决问题的办法,在有些时候这种办法更加管用。

20世纪90年代,随着冷战的结束,东西方国家之间的交往更加频繁。虽然中国面临着世界社会主义运动的低潮所带来的冲击,但中国及时调整了自己的对外政策,积极应对全球化所带来的风险与挑战,不断扩大对外开放的力度,对内实行市场经济体制,从制度机制上保障了对外开放的持续推进。2001年12月11日,中国正式加入世界贸易组织,这意味着中国融入全球化进程又迈出了关键的一步,也意味着中国对外开放的大门会越来越大。实践证明,中国加入世界贸易组织以后,积极履行对世界的承诺,主动承担作为一个发展中大国的责任与义务,中国在世界经济体系中发挥的作用也越来越大。

党的十八大以后,习近平高度重视开放在中国特色社会主义新的历史时期的重要意义,通过"一带一路"倡议和人类命运共同体理念的提出,中国向世界表明了更加积极的开放姿态。2013年3月23日在莫斯科国际关系学院演讲时,习近平指出,当今世界是一个和平、发展、合作、共赢的时代,这个时代潮流决定了每一个国家都不可能离开世界的发展而独善其身,也决定了当今世界不是由一个国家或者国家集团主宰的时代。这个世界是相互渗透、相互影响的世界,世界各国应该建立起以合作共赢为核心的新型国际关系。

开放使中国更加主动地融入了世界,也使世界更加了解中国。这种时代特色使中国特色社会主义的实践特色具有更加丰富的内涵和世界意义。正是依靠开放,中国特色社会主义能够在与世界的合作交流中不断接受来自各方面的挑战,最终实现自我发展。

四、时代主题不断丰富发展了实践的目的性

社会主义与资本主义的重要区别之一就是通过发展生产力最终实现人民群众的共同富裕,因此人民需要的满足成为社会主义社会发展的根本目的。中国特色社会主义之所以能够在发展中不断实现这种目的,从时代背景看,主要得益于和平与发展的时代环境,使之能够集中精力,专注发展,实现人民利益的不断增长。

中国共产党自成立以来就把人民利益作为自己的崇高目的。在革命战争时期,实现人民的利益表现为争取民族独立和人民解放,建立属于人民政权的新中国。新中国的成立,为满足人民利益提供了根本的制度基础,中国共产党在极其艰难的环境下取得了社会主义建设的巨大成就,为改革开放以后社会主义建设实践提供了重要的基础。十一届三中全会以后,邓小平提出了和平与发展是当今世界主题的重要判断,和平与发展成为时代最显著的特征,在和平与发展的环境下如何实现发展就成为中国特色社会主义实践需要面对的时代之问。

20世纪中后期,在全球化进程的推动下,世界上各主要经济体都进入了一轮新的发展期,发展成为时代主题。亚洲"四小龙"在20世纪中后期的快速发展表明,在新一轮科学技术革命大潮中,谁能够抓住科技革命的机会,谁就能够实现发展。

基于对时代主题的准确判断,中国抓住发展这一时代主题,通过发展解决中国社会面临的主要矛盾,在发展中实现人民群众物质文化需要的满足,从表11-1、表11-2可以看出改革开放以来通过发展所取得的巨大成就:

表 11-1　1978 年与 2017 年至 2020 年的 GDP 及城乡居民可支配收入比较

年份	GDP 总量（亿）	人均 GDP（元）	全国居民人均 可支配收入（元）
1978	3678.7	385	171
2017	832035.9	59660	25974
2018	919281.1	65534	28228
2019	986515.2	70078	26523
2020	1013567.0	71828	27540

资料来源：数据来源：国家统计局网站。

表 11-2　按现行农村贫困标准衡量的农村贫困状况

年份	当年价贫困标准 （元/年·人）	贫困发生率 （%）	贫困人口规模 （万人）
1978	366	97.5	77039
1980	403	96.2	76542
1985	482	78.3	66101
1990	807	73.5	65849
1995	1511	60.5	55463
2000	1528	49.8	46224
2005	1742	30.2	28662
2010	2300	17.2	16567
2011	2536	12.7	12238
2012	2625	10.2	9899
2013	2736	8.5	8249
2014	2800	7.2	7017
2015	2855	5.7	5575
2016	2952	4.5	4335
2017	2952	3.1	3046
2018	3535	1.7	1660
2019	3747	0.6	551

数据来源：国家统计局农村住户调查和居民收支与生活状况调查。其中，2010 年以前的数据是根据历年全国农村住户调查数据、农村物价和人口变化，按现行贫困标准测算取得。

通过脱贫攻坚取得的伟大成就可以看出,发展这一时代主题,决定了中国必须紧紧抓住发展这一中心任务,通过发展实现经济社会的全面发展和人民群众生活水平的不断提高。从 1978 年的人均 GDP 只有 385 元到 2020 年的71828 元,这不是一个简单的数据变化,而是蕴含着中国对发展的深刻理解和准确把握。通过 40 多年的发展,人民群众的生活发生了质的变化,获得感不断增强。只有发展,才能将以人民为中心的发展思想变为现实,不断提升人民群众的生活水平,体现中国特色社会主义的人民性特征。

第三节　实践特色丰富了时代特色的 中国元素

中国特色社会主义实践所体现出来的开拓性、务实性和人民性的特色,一方面彰显了中国特色社会主义的发展特色;另一方面,正是这种特色,为中国特色社会主义实践开辟了一条崭新道路,在这条道路上,中国特色社会主义取得了辉煌成就,开创了中国特色社会主义新局面,丰富了时代特色的中国元素,中国在世界舞台上的影响力日益增强。

一、近代史上的中国映像

马克思恩格斯在《德意志意识形态》中指出:"各个相互影响的活动范围在这个发展进程中越是扩大,各民族的原始封闭状态由于日益完善的生产方式、交往以及因交往而自然形成的不同民族之间的分工消灭得越是彻底,历史也就越是成为世界历史。例如,如果在英国发明了一种机器,它夺走了印度和中国的无数劳动者的饭碗,并引起这些国家的整个生存形式的改变,那么,这个发明便成为一个世界历史性的事实。"[1]"历史向世界历史的转变,不是'自

---

[1]　《马克思恩格斯选集》第 1 卷,人民出版社 2012 年版,第 168 页。

我意识'、世界精神或者某个形而上学幽灵的某种纯粹的抽象行动。而是完全物质的、可以通过经验证明的行动,每一个过着实际生活的、需要吃、喝、穿的个人都可以证明这种行动。"①在这里,马克思恩格斯对世界历史的内涵进行了明确界定,人类进入世界历史的阶段首先表现为生产的世界化,即打破"自然形成的不同民族之间的分工"而进入世界性的生产;其次表现为交往的世界化,这是人类进入世界历史的重要路径,没有各民族之间广泛而深入的联系,各民族则将始终处于原始封闭的状态之中。最后,各民族之间因生产而产生的相互依赖将更加强烈。那么,在人类进入世界历史的过程中,是谁在主导这一历史进程呢?是资产阶级及其主导的生产方式将人类带进了世界历史的洪流之中。

马克思恩格斯在《共产党宣言》等著作中对资产阶级以及他们所代表的生产方式在世界历史进程中的主导性(对外扩张性)做了充分描述与肯定,但同时指出了资产阶级以及他们所建立的资本主义制度本身存在的内在矛盾及必然命运:"资产阶级,由于开拓了世界市场,使一切国家的生产和消费都成为世界性的了。""由于一切生产工具的迅速改进,由于交通的便利,把一切民族甚至最野蛮的民族都卷入到文明中来了。"②资产阶级把各民族都卷入世界历史中来,依靠的是新的工业的发展以及生产的需要,因为新的工业依靠强大的生产能力不断排挤和取代旧的民族工业,新的工业需要大量的原材料和商品市场,资产阶级奔走于全球各地,到处开发与销售自己的产品。资产阶级这种在世界范围内的扩张不仅使市场成为世界市场,也使世界各民族之间的交往也成为世界性的交往,"过去那种地方的和民族的自给自足和闭关自守状态,被各民族的各方面的相互往来和各方面的相互依赖所代替了。"③不仅物质生产如此,马克思恩格斯认为,随着生产和市场的世界化,各民族在精神领

①　《马克思恩格斯选集》第 1 卷,人民出版社 2012 年版,第 169 页。
②　《马克思恩格斯选集》第 1 卷,人民出版社 2012 年版,第 404 页。
③　《马克思恩格斯选集》第 1 卷,人民出版社 2012 年版,第 404 页。

域的产品也成了公共财产,一个民族要在这种日益深化的世界化趋势中保持自己的"片面性和局限性"日益成为不可能,甚至各民族的科学、艺术、哲学、政治等精神产品在这种世界化的进程中都成了世界的公共产品。

更为严重的是,这种新的工业的建立"已经成为一切文明民族的生命攸关的问题",也即世界各民族进入了"顺之者昌,逆之者亡"的命运逻辑之中,似乎选择"新的工业"形式是各民族摆脱自身被抛弃的命运的必然选择。正如马克思恩格斯在《共产党宣言》里讲到的,资产阶级"它迫使一切民族——如果它们不想灭亡的话——采用资产阶级的生产方式;迫使它们在自己那里建立所谓的文明,即变成资产者,一句话,它按照自己的面貌为自己创造一个世界。"①

从鸦片战争到新中国成立以前,中国被迫卷入资产阶级的全球性扩张之中,这种卷入以中国主权的部分散失和国家利益的损失为代价。在与世界对话的过程中,中国以各种丧权辱国的条约作为融入世界历史潮流的条件,包括《中英南京条约》(1842年),《中英五口通商章程》,《中英虎门条约》(1843年),《中美望厦条约》(1844年),《中俄瑷珲条约》(1858年),《中俄天津条约》(1858年),中美、中英、中法《天津条约》(1858年),中英、中法《北京条约》(1860年),《中俄北京条约》(1860年),《中俄勘分西北界约记》(1864年),《北京专条》(1874年),《中英烟台条约》(1876年),《中俄伊犁条约》(1881年),《科塔界约》(1883年),《中法新约》(1885年),《中英会议藏印条约》(1890年),《中英会议藏印条款》(1893年),《中日马关条约》(1895年),中国与英、俄、德、法、美、日、意、奥、比、荷、西的《辛丑条约》(1901年),《二十一条》(1915年)等,中国就像一只待宰的羔羊任人宰割,仅就赔款一项就有,《中英南京条约》赔款2100万银圆,《天津条约》共赔款白银400万两,《北京条约》赔款800万两,《马关条约》赔款白银2亿两,《辛丑条约》赔款本息合计

---

① 《马克思恩格斯选集》第1卷,人民出版社2012年版,第404页。

9.8亿两白银。国家财富大量流失,而割地以及开放口岸给中国带来的损失更难以计算。自鸦片战争后中国进入半殖民地半封建社会,从半殖民地化的程度来看,中国的领土、领海、税收、司法等主权开始受到严重的破坏,中国已经丧失了作为独立自主的主权国家的地位。

到了民国时代,南京临时政府、北洋政府和南京国民政府都未能使中国脱离半殖民地半封建的社会性质,特别是在北洋政府时期,中国作为第一次世界大战的战胜国派代表参加1919年1月在法国巴黎召开的"巴黎和会",会上中国代表提出取消各国在华的各项特权以及袁世凯与日本签订的《二十一条》等不平等条约,同时归还战争期间日本从德国手中夺去的在山东的各项权利,但中国代表的要求遭到会议的拒绝,而且会议还决定把德国在山东的权利全部转让给日本。这次会议最终导致国内五四运动的爆发,北洋政府迫于压力最终没有出席巴黎和会的签字仪式。第二次世界大战中,中国作为战胜国参与了战后部分国际规则的制定,但总体上看,主导战后国际秩序的仍然是以美国为代表的西方发达国家。

毛泽东在《中国革命与中国共产党》一文中这样谈道:"帝国主义列强侵略中国,在一方面促使中国封建社会解体,促使中国发生了资本主义因素,把一个封建社会变成了半封建社会;但是在另一方面,它们又残酷地统治了中国,把一个独立的中国变成了一个半殖民地和殖民地的中国。"①可以这样认为,中国以惨重的损失为代价进入了世界历史进程,中国在世界的影响甚微,世界历史的潮流被西方资本主义模式所主导,时代充斥的是重商主义和自由主义的时代气息,中国自给自足的自然经济形态和封闭的社会运行模式在开放的世界面前显得那么不合时宜,而中国发展的滞后性又使中国在进入世界历史的过程中只能更多以配角的角色参与其中,主导世界发展格局的必然是西方发达国家。

---

① 《毛泽东选集》第二卷,人民出版社1991年版,第630页。

二、当今世界的中国元素

中国特色社会主义的成功不仅是科学社会主义运动史上的一件大事,同时也是人类发展史上的一件大事。中国的发展与成就受到各国政要和学者的高度肯定,他们认为,中国曾经是一个贫穷落后的国家,通过中国共产党领导的改革与开放政策的实施,中国成为世界上有影响力的大国,在对外贸易上成为世界第一出口国,经济体量世界第二,这种发展堪称奇迹。英国学者吉姆·奥尼尔是当代著名经济学家,"金砖四国"概念的提出者,他在谈到金砖四国的发展时指出,金砖国家中中国扮演着独特的角色,不仅是中国的经济增长速度超过他的预期,中国的经济规模大,更重要的是中国经济的全球影响力增大了。在他看来,中国完全有信心和能力解决发展中的问题。

西方许多学者认为,中国在这么短的时间内取得如此大的成就比世界历史上任何国家在相类似的时间内取得的成就都要大。哈佛大学著名学者、未来学家、"软实力"一词的提出者约翰·奈在谈到中国发展的影响时认为,中国的发展不仅使中国和中国人民变得富有起来,也会让美国受益。他认为,美国也应该看到中国发展的不可阻挡,美国与中国应该相互信任,而不是相互猜疑,如果美国要与中国进行零和游戏,那么美国就将失去与中国合作的机会,不仅不能在中国的发展中实现双赢,而且会给双方都带来伤害。所以中美之间"不应只关注竞争,同时要关注合作。"①

中国特色社会主义的巨大成功有力地提升了中国在国际事务中的影响力,中国成为世界舞台上的重要角色,成为许多重要国际组织的主要成员国。在世界贸易组织、国际货币基金组织、世界银行、上海合作组织、亚太经合组织、国际民航组织、国际奥委会、世界卫生组织等重要国际性组织中,中国的声音与作用越来越大,"中国态度"已成为影响许多国际性组织的重要因素。

---

① 谷棣、谢戎彬:《我们误判了中国——西方政要智囊重构对华认知》(环球时报访谈),中国出版集团、华文出版社 2015 年版,第 51 页。

2017 年 4 月 12 日,网易新闻网以"你绝对想不到,中国制造有这么多'世界第一'"为题报道了中国制造在世界上的影响,文中指出,目前世界建成的跨度 1000 米以上的悬索桥有 28 座,中国占 11 座;在建的主跨 1000 米以上的悬索桥有 13 座,中国占 9 座……从量上看,中国的大型桥梁建设已占据世界的一半以上。2015 年 9 月,在一年一度的柏林国际消费电子展(IFA)上,中国企业以占比超过 30% 的阵容和大量创新产品强势出击,让不少国际同行刮目相看。过去中国在手机上扮演的是代工厂和劳务输出的角色,而现在,全球智能手机销量排行榜前五名中,国产手机占有三席。

在今天多样化的世界中,中国走向世界的程度越来越深,力度越来越大。这种开放性的时代特色与改革开放初期不同,初期的开放主要是以引进来为主,但今天已经变成了引进来与走出去交互作用的时代,开拓与创新的实践特色使中国特色社会主义的时代特色内涵中具有了更多的中国色彩,"中国"已经成为时代的代名词,中国正在以自己的实力影响和改变着世界,21 世纪是属于中国的世纪已经成为许多人的共识。中国特色社会主义的这种时代特色,为中国特色社会主义的道路自信、制度自信、理论自信和文化自信提供时代的依据。

三、中国特色的全球引领

中国特色社会主义的成功实践早已引起世界的关注,中国问题研究已然成为国际学术界关注的热点问题。美国《时代》周刊高级编辑、美国著名投资银行高盛公司资深顾问乔舒亚·库珀于 2004 年在《时代周刊》的一篇调查中提出了"北京共识",分析了中国发展的基本特征,引起了国际学术界对"中国问题"研究的广泛关注和研究热潮。

乔舒亚·库珀在调查报告中将中国所具有的独特的发展模式称为"北京共识",其本意是想与日渐衰退的"华盛顿共识"相对应。"北京共识"主要强调以下几点:经济发展的同时是否能够保持国家的独立性;重视创新价值,不断推进改革和大胆试验;稳妥的经济政策和发展的循序渐进;政府对经济活动的影响等。但"北京共识"对中国发展模式的理解存在严重的缺陷,即忽略了中国发展模式,即中国道路走的是一条中国特色社会主义道路,中国特色社会主义是中国共产党和中国人民长期探索所取得的根本成就,中国特色社会主义最本质的特征是中国共产党的领导,正是中国共产党的正确领导,保证了社会主义建设始终沿着正确的方向前进。

近年来,中国在世界经济活动中的一系列重大成就和举措表明了中国经济发展对世界经济秩序稳定的重大意义。2013 年 9 月和 10 月,习近平提出"一带一路"的倡议,该倡议旨在建立与沿线国家相互合作的伙伴关系,打造政治上相互互信、经济上相互融合、文化上相互包容的共同体平台,希望让世界上更多的国家搭上中国发展的快车,共享中国发展的成果。

中国特色社会主义的成功不仅改变了世界经济政治格局,同时也在改变人们对中国和世界的认识,世界因为中国而改变,也会因为中国而变得更加精彩。

第十二章　中国特色社会主义现代化
强国建设的时代审思

中国特色社会主义伟大实践是科学社会主义运动史上的伟大创造,对于不断推进中国式现代化道路,建设社会主义现代化强国具有非常重要的时代意义。

第一节　新中国成立以来对社会主义现代化
建设的认知

现代化是一个综合性范畴,既代表一种自工业化以来人类社会发展轨迹的运动,也表示一种与前现代化阶段不一样的经济社会发展状况。美国学者戴维·波普诺在《社会学》一书中提出了现代化所包含的三个关键性要素,即工业化、城市化和科层制化。① 在他看来,工业化是由人力资源到非人力资源的转变以及工厂体系的兴起,城市化则是人口从农村向城市的转移以及城镇和城市的大量兴起,科层制是指大量的社会组织的出现。戴维·波普诺还从经济关系、工厂体系、产业发展等方面说明了现代化的特征,指出现代化"是

---

① ［美］戴维·波普诺:《社会学》(第十一版),李强等译,中国人民大学出版社 2007 年版,第 675 页。

指一个传统的前工业社会在经济成长过程中所发生的内在的社会变迁"①。何传启在《现代化研究的十种理论》一文中梳理了十种现代化研究理论,包括经典现代化理论、依附理论、世界体系理论、后现代化理论、生态现代化理论、反思性现代化理论、多元现代化理论、全球化理论、第二次现代化理论、综合现代化理论等。②

根据戴维·波普诺的观点,在经济关系层面,现代化时代,经济关系已经从前现代化时期的种族、血缘等关系中独立出来,机器化生产大量运用,专门服务于第一产业和第二产业的服务业得到快速发展,职业分工越来越细,生产的专门化程度越来越高;在政治关系层面,科层制得到发展的同时,政治民主化进程不断推进,公民的政治参与性不断增强;在文化关系层面,经济关系对文化发展的影响越来越大,文化的大众化趋势越来越明显;在社会关系层面,现代化时代的社会流动增强,人与人之间的社会交往更加复杂,经济关系在人与人的关系中占据重要地位;在社会心理和价值观层面,在价值观上更加多元,个性化突出,对新鲜事物呈现开放态度。

一、从新中国成立到十一届三中全会召开以前中国社会主义现代化建设的认识

从现代化建设的维度看,自中华人民共和国成立以来,中国的社会主义建设就是一个不断追求现代化的进程,其间经历了认识不断深化和完善的过程,使中国特色社会主义现代化建设的目标更加明确,战略安排更加有效,成效也更加明显。

1840年以后,中国沦为半殖民地半封建社会,因而争取民族独立、人民解放和国家繁荣富强成为中国面临的两项根本性历史任务。中华人民共和国的

---

① [美]戴维·波普诺:《社会学》(第十一版),李强等译,中国人民大学出版社2007年版,第687页。
② 何传启:《现代化研究的十种理论》,《理论与现代化》2016年第1期。

成立,标志着民族独立和人民解放的任务基本实现,接下来,建设繁荣富强的新中国就被提上了议事日程。以毛泽东为主要代表的中国共产党人高度重视国家的现代化建设,进行了许多卓有成效的实践,为改革开放后的现代化建设提供了思想基础和实践经验。

首先,开展社会主义经济建设和国家的工业化进程。

新中国成立前夕,中国共产党人就认识到,要把中国建设成为一个伟大的社会主义国家,以对付帝国主义的威胁,就必须坚持社会主义方向,迅速恢复和发展生产力,使中国稳步地由农业国变成工业国。而中国当时的情况是一个落后的农业国,一方面工业基础薄弱,工业与农业的发展严重不平衡,农业在国民经济中占有绝对优势;另一方面,工业的生产力水平低,工业生产设备与技术落后。根据相关资料统计,中国在 1949 年的人均国民收入仅为 27 美元,在世界上处于很落后的地位。1952 年基本完成了国民经济的恢复任务,但工业产值在国民经济中所占比重仍然很低,特别是重工业发展严重滞后。所以,在"一五计划"的编制中特别强调要集中力量发展重工业,把重工业的发展作为建立国家工业化和国防现代化初步基础的核心。从 1952 年到 1954年,经济建设如火如荼地开展起来,工业建设取得了显著成效。1954 年党的七届四中全会上通过了过渡时期的总路线,指出在过渡时期逐步实现国家的社会主义工业化,并逐步实现国家对农业、手工业和资本主义工商业的社会主义改造。

1956 年 9 月召开的党的八大标志着社会主义革命的任务基本完成,同时也标志着社会主义制度的基本确立。党的八大所确立的路线为中国社会主义现代化建设指明了方向。党的八大以后,中国社会主义现代化建设虽然出现了一些曲折,产生了一些失误,但总体来看,中国在现代化道路的探索上仍然取得了巨大的成就,建立了独立的、比较完整的工业体系和国民经济体系,为改革开放后中国的发展奠定了重要的物质基础。

其次,提出"四个现代化"的战略目标。

现代化是世界发展的潮流与趋势,以毛泽东为主要代表的中国共产党人高度重视四个现代化的建设,使中国社会主义现代化建设的目标更加明确,内涵更加丰富。在 1954 年召开的第一届全国人民代表大会上,第一次明确提出要实现农业、工业、交通运输业和国防的现代化。毛泽东在这次大会上的开幕词中讲道,我们要准备在几个五年计划之内,将我国"建设成为一个工业化的具有高度现代化程度的伟大的国家"①。在党的八大修订的党章中,将这四个现代化写进了党章作为党的任务,即要发展国民经济,尽快实现国家的工业化,对国民经济进行技术改造,使中国具有强大的现代化的工业、现代化的农业、现代化的交通运输业和现代化的国防。同时指出,为了实现四个现代化,必须优先发展重工业,当然也要注意重工业与轻工业、与农业的比重关系。毛泽东在后来的讲话中特别指出要处理好工业化与农业合作化的关系,认为工业化不能孤立地进行,必须同农业合作化协同推进,因为农业化的发展会对工业化提出更快发展的要求,如农业机械化就刺激工业的机械化生产。

1957 年,毛泽东在《关于正确处理人民内部矛盾》的讲话中谈到无产阶级专政的目的时指出,专政的目的是要把我国建设成具有现代工业、现代农业和现代科学技术的国家。后来毛泽东在读苏联编写的《政治经济学》教科书时提出来要把"科学文化现代化"加到现代化建设的战略部署中来。1963 年召开的中央工作会议明确提出要实现农业、工业、国防和科学技术现代化。同年召开的第二届全国人民代表大会第四次会议号召全国人民为四个现代化而努力奋斗。在 1964 年召开的第三届全国人民代表大会上,周恩来宣布了四个现代化的具体任务,提出在不太长的时间内,分两个阶段把我国建设成为一个具有现代农业、现代工业、现代国防和现代科学技术的社会主义强国,赶上和超过世界先进水平。

在这个时期,我国的四个现代化建设取得了显著成就,特别是在科学技术

---

① 《毛泽东文集》第六卷,人民出版社 1999 年版,第 350 页。

领域取得了许多标志性成果,如 1964 年 10 月 16 日第一颗原子弹成功爆炸,1965 年首次人工合成牛胰岛素,1967 年 6 月 17 日氢弹试验成功,1970 年 4 月 24 日第一颗人造地球卫星——东方红一号发射成功等。

最后,建设社会主义现代化必须付出艰苦的努力。

以毛泽东为主要代表的中国共产党人清醒地认识到中国进行现代化建设任务的艰巨性,要求全党全国人民为此必须付出艰苦的努力。在党的七届二中全会上,毛泽东在提出"两个务必"时就指出,我们即将取得全国性胜利,但这只是万里长征走完了第一步,以后的路还很长,任务也更加艰巨,全党务必继续保持谦虚、谨慎、不骄、不躁的作风,务必继续保持艰苦奋斗的作风。

毛泽东认为,中国是一个大国,内外情况又非常复杂,原有的国民经济体系又比较落后,如当时的中国连汽车、飞机、坦克和拖拉机都不能造,由此可以看到我们的落后程度。因此,"要建成社会主义,并不是轻而易举的事"①。他指出,建成社会主义可以经过几个五年计划,但要建成具有强大工业化的国家则要经过几十年的艰苦努力,他认为至少 50 年的时间,20 世纪的整个下半个世纪都要为此而奋斗。在谈到困难时他认为,今天建设社会主义现代化遇到的困难并不比民主革命时期遇到的困难少,甚至还会遇到比以前更大的困难。当然,毛泽东也同时指出,共产党人有不怕困难的精神,共产党人面对困难的态度是在战术上重视困难,在战略上藐视困难,这样我们就有了战胜困难的勇气。

二、十一届三中全会至十八大召开中国特色社会主义现代化建设的认识

党的十一届三中全会至党的十八大,以邓小平、江泽民、胡锦涛为主要代表的中国共产党人在总结改革开放前社会主义现代化建设经验的基础上,提

---

① 《毛泽东文集》第六卷,人民出版社 1999 年版,第 390 页。

出并实践了中国特色社会主义现代化建设道路,为新时代中国特色社会主义现代化建设打下了良好基础。

首先,中国的现代化建设必须有政治保证。

现代化道路首先在西方国家肇始,因而在很多人看来,现代化就应该是"西方化",即建立在资本主义制度之上的现代化。中国自近代以来,一直有人在坚持中国的现代化道路就应该走西方式的道路。改革开放以后,当面对中国与西方的发展差距时,有人又重提"西化"的言论,认为只有采用"西方模式"才能使中国实现现代化。对于出现的错误观点,邓小平特别明确指出,要搞现代化建设,就必须有政治保证,有安定的政治局面,这就是坚持四项基本原则。"我们搞的现代化,是中国式的现代化。我们建设的社会主义,是有中国特色的社会主义。"①

走中国式的现代化道路,即有中国特色的社会主义现代化道路是贯彻在邓小平对现代化建设思想的全部内容之中的。在他看来,中国不建设现代化不行,不建设有中国特色的社会主义现代化更不行。在谈到对外开放政策时他认为,我们搞改革开放,不是离开社会主义道路来搞,而是在坚持社会主义的前提下搞,是在坚持四项基本原则的前提下搞,如果不坚持中国共产党的领导,中国的现代化不搞社会主义的现代化,那么中国就会没有前途,"走自己的路,建设有中国特色的社会主义,中国才有希望。"②在邓小平看来,中国的历史发展已经证明中国不能走资本主义的现代化道路,因为中国人口众多,如果走资本主义的道路,就可能导致严重的贫富悬殊,就可能"形成一个新的资产阶级"③,最终只实现少部分人的富有,而大量的人仍然将处于贫困状态,只有坚持走社会主义的现代化道路,中国才能够从根本上解决贫穷的问题。

江泽民在谈到现代化建设的政治保证时指出,在坚持四项基本原则的前

---

① 《邓小平文选》第三卷,人民出版社 1993 年版,第 29 页。
② 《邓小平文选》第三卷,人民出版社 1993 年版,第 197 页。
③ 《邓小平文选》第三卷,人民出版社 1993 年版,第 208 页。

提下搞现代化建设,这是中国的现代化与其他国家现代化的根本区别。他强调:"我们进行现代化建设,必须有正确的政治方向和坚强的政治保障。"①如果离开了社会主义,那么就不能建设有中国特色的社会主义,我们的现代化建设事业就不能成功。所以,建设社会主义现代化,坚持正确的政治保证是任何时候都不能动摇的。

胡锦涛谈到在新的历史时期要加快社会主义现代化建设,必须高举中国特色社会主义伟大旗帜,这个旗帜是当代中国发展进步的旗帜,也是全党全国各族人民团结奋斗的旗帜。在庆祝中国共产党成立九十周年大会上的讲话中他指出,中国特色社会主义道路,是实现社会主义现代化的必由之路,也是创造人民美好生活的必由之路,建设中国特色社会主义现代化国家,必须坚持中国特色社会主义道路。

其次,必须高度重视科学技术的发展。

18世纪以来人类现代化进程的历史经验表明,没有科学技术的发展就不可能有现代化,就不可能有发达的工业化,也不可能有效地推进城市化。因此,大力发展科学技术成为推进社会主义现代化建设必须解决好的重大问题。

1978年3月18日,在全国科学技术大会的开幕式上,邓小平指出:"四个现代化,关键是科学技术的现代化。没有现代科学技术,就不可能建设现代农业、现代工业、现代国防。没有科学技术的高速度发展,也就不可能有国民经济的高速发展。"②邓小平在讲话中分析了科学技术在人类社会发展中的重要作用,回顾了科学技术的发展历程,指出人类社会生产力水平的每一次进步都是依靠科学技术开辟的道路,生产效率的大幅度提升,就是依靠科学技术的力量。邓小平肯定了新中国成立以来我国在科学技术方面取得的巨大成就,但也指出了我国在科学技术方面与发达国家的差距。因此,要建设社会主义现代化,必须大力发展我国的科学技术,尽快缩小我们同发达国家之间的差

---

① 《江泽民论有中国特色社会主义(专题摘编)》,中央文献出版社2002年版,第35页。
② 《邓小平文选》第二卷,人民出版社1994年版,第86页。

距。为此，邓小平后来提出了科学技术是第一生产力的判断。在后来会见华裔科学家李政道的时候还指出，发展科学技术是全世界共同的事业，因为"实现人类的希望离不开科学，第三世界摆脱贫困离不开科学，维护世界和平离不开科学"①。

江泽民在谈到科学技术对社会主义现代化建设的作用时认为，加快我国科学技术的发展速度，缩小同发达国家的差距，是摆在全党全国各族人民面前的一项紧迫任务，因此，在社会主义现代化建设过程中，必须把科学技术放在优先发展的战略地位，坚持"依靠科学技术进步来提高经济效益和社会效益"②。从而产生事半功倍的效果，因此，江泽民认为，要充分估量科学技术在经济发展中的决定性因素，特别是科学技术对一个国家的综合国力的影响、对社会结构的作用以及对人民群众生活的巨大影响，认为必须把科学技术放在经济发展的关键性地位，他特别强调科学技术要面向经济建设这个主战场，依靠科学技术来不断推动经济的快速高质量发展。

胡锦涛对科学技术在现代化建设中的作用也高度重视，认为科学技术发展是建设创新型国家的关键性因素，是全面建设小康社会的强力支撑。他在2006年召开的全国科学技术大会上指出，要显著提升科学技术在促进经济社会发展和保障国家安全中的作用，要加强基础科学和前沿科学的研究，取得一批在世界具有重大影响的科学技术成果。胡锦涛认为，在建设创新型国家的过程中，科学技术起到关键性作用。走中国特色自主创新道路，核心就是坚持自主创新，而提高自主创新能力要摆在全部科学技术工作的首位，中国必须在若干重要领域掌握一批核心技术，从而在核心技术上不受制于人。因此，必须加强推进国家创新体系和创新建设，为科学技术发展提供良好的制度保障和文化环境。

最后，人是实现现代化的关键。

① 《邓小平文选》第三卷，人民出版社1993年版，第183页。
② 《江泽民论有中国特色社会主义（专题摘编）》，中央文献出版社2002年版，第230页。

　　中国的现代化与西方发达国家的现代化相比存在起步较晚、起点较低的特点,如何能够在较短的时间内缩小与发达国家的差距,这是摆在中国特色社会主义现代化建设面前必须解决的问题。在坚持政治保证、加快科学技术发展的基础上,中国自改革开放以来的现代化建设紧紧抓住了人,特别是人才这一关键性因素,通过提升全民素质,加快人才队伍建设,不断推进中国的现代化进程。

　　在1978年召开的科学技术大会上,邓小平在分析科学技术对现代化建设的根本性作用的同时,特别指出了人在现代化建设中的作用。在谈到生产力包含的生产资料和劳动力因素时指出,在生产力的发展过程中,科学技术是渗透于生产力要素中的因素,因为历史上任何时期的生产资料都是同一定的科学技术相结合的,没有完全脱离科学技术的生产资料;而历史上的劳动力又都是掌握了一定科学技术知识的劳动力,人是生产力中最活跃的因素。他认为,生产力中的人不是抽象的,而是掌握一定科学文化知识和生产经验、具有一定劳动技能、能够实现物质生产的人,特别是当代,具有科学文化知识和劳动技能的人更能够在科学技术发展中发挥更大的作用。他指出,在社会主义社会,体力劳动者和脑力劳动者都是社会主义的劳动者,都能够在社会主义现代化建设中发挥作用。因此,中国特色社会主义现代化建设必须加强人才队伍建设,加快科研机构和科研体制的改革,同时大力发展教育,培养更多的具有知识和技能的劳动者,"要有一支浩浩荡荡的工人阶级的又红又专的科学技术大军,要有一大批世界一流的科学家、工程技术专家"①。

　　江泽民在谈到人在现代化建设中的作用时指出,在中国这样人口众多、资源相对不足的国家中搞现代化,要依靠什么来实现现代化的目标呢?具有决定性意义的一条就是要把"经济建设转到依靠科技进步和提高劳动者素质的轨道上来,真正把教育摆在优先发展的战略地位,努力提高全民族的

---

① 《邓小平文选》第二卷,人民出版社1994年版,第91页。

思想道德和科学文化水平,这是实现现代化的根本大计"①。并将这项工作认为是"贯彻党的基本路线的必然要求,是坚持基本路线一百年不动摇的必然要求"②。所以要培养更多高素质的劳动者,必须把科教兴国放在优先发展的地位。

胡锦涛对人才在现代化建设中的作用高度重视,指出:"人才问题是关系党和国家事业发展的关键问题,人才工作在党和国家工作全局中具有十分重要的地位。"③在谈到人才队伍建设时,胡锦涛认为,我国的人才队伍建设取得了较大成就,但也还存在许多不足,如支撑人才队伍建设的国民教育体系还不够完善、劳动者素质与社会主义现代化建设的要求之间还存在差距、人才队伍建设的体制机制还有待进一步健全等,为此,胡锦涛指出要树立科学人才观,认真落实好人才强国战略,为社会主义现代化培养更多的人才。

在这个时期,在理论上中国共产党人形成了中国特色社会主义现代化建设的系统理论,为现代化建设实践提供了科学的理论指导;在实践中,中国特色社会主义现代化建设特别是农业、工业、国防和科学技术的现代化取得了巨大成就,在坚持社会主义道路的基础上,大胆吸收世界上其他国家发展现代化的经验,立足中国现代化建设实际,走出了一条符合中国实际、具有中国特色和世界意义的现代化道路,为人类现代化进程作出了重大贡献。

三、党的十八大以来对全面建设社会主义现代化的认识

党的十八大以来,以习近平同志为核心的党中央在社会主义现代化建设上进行了大胆探索与实践,不断丰富和完善了现代化建设理论,在"创造中国式现代化道路"上作出了新的探索,为中华民族的伟大复兴打下了良好基础。

首先,全面建设社会主义现代化是党在新的历史时期担负的历史重任。

---

① 《江泽民论有中国特色社会主义(专题摘编)》,中央文献出版社 2002 年版,第 231 页。
② 《江泽民论有中国特色社会主义(专题摘编)》,中央文献出版社 2002 年版,第 231 页。
③ 《胡锦涛文选》第二卷,人民出版社 2016 年版,第 123 页。

新的历史时期,中国共产党面临着新的历史重任,这就是全面建成小康社会、加快推进社会主义现代化和实现中华民族的伟大复兴。这是党的十八大以来习近平在多次讲话中不断向全党强调的问题。在习近平看来,加快推进社会主义现代化,对于实现中华民族伟大复兴具有非常重要的意义。

在高举中国特色社会主义伟大旗帜、继续坚持中国特色社会主义现代化道路的基础上,习近平认为,今天的中国比任何时期都更接近中华民族的伟大复兴,但今天的中国发展面临着更大的困难和挑战,因而必须加快推进社会主义现代化建设,使中国在激烈的国际竞争面前能够占有更大的主动权。因此,要加快推进社会主义现代化建设,必须统筹推进"五位一体"总体布局和协调推进"四个全面"战略布局,以时不我待的精神,攻坚克难的勇气去实现我们的奋斗目标。

其次,不断丰富社会主义现代化建设的内容。

在社会主义现代化建设问题上,党的十八大以来,以习近平同志为核心的党中央在坚持推进农业、工业、国防和科学技术现代化的同时,不断丰富和完善社会主义现代化建设的内容,尤其是在"新型四化"和国家治理体系和治理能力的现代化建设方面,在中国特色社会主义现代化建设进程中具有非常重要的创新意义。

党的十八大报告中在讲到加快完善社会主义市场经济体制和转变经济发展方式时,提出了要坚持走中国特色新型工业化、信息化、城镇化、农业现代化道路,推动信息化和工业化深度融合、工业化和城镇化良性互动、城镇化和农业现代化相互协调,促进新型工业化、信息化、城镇化、农业现代化同步发展,学术界称之为"新型四化"。"新型四化"的提出进一步丰富了现代化建设的内容,是新时期社会主义现代化建设必须要解决好的问题。2013年9月30日,中央政治局举行了第九次集体学习,在学习过程中习近平分析了中国的现代化与西方现代化的区别,指出西方发达国家在工业化、信息化、城镇化、农业现代化的发展中是顺序推进的"串联式"发展过程;而我国由于是后发国家,不能照搬西方的模式，我们要走"并联式"的叠加发展模式，这样才能做到后来居上。习近平特别强调城镇化对于推进"新型四化"的作用，认为城镇化是现代化的必由之路，对全面建成小康社会具有重大的现实意义和深远的历史意义。在"新型四化"的建设上，习近平强调不能畸轻畸重，要协同发展。在党的十九大报告中，对"新型四化"的建设进行了全面部署，对有效推进工业化、信息化、城镇化、农业现代化建设具有非常重要的指导作用。

在社会主义现代化建设过程中，国家治理体系和治理能力的现代化在党的十八大以来受到了高度重视。党的十八大以后习近平在很多地方都谈到了国家治理体系和治理能力建设的重要性，认为这是我国新的历史时期现代化建设的重要内容。党的十八届三中全会把推进国家治理体系和治理能力现代化作为全面深化改革的总目标。习近平指出，推进国家治理体系和治理能力的现代化是一个时代的要求，是不断推进现代化建设的必然之举。习近平指出，怎样治理社会主义社会这样全新的社会，马克思、恩格斯没有遇到，"列宁由于在十月革命胜利后不久就去世了，没有来得及深入探索这个问题。"①这个问题又是社会主义现代化建设中必须解决好的问题。国家治理体系就是在党的领导下管理国家的制度体系，治理能力则是运用国家制度管理社会各方面的能力，二者相辅相成，是一个有机整体，有好的治理体系才能提高国家的治理能力，而提高国家治理能力才能充分发挥国家治理体系的效能。在党的十九大报告中，习近平多次谈到了国家治理体系和治理能力，党的十九届四中全会更是对完善中国特色社会主义治理体系和提升治理能力作出了全面部署，为深入推进中国特色社会主义提供了制度保障。

在现代化建设上，党的十八大以来，中国共产党对现代化建设内容的理解更加全面和深化，除了以上提到的"新型四化"和国家治理体系、治理能力现代化以外，对人的现代化等问题也高度重视，认为现代化的本质就是人的现代

---

① 参见《习近平谈治国理政》，外文出版社 2014 年版，第 91 页。

化,这些对现代化的认知,为新时期社会主义现代化建设指明了方向。

最后,全面建成社会主义现代化强国经历的两个阶段。

社会主义现代化强国作为现代化建设的奋斗目标,在十九大报告中提出了分两个阶段完成的战略安排,这一规划为奋斗目标的实现指明了阶段和步骤,充分展现了中国特色社会主义现代化建设的光明前景。

第一个阶段的时间点是从 2020 年到 2035 年,目标是基本实现社会主义现代化。到了 2035 年,在经济建设方面,我国的经济实力和科技实力将大幅度跃升,国家将跻身创新型国家前列。在政治建设方面,人民的平等参与、平等发展的权利得到充分保障,法治国家、法治政府和法治社会基本建成,国家治理体系和治理能力现代化基本实现。在文化建设方面,社会文明程度达到新的高度,国家文化软实力显著增强,中华文化影响力更加广泛深入。在社会建设方面,人民生活更为宽裕,中等收入群体比例明显提高,城乡区域发展差距和居民生活水平差距显著缩小,基本公共服务均等化基本实现,全体人民共同富裕迈出坚实步伐;现代社会治理格局基本形成,社会充满活力又和谐有序。在生态文明建设方面,生态环境根本好转,美丽中国目标基本实现。

第二个阶段的时间点是从 2035 年到 21 世纪中叶,这个阶段的目标是在基本实现现代化的基础上,把我国建设成为富强民主文明和谐美丽的社会主义现代化强国。到那时,我国物质文明、政治文明、精神文明、社会文明、生态文明将全面提升,实现国家治理体系和治理能力现代化,成为综合国力和国际影响力领先的国家,全体人民共同富裕基本实现,我国人民将享有更加幸福安康的生活,中华民族将以更加昂扬的姿态屹立于世界民族之林。

党的十八大以来,中国特色社会主义现代化建设在实践中迈开了坚实的步伐,在经济、政治、文化、社会和生态建设、国防现代化建设等方面都取得了巨大成就。开创了中国特色社会主义现代化建设的新局面。

第二节　新时代中国特色社会主义现代化建设的问题审视

党的十八大以来,以习近平同志为核心的党中央面对内外环境的复杂局面,带领全国人民取得了全方位和开创性的成就,实现了深层次和根本性的变革。但在新的历史起点上,进一步推进中国特色社会主义建设还面临许多困难和挑战。直面前进道路上的问题,是不断推进中国特色社会主义现代化进程的必然要求。

一、发展中的不平衡不充分的问题

发展的不平衡与不充分的矛盾作为当前面临的主要矛盾,在社会发展的各个领域也有明显的体现。不平衡主要表现在区域发展不平衡、领域发展不平衡、群体发展不平衡等方面。不充分与不平衡是相互关联的,在一定程度上,不充分发展体现在发展的方方面面,从宏观上看,虽然中国特色社会主义已经取得了巨大成就,但对中国特色社会主义发展规律的认识还不够充分,对发展内容的把握还不够全面,中国特色社会主义的优越性还没有得到充分发挥。从微观上看,在经济、政治、文化、社会和生态建设的改革领域,在强军兴军、国防外交和党的建设等方面都还存在许多需要不断发展和完善的地方。不平衡和不充分发展的问题是我们必须面对和解决的重要问题。

以区域发展的不平衡为例。从中国目前的地区发展状况来看,发展程度可以用阶梯递减形状来表示,即从东南沿海到西部呈现阶梯状递减状态,以地区发展的 GDP 指标为例:

从表 13-1 中可以看到,2020 年,东部沿海地区经济发展无论是从总量还是人均地区生产总值都比中部和西部地区高,北京、上海、天津、山东、江苏、浙江、福建、广东等其中的沿海地区人均生产总值均高于全国平均水平。而作为老工业基地的东北三省在振兴东北老工业基地背景下迎来了新的发展机遇，但发展压力仍然很大。处于中部地区的湖北、河南以及处于西部地区的重庆、四川等地区经济发展速度较快，但与东部沿海地区相比仍然存在较大的差距。而西部的新疆、青海、宁夏、西藏等地区的发展与东部沿海地区差距更大，虽然这些地区占中国国土面积较大，同时拥有丰富的自然资源，但由于各种原因所导致的发展难度较大。

表 13-1　全国及部分省、市、自治区 2020 年全国（或地区）生产总值及人均生产总值①

全国与各地	GDP（亿元）	人均生产总值（元/人）	与全国人均 GDP 相比较
全国	1013567.0	71828	
北京	36102.55	164889	高于全国人均 GDP
上海	38700.58	155768	高于全国人均 GDP
天津	18549.19	101614	高于全国人均 GDP
重庆	25002.793	78170	高于全国人均 GDP
江苏	102718.98	121231	高于全国人均 GDP
浙江	64613.34	100620	高于全国人均 GDP
山东	73129.00	72151	高于全国人均 GDP
福建	43903.89	105818	高于全国人均 GDP
内蒙古	17359.82	72062	高于全国人均 GDP
广东	110760.94	88210	高于全国人均 GDP
辽宁	25114.96	58872	低于全国人均 GDP
吉林	12311.32	50800	低于全国人均 GDP
黑龙江	13698.508	42635	低于全国人均 GDP

① 数据来源于国家统计局官网。

全国与各地	GDP（亿元）	人均生产总值（元/人）	与全国人均 GDP 相比较
河北	36206.892	48564	低于全国人均 GDP
山西	17651.932	50528	低于全国人均 GDP
河南	54997.073	55435	低于全国人均 GDP
湖南	41781.496	49558	低于全国人均 GDP
湖北	43443.469	60199	低于全国人均 GDP
安徽	38680.630	63426	低于全国人均 GDP
江西	25691.501	56871	低于全国人均 GDP
陕西	26181.861	66292	低于全国人均 GDP
甘肃	9016.70	35995	低于全国人均 GDP
四川	48598.762	58126	低于全国人均 GDP
云南	24521.904	51975	低于全国人均 GDP
贵州	17826.563	46267	低于全国人均 GDP
广西	22156.696	44309	低于全国人均 GDP
青海	3005.92	50819	低于全国人均 GDP
宁夏	3920.55	54528	低于全国人均 GDP
新疆	13797.586	53593	低于全国人均 GDP
海南	5532.39	55131	低于全国人均 GDP
西藏	1902.74	52345	低于全国人均 GDP

事实上,发展的不平衡性不仅体现在全国范围内,即使在一个地区也存在不平衡发展的问题。

以四川省为例。近年来四川省充分利用国家给西部地区提供的政策倾斜以及"一带一路"倡议所提供的发展机遇,在经济社会发展方面取得了显著成绩,GDP 总量排名全国第六。但从四川的发展状况来看,不平衡的特征也非常明显。

表 13-2　2020 年四川各市、州 GDP 总量一览（亿元）①

市/州	GDP	市/州	GDP	市/州	GDP
成都	17716.7	凉山州	1733.15	资阳	807.5
绵阳	3010.08	内江	1465.88	巴中	766.99
宜宾	2802.12	自贡	1458.44	雅安	754.59
德阳	2404.1	眉山	1423.74	阿坝	411.75
南充	2401.08	遂宁	1403.18	甘孜	410.61
泸州	2157.2	广安	1301.6		
达州	2118	攀枝花	1040.82		
乐山	2003.4	广元	1008.01		

从表 13-2 可以看出,四川各市、州发展的不平衡性特点非常突出。作为四川经济发展中心,成都市在全省经济总量中的占比较高,占到全省经济总量的 36.45%,成都市可以称为四川省经济发展的"命根子"。而 GDP 总量上 3000 亿元的只有绵阳市。如果从市、州之间进行比较的话,最低的甘孜州的经济总量只是成都市的 2.3%。经济总量只是一个指标,如果从综合性发展来看,地区之间的发展差距更大,特别是民生领域的建设,成都市在一定程度上集中了全省的优质资源,不管是在教育还是医疗等关系群众民生问题的领域,其他地区与成都市都存在非常大的差距。如教育资源方面,成都市作为一个教育大市,拥有非常丰富的教育资源。成都有 2 所"985 高校",4 所"211 高校",8 所"双一流高校",30 多所本专科学校;有 14 所国家级重点中学,而其他地区拥有国家级重点中学最多的绵阳市也只有 6 所。在医疗资源方面,成都市拥有几十所三甲医院,特别是四川大学华西医院更是拥有全国一流的医疗资源。因此,同全国发展状况一样,不平衡性问题将是四川省未来发展需要解决的主要问题之一。

---

① 数据来源于四川省政府官网。

二、现代化建设领域面临的问题

第一，经济发展的效益和质量还有待进一步提高，创新能力需要增强，实体经济水平有待提升。

自改革开放以来，经济发展的效益和质量问题就受到了高度的重视。从根本意义上讲，实施改革开放本身就是为了提高经济发展的效益和质量。改革开放前由于发展上的失误，中国社会主义建设中的经济建设表现出效率低下、质量不高的状况，延误了中国的发展进程。以邓小平为主要代表的中国共产党人开启了改革开放的伟大进程，为提升经济发展的效益和质量提供了根本保障。

然而，当前中国经济发展的效益和质量还有待提高，创新对经济发展的驱动作用还不够强，实体经济的发展水平还有待提升，主要表现在：

表现一，部分产业产能过剩，资源浪费明显。

梳理近些年来工信部发布的治理产能过剩的企业名单可以发现，我国出现产能过剩的行业主要包括钢铁、水泥、电解铝、平板玻璃、船舶、土木建筑、化学原料及化学制品、非金属矿物制品等行业，具体见表13-3：

表 13-3　部分行业产能情况①

行业	细分行业或产品	2015 年	2016 年	2017 年	2018 年
电力、热力生产和供应业	电力生产	正常	过剩	过剩	轻度过剩
煤炭开采和洗选	煤炭	过剩	过剩	轻度过剩	轻度过剩
土木工程建筑	建筑施工	过剩	过剩	过剩	过剩
黑色金属冶炼及压延业	钢铁	过剩	过剩	过剩	过剩
化学原料及化学制品	三酸两碱、化肥等部分低端品种	过剩	过剩	过剩	过剩
非金属矿物制品	水泥、平板玻璃	过剩	过剩	过剩	过剩

① 资料来源于 2017 年 12 月 28 日搜狐财经。

行业	细分行业或产品	2015 年	2016 年	2017 年	2018 年
有色金属冶炼及压延业	电解铝、精铜	过剩	轻度过剩	轻度过剩	轻度过剩
汽车制造业	整车	正常	正常	轻度过剩	轻度过剩
其他	造船	过剩	过剩	过剩	过剩

从表 13-3 可以看出,2015—2018 年,经历了供给侧结构性改革。部分行业的产能过剩情况得到缓解,但建筑施工、钢铁、三酸两碱、化肥等部分低端品种以及水泥、平板玻璃、造船这些行业仍然处于产能过剩的状况。产能过剩导致大量"僵尸企业"的出现。所谓"僵尸企业",主要是指那些停产或者半停产,主要靠政府补贴和银行贷款维持的企业,这些企业占用了大量的社会资源,产生了许多不必要的能源消耗。

产能过剩是一个相对的概念,指一定产业部门生产出来的产品超过了社会的需求能力。导致产能过剩有多种原因,包括投资过热、需求有限、需求变化等,因而,在一定意义上,产能过剩可以分为两种情况,一是绝对过剩,二是相对过剩。绝对过剩是产业部门生产的产品超过了社会的总需求,出现绝对过剩的原因往往是投资过度或者产品结构已经不能适应需求的变化,导致产品的绝对剩余。相对过剩是在一定时期内产业结构调整所引起的产品需求变化,相对过剩可以通过需求结构的调整予以解决。

从我国部分行业出现产能过剩的原因来看,我国改革开放 40 多年来经济一直保持较快速度的增长,在拉动经济发展的三驾马车——投资、出口和消费中,投资在对经济增长的促进作用上发挥了重要作用,而改革开放前在基础设施建设上的欠账又使得大量资金流入以钢铁、水泥为代表的基础性行业,使这些行业长期以来维持着较高的投入和产出,而一旦经济出现波动,投资过度的问题就随之产生。从行业自身来看,许多企业长期以来依靠数量增长来维持自身的发展,忽视了企业自身的内涵建设,出现了大量低端产业的企业以及高污染高耗能的企业,产品的技术含量不高、产品附加值低。在全球产业链中,中国制造虽然地位有了极大提升,但在许多产业链中的地位与中国作为世界第二大经济体的地位还不相称。

表现二,创新能力需要进一步增强。

自熊彼特将创新纳入经济增长的要素以来,创新在经济增长中的作用受到了人们的重视。20 世纪中期以来,随着新一轮科学技术革命浪潮的到来,科技创新在经济发展中的作用越来越突出,许多国家抓住新一轮科技革命的机遇,大力发展科学技术,实现了经济的快速增长,为我们思考当前创新对经济发展的推动作用提供了可供借鉴的样板。

我国自改革开放以来对科学技术与教育的发展就高度重视。1977 年恢复高考制度以后为国家培养了大量的科学技术人员,为经济保持持续增长提供了人才基础。但与发达国家相比较,科学技术创新对经济增长的推动作用还没有得到充分发挥,创新驱动作为经济增长引擎的作用还需要进一步加强,大而不强、大而不优的现象仍然很突出。根据国家统计局《2020 年全国科技经费投入统计公报》数据显示,2020 年,全国共投入研究与试验发展(R&D)经费 24393.1 亿元,比上年增加 2249.5 亿元,增长 10.2%,增速比上年回落2.3 个百分点;研究与试验发展(R&D)经费投入强度(与国内生产总值之比)为 2.40%,比上年提高 0.16 个百分点。按研究与试验发展(R&D)人员全时工作量计算的人均经费为 46.6 万元,比上年增加 0.5 万元。[1] 总体看来,2020 年我国在科技经费的投入上有大幅度增长,但在一些关键行业和关键领域的研发还需要进一步突破。

《2017 年全国科技经费投入统计公报》数据显示,2017 年,全国共投入研究与试验发展(R&D)经费 17606.1 亿元,比上年增加 1929.4 亿元,增长12.3%,增速较上年提高 1.7 个百分点;研究与试验发展(R&D)经费投入强度

---

① 国家统计局科学技术部、财政部《2020 年全国科技经费投入统计公报》,http://www.stats.gov.cn/xxgk/sjfb/tjgb2020/202109/t20210922_1822385.html。

（与国内生产总值之比）为 2.13%，比上年提高 0.02 个百分点。按研究与试验发展（R&D）人员（全时工作量）计算的人均经费为 43.6 万元，比上年增加 3.2 万元。①

表 13-4　2020 年分行业规模以上工业企业研究与试验发展
（R&D）经费情况②

行　业	R&D 经费（亿元）	R&D 经费投入强度（%）
合计	15271.3	1.41
采矿业	294.8	0.73
煤炭开采和洗选业	120.1	0.58
石油和天然气开采业	80.1	1.20
黑色金属采矿业	18.3	0.44
有色金属矿采选业	22.6	0.82
非金属矿采选业	20.3	0.55
开采专业级辅助性活动	33.4	1.58
制造业	14783.8	1.54
农副食品加工业	276.6	0.54
食品制造业	157.3	0.81
酒、饮料和精制茶制造业	89.7	0.61
烟草制品业	28.0	0.25
纺织业	231.4	0.99
纺织服装、服饰业	105.8	0.76
皮革、毛皮、羽毛及其制品和制造业	90.3	0.89
木材加工和木、竹、藤、棕、草制品业	67.3	0.78
家具制造业	90.7	1.28
造纸和纸制品业	136.6	1.04

---

①　数据来源于国家统计局网站。
②　数据来源于国家统计局网站。

续表

行 业	R&D 经费(亿元)	R&D 经费投入强度(%)
印刷和记录媒介复制业	93.6	1.41
文教、工美、体育和娱乐用品	101.5	0.83
石油、煤炭及其他燃料加工业	189.6	0.45
化学原料和化学制品制造业	797.2	1.25
医药制造业	784.6	3.13
化学纤维制造业	132.4	1.66
橡胶和塑料制造业	444.8	1.74
非金属矿物制造业	513.1	0.88
黑色金属冶炼和压延加工业	799.3	1.09
有色金属冶炼和压延加工业	418.8	0.77
金属制品业	561.9	1.44
通用设备制造业	977.9	2.38
专用设备制造业	966.0	2.85
汽车制造业	1363.4	1.67
铁路、船舶、航空航天和其他运输设备制造业	485.2	3.12
电气机械和器材制造业	1567.1	2.26
计算机、通信和其他电子设备制造业	2915.2	2.35
仪器仪表制造业	293..7	3.59
其他制造业	48.1	1.98
废弃资源综合利用业	38.4	0.65
金属制品、机械和设备制造业	18.7	1.28
电力、热力、燃气及水生产和供应业	192.7	0.24
电力、热力生产和供应业	151.8	0.22
燃气生产和供应业	23.6	0.25
水的生产和供应业	17.2	0.48

根据国家统计局网站发布的公告可以看出,2020年我国分行业规模以上工业企业研究与试验发展经费的投入强度,最高的集中在仪器仪表制造、医药制造、铁路、船舶、航空航天和其他运输设备制造业等行业,较低的集中在电力、热力生产和供应业等。

研发投入是衡量企业创新程度的重要指标,从中国各行业对研发的投入可以看出,创新在经济发展中的作用还不够强,创新投入和创新意识与适应经济发展新常态的要求还存在差距。因此,提升创新对经济发展的支撑作用显得尤为重要。

表现三,实体经济水平有待提升。

习近平多次谈到要提升实体经济发展水平。在2016年中央经济工作会议上,指出了经济发展中的三个失衡现象,包括实体经济的结构性供需失衡、金融与实体经济的失衡、房地产与实体经济的失衡,其中,金融与实体经济的失衡现象尤为突出。

一是实体经济的结构性供需失衡。综合经济学家对实体经济的界定,一般认为,实体经济是生产物质产品以及提供与此相关的服务产业部门,主要包括第一产业、第二产业和现代生产性服务业及生活性服务业;虚拟经济则是以资本化定价为基础的经济,主要包括带有投资性的金融行业。实体经济是人类自从有了经济活动以后就存在的,而虚拟经济则是在实体经济发展到一定程度以后才出现的,服务于实体经济为其根本目的。以制造业为例。制造业是实体经济的基石,当前我国存在的实体经济的结构性失衡在制造业的结构性上尤为突出。从产业结构上看,我国制造业在某些领域已经站在世界的前列,但总体来看,制造业的结构优化程度有待进一步提升,而高端制造在制造业中的发展程度显著不足。在制造业中存在如钢铁、建材、化工等产能过剩的行业,这些产能过剩的行业不仅浪费了大量的资源,而且影响了制造业的换代升级,影响国民经济的发展质量,而高技术含量和高附加值的高新技术制造业发展不够,高端制造业占比不高,因而导致许多产业在全球产业链中处于低端,重大核心技术受制于人,"缺芯"现象比较严重。从产品结构来看,大量低端产品占据了相当大比重,许多行业低水平重复生产的现象比较严重,产品质量的公信度不高,高端产品供给不足,这也是中国游客海外抢购现象发生的一个重要原因。

二是金融与实体经济的失衡。在实体经济结构失衡、盈利能力下降的情况下,为了扩大需求往往出现了把结构性供需矛盾等同于总体需求不足,于是通过增发货币来进一步扩大需求,在实体经济盈利能力不足的情况下,货币就将进入非实体经济领域,导致经济泡沫的产生。于是出现了许多地区的金融总量与实体经济不对应的现象。一方面实体经济的发展需要资金支持,但另一方面货币又不愿意进入实体经济,这样一来就导致货币在金融业内部循环,大量游资追求一夜暴富而不愿意投入实体经济领域,结果金融业占国民经济的比重上升,而工业特别是制造业在国民经济中的比重下降,出现实体经济与金融的失衡。

三是房地产与实体经济的失衡。由于实体经济发展存在的结构性失衡现象,金融不愿意进入实体经济领域,结果导致大量资金进入房地产行业。房地产行业本身属于实体经济领域,但对房地产市场进行投机带动价格大幅上涨,使得投资房地产比投资实体经济更有收益,这种房地产市场的高收益就更加诱使资金向房地产市场流动,从而使房地产市场脱实向虚,增加经济泡沫的成分,进而使许多地方的经济增长过分依赖于房地产市场的繁荣,而不愿意在发展实体经济上开动脑筋,寻找办法,从而使实体经济的成本不断攀升,实体经济发展更加困难。

第二,社会文明水平尚需提高。

社会文明水平是一个国家发达程度的标志。文明与文化是两个既有联系又有区别的范畴。文化有广义与狭义两种理解,广义的文化是人类活动以及创造的所有成果,包括物质性成果和精神性成果,狭义的文化仅指社会的精神性活动及其产品。对文明一词的使用,在学术界比较宽泛。文明有时指称人类文化发展的阶段,如"史前文明""农业文明""工业文明"等,有时也指称文化的不同发展样式,如轴心时代的人类文明的几种形式,包括"中华文明""古希腊罗马文明""尼罗河文明""古巴比伦文明""印度河恒河文明""玛雅文明"等。"社会文明水平"语境中的"文明"表达的则是社会的精神状态以及与之相应的人们的行为方式,核心是社会的价值观以及相关的行为选择,具体包括人们的思想觉悟、道德水准和文明素养。

中华文明作为世界上唯一没有断裂过的文明形式,为今天中国的发展提供了深厚的文化积淀,为社会主义精神文明建设提供了文化支撑。改革开放以来,我们在精神文明建设方面做了大量卓有成效的工作,社会文明程度得到了极大提升,但也存在许多问题,这些问题已成为进一步推进社会主义现代化建设的障碍。

思想觉悟是人们对社会规范的自觉认知与内化,是人们思想活动的产物,其重心在"觉悟"。思想觉悟的对象是社会规范,其过程表现为对社会规范的认识与理解,核心是对社会核心价值的认识。中国特色社会主义的核心价值从价值体系来看包括四个层面,即指导思想层面、理想层面、中国精神层面和价值选择层面,从核心价值观来看则包括国家层面、社会层面和个人层面。价值观的认同是行为认同的基础,也是一个社会中人的思想觉悟高低的重要表现。同时,思想觉悟还包括对其他社会规范的认知,涉及道德、法律、社会风尚等。从实际情况看,整个社会的价值观认同和社会规范认知水平虽然有所提高,但仍然需要进一步提升,特别是随着开放程度的加深和市场经济的发展,价值观多元化带来的冲击不可小觑,价值观错位甚至价值观错误对人们行为的影响仍然存在,价值观共识还有待进一步加强。

道德在社会生活中发挥着非常重要的功能和作用,道德水准是反映社会文明程度的重要标识,是源自生活并反作用于生活的行为准则。中华民族被称为礼仪之邦,道德在中华民族的发展史上发挥着非常重要的行为约束与调节功能,道德在中国特色社会主义建设中也具有基础性作用。道德孕育了中华民族的宝贵精神品格,也培育了中国人民的崇高价值追求,是继续推进中国特色社会主义建设的强大精神力量。但近些年道德建设领域也出现了一些问题,如个别地方和领域存在的社会公共秩序的失序、社会诚信的缺失、家庭美德的失效以及个人品德的缺失等,这些问题表明,要实现中华民族的伟大复兴,必须不断提高全社会的道德水准,提升人们自觉履行道德的能力。

文明素养是社会文明程度的重要表现,是个体内在文明修养与外在文明行为的有机统一。从内在文明修养维度看,一个人的文明素养体现为良好的个人知识文化修养,这种素养来自个人长期的知识文化涵养,基础在于对人类知识的认知。从外在行为维度看,文明素养体现为符合社会文明规范要求的行为。在社会中还存在的乱占座、公共场所高声喧哗、随地吐痰、乱扔垃圾、横穿马路、网络语言暴力等行为表明,要建设一个社会主义现代化强国,不仅需要强大的硬实力,更需要包括公民文明素养等内容的软实力做支撑,最终实现国家的现代化。

第三,民生领域存在许多短板,影响了人民群众在建设进程中的获得感。

民生也即人民的生活,民生问题关系到千家万户的生活,是衡量执政党执政能力的重要标准。中国共产党的初心和使命决定了必须把不断改善和提高人民群众的生活质量放在重中之重,中国特色社会主义的建设历程就是一个不断改善人民群众生活、增强人民群众的获得感和幸福感的历程。但随着中国特色社会主义建设的不断推进,关乎人民群众切身利益的民生领域的建设也面临着许多困难,需要我们在今后的工作中不断加以解决。

习近平高度重视民生建设,多次强调指出要关注民生领域存在的问题,特别是要关注人民群众在就业、安全生产、教育、社会治安、社会保障、住房和困难群众的生产生活等方面的问题。这给我们认识民生领域存在的短板提供了基本遵循。

就业是民生之本,是一个人在社会中生存和发展的基础,也是衡量一个国家和地区经济发展水平的重要指标。近年来,我国在解决就业的问题上采取了许多办法和措施,有效缓解了就业压力,但就业的结构性矛盾仍然较为突出。就业的结构性矛盾主要体现在就业的产业结构、区域结构和体制结构三个方面。从产业结构来看,由于工业化和城市化进程的不断推进,城市流入了大量的就业人口,农村出现了"空心化"现象,因而就业人口主要向第二和第三产业转移,而第一产业对就业的吸引力越来越低;从区域结构来看,由于东南沿海地区经济较发达,而中西部发展与之相比存在较大差距,东南沿海对人口就业的吸引力较强,而中西部地区的吸引力相对较差,因而东南沿海集中了大量的就业人口,出现了区域的结构性失衡。由于目前人们的观念和体制上的问题,在人口就业的取向上仍然倾向于选择体制内就业,因而在有些地方出现了行政事业单位和国企趋之若鹜而民营企业门可罗雀的现象,带来了就业的体制性结构失衡。

就业是民生的基础,但就业如果没有一个安全生产的环境,不仅不能带来民生的改善,而且会给人民群众带来损失和灾难。特别是在煤炭、油气管网、城市燃气、高层建筑、高速公路等领域安全隐患较多,一旦发生安全事故将会带来严重损失。

教育是一个国家发展程度的重要标志,同时也是最大的民生。教育的短板主要表现在教育资源配置不均衡、教育的结构性矛盾较突出、教育的质量和水平有待进一步提升。教育资源配置不均衡集中体现在城乡教育资源配置不均,优质教育资源主要集中在城市,特别是中心城市,而广大农村地区教育资源与城市相比存在较大的差距。教育的结构性矛盾突出表现在学前教育、九年义务制教育、高中阶段教育与高等教育之间发展的不平衡与不匹配,教育的系统化设计显得不足,各个阶段教育的衔接存在问题。教育水平和质量是教育发展的核心问题,外延式拓展向内涵式发展的转化力度仍显不足。教育发展中存在的问题表明,发挥教育在改善民生中的重大作用还任重而道远。

社会治安的好坏是衡量一个国家治理能力的重要指标。近年来,我国的社会治安形势总体向好,暴力犯罪案件数量下降,人民群众的安全感不断提升。但社会治安仍然存在许多短板,特别是当前正处在社会发展转型时期,也是一个矛盾高发期,改革带来的利益调整使某些人心态发生变化,因而以报复社会、制造影响为目的的个人极端暴力事件时有发生,人民群众的安全受到严重威胁。同时防止犯罪的群防群治机制还有待进一步完善,境内外敌对势力的渗透、破坏和颠覆活动带来的威胁并没有消除,而犯罪手段日趋信息化、动态化和智能化的特点又增加了维护良好社会秩序的难度。社会治安问题在新的历史时期正日益面临新的挑战,而社会治安的短板已经严重影响了人民群众的安全感和幸福感。

社会保障是维护社会公平的重要制度,是国民收入的再分配,对于实现人民群众公平享有社会发展成果具有非常重要的作用。当前我国社会保障存在的短板主要集中在社会保障的覆盖面、社会保障水平、社会保障的体制机制建设等方面。社会保障的覆盖面一方面包括人群的覆盖面,另一方面也指内容的覆盖面,从实际情况看与发达国家相比都存在较大差距,而社会保障的水平不高,社会保障的支出占财政总支出的比重较低,同时社会保障体制机制在适应新的发展要求上还存在差距,地区之间、行业之间、人群之间的社会保障还存在较大差距,这些问题已经严重影响人民群众的获得感。

住房是民生之要,住房问题是关系到千家万户的民生。自从住房商业化以来,住房对于解决民生问题发挥了积极作用,同时也带动了相关产业的发展。但近年来,由于房地产市场的泡沫化所带来的住房问题已经严重影响了民生,特别是许多地方的高房价已经远远超过老百姓的承受能力,高房价也带来许多社会问题,甚至引发社会冲突。所以习近平同志多次强调要解决好房地产问题,要坚持"房子是用来住"而不是用来炒的定位。

中国特色社会主义经过40多年的发展取得了巨大成就,人民群众的生活得到了极大改善,但仍然有少部分群众在就业、子女教育、住房等方面还存在困难,这些都是在发展中必须认真处理好的问题。

第四,生态环境保护任重道远。

近年来,生态环境保护已经取得了显著成效,绿色发展理念得到普遍认同。但由于各种原因导致生态环境保护与美丽中国建设要求之间还存在较大差距,这在一定程度上给我国的可持续发展带来了负面影响。

表现一,生态保护理念有待于进一步强化。

生态环境是人类生存发展的前提和基础,生态问题早已经成为国际社会关注的热点问题,保护生态环境,为人类提供美好的生存空间,已经成为人类社会的共识。就全球范围来看,20世纪人类文明发展到了一个新的高度,科学技术使人类对自然的利用水平不断提高,利用程度不断加深,但也带来了许多生态问题。这些问题主要有:

森林资源受到破坏。森林等绿色植被是大自然生命的摇篮,森林为地球的生物多样化提供了良好的自然环境,同时承担着为人类提供丰富的资源、维护和调节生态系统的功能。然而,随着工业化和城市化进程的不断推进,人类活动对森林资源产生的破坏性影响越来越明显。人口增长和城市化建设消耗了大量的木材资源,而工业生产产生的酸雨又对森林产生了严重破坏,人类的活动已经给森林带来了难以承受之重。

水资源短缺,水质受到污染。虽然地球表面80%的地方都被水覆盖,但大部分地方都是海洋,淡水资源非常缺乏,而且分布不平衡。从全球范围看,缺水最严重的地区有非洲大陆和中东地区以及中亚等。在中国,北方地区普遍干旱少雨,特别是西北地区,受大陆性气候的影响,全年降雨量很少。在水资源短缺的同时,全球范围内的水质污染普遍存在。一般来说,先发国家由于在资金和技术上的优势,在水质污染控制方面做得较好;而大量的发展中国家,存在较为严重的水污染情况,中国也不例外。近些年虽然污染源得到了一定程度的控制,但水质污染的情况并没有完全得到消除。个别企业为了节省成本,应对各种检查,直接向江河排放未经处理的污水,产生水体污染。

大气污染。从全球范围内看,由于工业化产生的矿物资源的利用,特别是大量使用煤炭和石油等矿物燃料,每年排放了大量的二氧化碳等气体,在大气层中形成了"温室效应"。而"温室效应"又带来气候变化,带来海平面上升等灾害性气候,给人类的生产生活带来严重影响。在中国,近些年在主要城市出现的雾霾,就是人们在经济社会生活中产生的细微颗粒(PM2.5),它直接威胁着人们的身体健康。而雾霾的产生更多的是人为因素而不是自然的原因。可以认为,生态环境保护理念的缺乏是导致雾霾频繁发生的重要原因。

表现二,生态环境保护机制有待进一步健全。

党的十八大以来,以习近平同志为核心的党中央高度重视生态环境保护机制的建设,颁布了一系列生态环境保护的制度,在生态环境保护的机制建设上取得了明显成效。但如何将顶层设计与基层探索结合起来,还需要在生态环境保护适应经济社会发展的新要求上作出相应的变化,以建立科学高效的生态环境保护制度机制。

党的十八大召开以后,我国在生态文明建设方面颁布了一系列规章制度,其中如《大气污染防治行动计划》《水污染防治行动计划》和《土壤污染行动计划》,同时加快了环境督查力度,开展了全国范围内的环境督查。但生态环境保护如何落地、落细、落小、落实,特别是如何明确环境保护的主体、强化主体的责任意识,需要在制度与机制层面开展更多的工作。尤其是把生态环境保护与地方政府的绩效评价挂钩,与财政投入挂钩以及与保护主体的自身利益挂钩,需要根据生态环境保护的要求进一步完善。

表现三,生态环境保护行动有待于进一步强化。

生态环境保护关乎每一个人的切身利益,要创造良好的生态环境,必须调动所有人的积极性,广泛参与到生态环境保护的行动中来,将绿色发展理念真正转化为生态环境保护的行动。

根据2018年结束的首轮环境督查结果来看,中央环境督查组发现各地在生态环境保护中仍然存在许多问题,如在一些地方大气污染和水污染的问题仍然很突出,重点工作不到位的现象仍然存在,一些河流的污染情况很严重;环境治理的基础设施建设严重滞后,污水直排、垃圾乱堆的现象仍然突出,这些现象的产生与环境治理基础设施建设不到位有直接的关系;对自然保护区的破坏仍然存在,有些地方对自然保护区存在违规审批、违规建设的情况,在自然保护区破坏性开采以及只开发、不修复等问题较为常见;水资源过度开发问题多发,有的地方围湖占湖、拦坝筑汊、侵占岸线、毁坏湿地、违法填海,给当地的生态环境带来严重影响;工业污染问题仍然突出,特别是在工业园区和企业集中地区污染严重,人民群众反映强烈;农村环境问题比较突出,垃圾乱扔、污水横流的现象普遍存在,而一些地方对农村环境保护问题存在不作为的情况。因此,要全面落实绿色发展理念,保护好我们的生态环境,还需要进一步强化生态环境保护力度,使生态环境保护成为每一个主体的自觉意识与行动。

第五,国家治理体系和治理能力有待进一步加强。

"治理体系和治理能力是一个国家的制度和制度执行能力的集中体现,两者相辅相成。"[1]习近平同志在省部级主要领导干部贯彻十八届三中全会精神全面深化改革研讨班上,对国家治理体系和治理能力的内涵和关系进行了阐释,同时指出,我国的治理体系和治理能力总体上是好的,而且具有中国特色社会主义的独特优势,但也有许多需要亟待改进的地方,要通过全面深化改革来不断推进国家治理体系和治理能力的现代化建设。

那么,当前我国在治理体系和治理能力建设上到底存在哪些问题呢? 我们认为,主要体现在以下几个方面:

治理体系和治理能力在适应经济建设上还存在差距。中国特色社会主义经济建设经历了从计划经济向市场经济的转化,这种转化不仅带来了经济活动的变化,而且对社会生活的其他领域也带来了巨大影响。对经济发展而言,国家治理体系和治理能力从根本上是服从和服务于经济建设的需要,为经济建设提供良好的制度环境,因此,治理体系、治理能力与经济活动关系的核心问题就是处理好政府与市场的关系问题。在计划经济时代,政府对市场大包

---

① 《习近平谈治国理政》,外文出版社 2014 年版,第 105 页。

中国特色社会主义的哲学意蕴与内在逻辑关系

大揽,决定着市场规模和发展方向,在调节市场的"两只手"中实际上只发挥了"有形的手"的作用,但大包大揽的关系模式不能充分激发市场的活力。市场经济以市场调配资源为主,充分发挥"无形的手"在经济活动中的作用、有效地调动了市场的积极性。但市场经济时代是不是就不需要发挥政府的作用,将经济活动完全交给市场呢? 回答是否定的,市场经济仍然需要发挥政府的作用,要将"两只手"有机地结合起来。现在问题出现了,市场经济并不否定政府的作用,但政府到底在什么程度上发挥作用? 哪些问题该交给政府? 哪些问题该交给市场? 政府以什么方式来调节市场? 这还需要在实践中进一步探索。

治理体系和治理能力在适应民主法治建设上还存在差距。我国是工人阶级领导的、以工农联盟为基础的人民民主专政的社会主义国家,国家一切权力属于人民,民主法治建设就是要实现党的领导、人民当家作主和依法治国的有机统一。就三者的关系来看,党的领导是人民当家作主和依法治国的根本保证,人民当家作主是社会主义民主政治的本质特征,依法治国是党领导人民治理国家的基本方式。在新的历史时期,如何实现党的集中统一领导,如何做到"东西南北中,党是领导一切的",如何处理好党的集中统一领导和人大、政府、政协、法院、检察院依法依章程履行职能的关系,都需要在实践中不断完善。保障人民的民主权利本身就是党的领导的内容,但如何更加有效地保障人民的民主权利,扩大人民群众有序政治参与,在民主选举、民主协商、民主决策、民主管理、民主监督方面如何建立一种有效机制,保障人民的民主权利的有效行使,在实践中还存在许多问题需要解决。法治建设的成败对于党的领导和人民当家作主具有非常重要的影响,依法治国为党的领导和人民当家作主提供重要保障。但如何全面落实依法治国的方略,保障党的领导和人民当家作主,无论从理念还是体制机制建设上都需要做更多的工作。

治理体系和治理能力在适应文化安全需要上存在差距。所谓文化安全,意指一个国家和民族保持自身文化的独特性而不受外来破坏的状态。文化安

302

全属于文化建设的重要内容,是国家安全的重要组成部分。文化安全最核心的是主流意识形态安全。改革开放以来,我们历来重视文化建设,在中国特色社会主义文化、革命文化和中国优秀传统文化的建设上取得了显著成效,但随着全球化进程的推进和文化传播手段的日益多样化,我国的文化安全正受到日益严重的威胁。各种文化思潮的不断涌入,对主流文化的冲击越来越大,历史虚无主义、新自由主义、民主社会主义等思潮给社会主义核心价值体系、优良革命传统和优秀传统文化的传播与弘扬带来了不可忽视的影响,而网络以及新媒体技术的快速发展又对文化安全的维护提出了新的挑战。完善国家治理体系、提升国家治理能力是维护文化安全的重要路径,但当前无论在文化安全意识、文化建设以及文化安全的维护上与现实需要之间都存在较大差距,需要通过文化的实践以及治理体系的完善来予以解决。

治理体系和治理能力在适应转型期社会治理上存在差距。我国当前正经历大力推进城市化的进程,城市和农村的社会结构都在发生变化。一方面,大量农村人口进入城市;另一方面,农村留下了妇幼和老弱病残,出现了空心化现象。农民进城给城市管理带来了挑战,农民市民化对城市社区治理提出了新要求,特别是城市流动人口的增加给城市的社会治安带来了巨大的压力。前些年在城市管理中出现的一些极端事件表明,城市社会体系和治理能力在适应新时代城市化进程要求上还存在差距。而农村社会治理较之城市的难度有过之而无不及,农村治理体系建构明显与乡村振兴战略的要求不相适应,农村空心化带来的治理主体的缺失以及适应农村社区要求的社区治理模式、乡土文化的传承等方面给农村社会治理提出了许多新的问题。

治理体系和治理能力建设不仅在适应经济建设、政治民主建设、文化安全维护以及社会转型时期的社会治理方面还存在差距,而且在落实重大决策部署和政策措施的效率上与新时代经济社会发展也存在距离,所以需要全面完善社会治理体系,不断提升社会治理能力以适应新的发展需求。

新时代中国特色社会主义建设面临艰巨的任务,也面对许多新的问题,需要我们在发展中坚持问题导向,找准解决问题的发力点,在攻坚克难中推进中国特色社会主义建设事业不断前进。

第三节 坚持中国特色社会主义道路,为全面建成社会主义现代化强国而努力奋斗

中国特色社会主义建设进程中形成的具有中国特色的实践经验和特色,彰显了中国共产党和中国人民的集体智慧。在今天,要深入推进中国特色社会主义现代化建设,实现中华民族伟大复兴的历史使命,必须不断丰富和发展中国特色社会主义,充分运用中国共产党人在中国特色社会主义建设中的哲学智慧,为实现社会主义现代化强国的目标而努力奋斗。

一、坚持中国特色社会主义的特色之路,不断克服发展不平衡不充分的问题

发展的不平衡与不充分是任何国家在发展中都会遇到的问题,但如果这个问题成为影响社会发展的主要矛盾而不能有效解决,则会使社会发展偏离既定的方向。要解决这个问题,必须充分运用矛盾方法,在矛盾分析中找到解决问题的办法。

事物发展中的不平衡和不充分问题产生的原因是多方面的,根本原因在于事物内部矛盾的不平衡。从我国发展的不平衡性来看,造成区域不平衡、产业不平衡、城乡不平衡等的根本原因在于发展的系统性和协同性不足。从发展的不充分性来看,影响事物发展出现不充分性的根本原因在于事物内部要素的缺失以及各要素功能没有得到充分发挥,使得事物的整体功能和作用不能得到有效的发挥。

以城乡发展的不平衡来看,城乡发展的不平衡问题往往在工业化初期容易出现。当工业化作为国家现代化路径依赖的时候,国家发展的重心从乡村

向城市转移,一段时间之内乡村发展将会受到忽视,而只有当工业化发展到一定程度以后,工业生产技术运用到乡村,进而提升乡村的建设水平,才能缩小城乡差别。十一届三中全会以来,农村首先掀起了以联产承包责任制为主的改革,有效地释放了农村的生产潜力,粮食产量快速增长,农民生活得到改善。但随着工业化和城镇化的深入推进,处于基础性地位的农业与处于主导性地位的工业在经济增长中的地位发生了反转,人们将经济发展的注意力更多地放在了城市,加上工业生产吸引了大量农村劳动力,这样农村发展就受到了制约,城乡发展的不平衡性更加突出。

以教育发展的不充分性为例。教育是一个国家走向现代化的基础性和战略性工作,教育也是一个国家文明程度的决定性因素。改革开放以来,科教兴国战略一直是作为我国的重大发展战略予以实施,教育为国家培养了大量知识劳动者,促进了经济社会的发展与进步。但在新的历史时期,纵观教育的发展情况,教育对于经济社会发展的促进作用还存在许多不足,特别是教育的质量还需要进一步提升。要实现从教育大国向教育强国的转化还有许多工作要做,特别是教育在创新型人才的培养上的作用还没有得到充分发挥。

解决发展不平衡与不充分的问题,要把"两点论"与"重点论"结合起来。一方面要认真分析引起不平衡与不充分的矛盾,即造成不平衡与不充分发展的内外因素;另一方面要厘清产生问题的关键性原因,从而重点用力解决问题。在解决不平衡性的实际工作中,要增强发展的系统性和协同性,加强顶层设计,重视整体布局,实现协调发展。如党的十九大提出的乡村振兴战略,对新时期乡村发展进行了整体规划与设计,这对于解决乡村发展不平衡问题将会产生重要影响;而区域协调发展战略对于解决区域之间的不平衡将会起到非常重要的作用。而要解决不充分发展则需要提高各领域的发展质量,建构良好的制度机制,促进向高质量高效益方向发展。如在教育领域,需要改革制约教育质量的因素,实现从外延式增长向内涵式发展的转变,同时处理好教育内部各要素和各阶段之间的关系,使教育功能在经济社会中的功能得到充分的发挥。

二、坚持走高质量发展之路,不断解决前进中的各种难题

(一)坚持创新发展,提升发展质量

从现代化的发展历史看,每一个国家的现代化进程都是与技术创新过程相伴随的,创新引领发展也成为不可否认的事实。因此,在今天的中国,创新是解决经济发展中存在的问题、实现高质量发展的关键性因素。党的十八大以来,中国经济发展出现了许多新的情况,特别是经济总量自 2010 年成为世界第二,许多主要经济指标位居世界前列,但大而不强、快而不优的现象很突出,依靠要素驱动的经济增长模式并没有得到根本性改善。为此,实现创新驱动、提高发展质量成为经济发展需要解决的主要问题。

实现从要素驱动向创新驱动的转化是我国国内经济发展的客观现实需要和适应国际经济竞争要求的必然选择。从国内来看,中国经济保持了连续几十年的增长,而主要依靠资源的要素投入和规模扩张的经济发展方式已经难以为继。中国地大物博,资源丰富,但人均占有量小,而依靠资源投入实现的经济增长一方面耗费的资源量大,另一方面也带来许多生态与环境的问题,因而必须实现经济增长方式的转换。从国际上看,进入 21 世纪以后,新一轮科技革命和产业革命正在兴起,新兴学科不断出现,新技术不断取得突破,科学技术与生产的结合越来越紧密,科技成果的转化越来越快,因而产业更新换代的速度不断加快,许多国家不断加大科技产业的投入,希望能在越来越激烈的国际竞争中占据主动。在这样的背景下,加大创新力度,经济发展实现从要素驱动向创新驱动转化势在必行。

坚持创新驱动,最根本的是要增强自主创新能力。"增强自主创新能力,最重要的就是要坚持中国特色的自主创新道路,坚持自主创新、重点跨越、支撑发展、引领未来的方针,加快创新型国家的建设步伐。"[①]习近平在中国科学

---

① 《习近平谈治国理政》,外文出版社 2014 年版,第 121 页。

院第十七次院士大会、中国工程院第十二次院士大会上这样讲到,中国特色的自主创新道路是从中国科学技术发展实际出发,立足于经济社会发展需要进行的自主创新,只有走自主创新的道路,才可能在关键技术上不受制于人。当前,我国经过多年努力,在许多重大科技领域已经占有一席之地,某些领域已处于世界领先地位。我国在经济社会发展方面所取得的成就为自主创新提供了良好的条件,"新型四化"的推进为自主创新提供了巨大的空间。因此,走自主创新的道路具有坚实的实践基础。

坚持创新驱动,需要进一步理顺创新体制机制,最大限度地激发全社会的创新潜能。创新作为一种创造性活动,本质上是社会活动的一种形式。多年来,我国在科技创新的体制机制上一直存在一些弊端,这些弊端成为影响人们创新的制约性因素,如科技成果的转化与收益分配、科技产业发展的政策支持、科技人才创新积极性的调动等,体制机制在这些问题的处理上还存在许多关卡、管理上的漏洞以及认识上的错误。要理顺创新体制机制,必须打破制度上的藩篱,消除思想上的障碍,为创新提供良好的制度环境和舆论氛围。

坚持创新驱动,才能从根本上解决经济发展中存在的问题,才能实现经济的可持续性增长。前面分析的当前经济发展面临的产能过剩、实体经济发展水平有待进一步提升的问题,根本原因在于创新驱动不足。就产能过剩来看,目前产能过剩的行业主要集中在传统制造业,这些行业由于体量巨大,投资成本较高,因而技术改造难度较大,于是生产出来的产品的技术含量不可能在短时间内得到很大提高,产品缺乏核心竞争力。在需求发生变化、经济形势出现波动的时候就必然出现过剩的情况。而就实体经济的发展水平而言,实体经济的发展对技术创新的依赖程度比虚拟经济高很多,如制造业的产品如果技术附加值低,不仅产品的利润很低,而且很容易出现产品卖不出去的情况。所以,产能过剩问题的解决和实体经济水平的提升根本上源自于创新程度的提高,依靠创新来提升产品的技术含量,形成自身的核心竞争力,这才是从根本上解决问题的路径。

(二)加强精神文明建设,提升社会文明程度

社会文明程度既是一个国家国民素质的反映,也是衡量一个国家现代化程度的重要指标,提升社会文明程度对于社会主义现代化强国目标的实现具有非常重要的意义。

社会文明程度首先与社会发展程度尤其是经济发展水平密切相关。《管子·牧民》中讲道:"餐廪实而知礼节,衣食足而知荣辱",意思是说,当老百姓粮仓充足,衣食无忧的时候,才能想到礼节和是非的问题。管子在这里指出了物质文明建设对精神文明建设的决定性作用。对一个社会而言,物质文明的发展程度从根本上影响社会的精神文明程度。在当代,必须仍然把发展放在第一位,特别是要提高经济发展水平和质量,让人民群众充分享有发展成果,在物质生活得到改善的前提下关注自身的精神需求。经济发展成就不仅使人民群众的生活得以改善,还可以为精神文明建设提供更好的物质条件,为社会文明程度的提高提供良好的物质环境。

教育是提高社会文明程度的基本路径,通过教育实现社会文明程度的提高是社会现代化必须经历的过程。按照社会学与人类学的基本观点,文明是与野蛮相对立的一种状态,是人类对野蛮状态的一种脱离。个体的人要实现从野蛮到文明的转化必须在社会生活中完成,即必须经历社会化的过程。教育是使人实现社会化的基本手段,人只有实现了从自然人向社会人的转化,才能够认识社会规则,遵守规则,并将社会规则内化为自己的内在修养,转化为自身的社会行为。教育不仅能够帮助人实现从自然人向社会人的转化,而且能够促进人的全面发展,使人通过教育获得知识,掌握生产生活的技能,更能使人将知识内化为自我修养,形成良好的自我素质,使知识、能力与素质协调发展。因此,教育可以陶冶人的性情,净化人的心灵,提升人的素质,从而为社会文明程度的提高提供良好的主体条件。

社会文明程度的提高还需要加强法制来促使人们遵守道德,遵守公共秩

序。道德作为一种社会规范,是以善恶为标准,用人们的内心信念、社会舆论和传统习惯来调节人们的行为。道德自律行为的形成往往要经历一个从强制到习惯再到自觉的过程,强制手段中法律是非常重要的手段。从许多现代化程度较高的国家发展经验来看,通过加强法律对人们行为的约束来规范人们的行为,严惩违反社会秩序的行为是提高社会文明程度的一个重要手段。如新加坡在规范人们公共生活中的行为时就加强了对违法行为的惩治,通过严厉的法制措施使人们养成遵守公共秩序的习惯,最后形成对公共生活秩序的自觉遵守与维护。在大力推进城镇化的进程中,良好的公共秩序和较高的社会文明程度是城镇化建设的必然要求,加强法制对公共生活秩序的维护,对于促进社会文明程度具有非常重要的意义。

(三)加强民生建设,补齐民生短板

就业作为民生之本,对于改善民生具有非常重要的作用。改革开放以来,就业问题一直受到国家的高度重视,但作为一个社会问题,就业问题与城市化进程、社会转型以及高校扩招等问题相关。城市化进程对就业的影响在于大量需要就业的人口进入城市,对城市的就业容量提出了更高的要求。社会转型特别是经济发展的转型带来了就业的结构性矛盾,一方面大量的人口需要就业;另一方面大量的企业又无法找到自己所需要的人才,导致大量失业人口的出现。在高校方面,自 20 世纪 90 年代末期高校扩招以来,每年有几百万大学毕业生走向社会需要就业,这些都对就业提出了更高要求。

就业是一个系统工程,需要动用全社会的力量来解决。一方面,要加快产业发展,特别是要增强第一和第三产业对劳动力的需求。要充分利用乡村振兴战略的良好机遇,在乡村振兴中吸引大量的劳动力,使城市与乡村的人才实现双向流动。同时大力发展第三产业,充分发挥第三产业对劳动力的消化功能。另一方面,要通过教育不断提升劳动者素质,改善劳动者的技能素质以适应新的发展要求。特别是高校要针对社会对人才的需求开展有针对性的人才

培养,使学生的知识能力结构能够更好地适应社会的需求。要大力发展继续教育,树立终身教育理念,充分发挥各类技能培训机构的作用,使各类劳动者的素质随着社会发展而不断改善。同时要改变就业观念,特别是大学生的就业观念,树立先就业后择业的观念。鼓励各类劳动者到国家需要的地方去就业和创业,充分发挥自主创业在解决就业问题上的作用。

教育作为最大的民生,自新中国成立以来就受到了党和国家的高度重视,也取得了显著成就。特别是改革开放以来,教育对经济社会的发展起到了非常重要的促进作用。但教育也存在许多短板,最集中地表现在教育发展的不平衡性和不充分性方面。教育的短板已经严重影响民生问题的解决,只有补齐短板,才能从根本上发挥教育对经济社会发展和民生改善的作用。要发挥教育在改善民生中的基础性作用,首先需要解决教育资源分配不均的问题。要建构科学合理的教育资源分配机制,从制度上鼓励教育资源向农村和广大欠发达地区倾斜,通过资源分配来缩小城乡、发达地区与欠发达地区、中心城市与非中心城市在教育资源上的差别,为改善农村和欠发达地区的教育状况提供良好条件。其次需要科学规划发展中各个层次的教育,特别是要处理好基础教育与高等教育的关系,提升基础教育的质量,为高等教育提供更优质的生源,同时加大职业教育的力度,通过职业教育有针对性地提高学生的技能,从而为学生更好适应社会提供条件。再次需要不断提升各层次教育的质量,实现从外延式发展向内涵式发展的转化。最后注重教育内容和方法的改革,尤其要加强学生创新素质和创新能力的培养,使之更好地适应社会对劳动力的需求,提升教育对经济社会发展的支撑能力。

社会治安的好坏直接影响人民群众的生产生活,良好的社会治安是一个社会现代化程度的重要指标。社会治安是一个系统工程,靠单方面的力量很难实现。我国历来重视社会治安综合治理,为人民群众提供了良好的社会治安环境。在新的历史时期,社会治安综合治理仍然需要发挥党和政府的领导作用以及政法部门特别是公安机关的骨干作用,充分发挥各种社会力量的作用,特别是发挥人民群众在社会治安综合治理中的主体作用,做到群防群治,打防结合,创造良好的治安环境。与此同时,要加强法治建设,加强对违法犯罪行为的打击力度,在社会上形成一种对违法犯罪行为的威慑力。而要从根本上解决问题,还需要加强教育,提升国民素质,加强社会管理,化解治安风险,创造良好的社会治安环境。

社会保障和住房问题都是民生领域与人民群众生活直接相关的问题,也是长期以来受到人们普遍关注的问题。前面谈到社会保障问题最集中表现在社会保障的覆盖面问题,这个问题的实质是社会公平问题。所以,要处理好社会保障的问题,关键是解决好社会公平问题。为此,党的十八大以来党和政府在社会公平方面做了许多卓有成效的工作。今后,应该进一步完善社会保障的体制机制,让更多的人享有发展成果,真正把共享社会建设落到实处。住房问题与社会保障问题是相关的问题,住房保障是社会保障的重要内容。住房是民生的重要问题,涉及千家万户的利益,是人们安居乐业的基础,对经济社会发展和社会稳定都具有重要影响。习近平在主持十八届中央政治局第十次集体学习时谈道:“从我国的国情来看,总的方向是构建以政府为主提供基本保障、以市场为主满足多层次需求的住房供应体系。”①因此,要解决好住房问题,必须发挥政府在其中的主导性作用,发挥政策在解决住房问题上的导向作用,调动各方面的积极性,让人民群众住有所居,提升人民群众的获得感。

(四)加强生态保护,实现绿色发展

生态问题已经成为一个全球性问题,生态保护与经济社会协同并进已成为普遍共识。中国特色社会主义发展进程中所蕴含的处理人与自然、社会与生态环境关系的智慧对于今天加强生态保护、实现绿色发展具有重要的启示作用。

---

① 《习近平谈治国理政》,外文出版社 2014 年版,第 193 页。

生态是人生存和发展的前提,生态保护与每一个人的利益密切相关,是功在当代、利在千秋的事情。树立生态保护理念,就是让社会中的每一个人、每一个社会组织都认识到生态保护不是题外之义,而是题中之义,认识到生态与人类活动不是外在的而是内在的关系,生态环境的好坏直接决定生活质量的高低,直接决定生产的可持续性。树立生态保护理念,要将这种理念渗透到学校教育特别是基础教育之中,使人们从小就树立生态保护的理念,让生态保护成为人们的自我修养,转化为自己的行动,在全社会形成良好的生态保护氛围。

健全的生态保护体制机制对于生态保护具有非常重要的意义,要加强生态保护的体制机制建设,用制度保护生态,以规则约束行为。要在国土空间的开发利用上进行整体规划与设计,处理好生产空间、生活空间和生态空间的关系。合理布局生产空间,合理使用自然资源,从体制机制上杜绝生产对生态环境的破坏。科学规划生活空间,特别是要处理好城市化进程与生态环境保护的关系,处理好生活垃圾的回收利用,禁止生活空间对生态空间的挤压与破坏,为生态的自我修复留下足够的空间。要建立生态破坏惩罚机制和生态补偿机制,对破坏生态的行为给予坚决打击与严惩,对生产生活中带来的生态环境破坏进行生态补偿,从体制机制上促进生态得到有效保护。

生态环境的保护最终要落实到每一个人和每一个社会组织的生态保护行动之中,只有人人参与到生态保护的行动中,生态环境的保护才能够真正得以实现。过去一段时期,虽然一直以来都在提倡生态环境的保护,但一些单位和个人在生态环境保护的问题上总是阳奉阴违,说一套做一套,给我国的生态环境保护带来严重的问题。如祁连山的生态破坏问题、秦岭别墅违建问题以及石家庄开山造别墅的问题等。从社会组织层面看,每一个社会组织都应该把生态保护作为自觉行动,以生态优先来决定自身的经济社会行为,实现绿色发展;从个人层面看,要在全社会提倡节俭的生活方式,把生态环境的保护作为每一个人的责任与担当,形成生态保护、人人有责的良好风气。

（五）不断健全治理体系,增强治理能力

治理体系和治理能力的现代化是国家现代化的重要内容,也是现代化程度的重要体现。治理体系和治理能力不是分离的,而是相互联系相互作用的有机整体。健全治理体系,增强治理能力,需要做好以下几个方面的工作:

建构具有中国特色的治理体系,提升科学执政、民主执政和依法执政的水平。实现国家的良好治理是每一个走在现代化道路上的国家都要解决好的问题,但一个国家究竟选择什么样的治理体系,要根据这个国家的历史、文化和经济社会发展水平来决定,世界上不可能有一个普遍适用的治理体系。因此,中国的治理体系一定要建立在中国的历史与现实之上,体现中华民族的文化特征,符合中国特色社会主义的本质要求,这样的治理体系才能适应中国特色社会主义现代化强国的要求,也只有建构出符合中国实际的治理体系,才能真正提高科学执政、民主执政和依法执政的水平。

大力培育和弘扬社会主义核心价值体系和核心价值观,加快构建反映中国特色、民族特性和时代特征的价值体系。国家治理体系的建设和治理能力的提升与价值体系的建设是相互联系和相互作用的关系,价值体系是治理体系的灵魂,治理体系必须反映价值体系的要求,是价值体系在国家治理中的具体实践,而国家治理体系的建构和治理能力的提升对于价值体系又具有非常重要的支撑作用。脱离价值体系的治理体系不仅不能提升治理能力,而且将会消解价值体系,削弱治理能力。因此,加强治理体系和治理能力的建设,必须加快价值体系的建设,使全社会的核心价值观与治理体系建构相向而行,最终提升国家的治理能力。

治理体系和治理能力的建设最终需要人来完成,提升治理主体的素质和能力对于实现这一目的具有非常重要的作用。治理主体包括个体与组织,个体主要包括各级干部、管理者以及社会公众,组织则包括党和国家机关、企事业单位、人民团体和社会组织。从个体层面看,各级领导干部和管理者的素质

和能力对治理体系的建设和治理能力的提高具有非常重要的影响,干部和管理者是各类制度建设的直接参与者和执行者,其自身对于制度的领悟力和执行力决定着治理体系的科学性和治理能力的有效性。现实中政策执行的走样往往就是对政策的理解不到位,或者缺乏强力的执行力去完成,造成这种问题与政策制定者以及执行者的能力和素质有很大关系。社会公众对治理体系建设和治理能力的提升也具有重要作用,公众自觉遵守社会治理规则将为治理能力提升创造良好的社会环境。从组织层面看,各类组织作为治理体系和治理能力建设的策划者和组织者,其自身的工作能力对于治理体系的有效运行具有直接影响。因此,提升治理主体的素质和能力势在必行。

三、坚持党的全面领导,不断推进党的建设

习近平在党的十九大报告中指出,中国特色社会主义最本质的特征是中国共产党的领导,中国特色社会主义制度的最大优势是中国共产党的领导。党的领导是中国特色社会主义沿着正确方向前进的政治保障,是取得胜利的根本保障。中国特色社会主义的特色正是在党的领导下进行中国特色社会主义建设过程中形成的,其中所蕴含的基本经验对于新时代进一步推进党的建设具有非常重要的作用。

党的十九大报告中明确了新时代党的建设的总要求,这就是:坚持和加强党的全面领导,坚持党要管党、全面从严治党,以加强党的长期执政能力建设、先进性和纯洁性建设为主线,以党的政治建设为统领,以坚定理想信念宗旨为根基,以调动全党积极性、主动性、创造性为着力点,全面推进党的政治建设、思想建设、组织建设、作风建设、纪律建设,把制度建设贯穿其中,深入推进反腐败斗争,不断提高党的建设质量,把党建设成为始终走在时代前列、人民衷心拥护、勇于自我革命、经得起各种风浪考验、朝气蓬勃的马克思主义执政党。

新时代加强党的建设首先要把政治建设摆在首位。中国共产党是马克思主义政党,马克思主义政党的根本要求就是要讲政治,讲政治首先要讲政治领

导,在今天就是要坚持"两个维护",即维护习近平总书记在党中央和全党的核心地位,维护党中央权威和集中统一领导,这是加强党的政治建设的首要任务。加强政治建设必须坚持正确的政治路线,这就是坚持中国共产党在领导中国特色社会主义过程中确立的政治路线,就是团结带领各族人民,为中华民族伟大复兴而努力奋斗的政治路线。偏离了党的政治路线,就偏离了社会主义建设的方向,这是必须坚决反对的。加强政治建设还需要讲政治纪律和政治规矩,在政治立场、政治方向、政治原则、政治道路上同党中央保持高度一致,必须反对任何违反中央决策部署的行为。加强政治建设必须坚持党内民主和政治文化建设,尊崇党章和党内政治生活若干准则要求,发扬党内民主,形成正确的价值观,在党内形成风清气正的政治生态,不断增强党的凝聚力和向心力。

思想建设是党的基础性建设,用习近平新时代中国特色社会主义思想武装全党是当前思想建设面临的重要任务。思想建设最重要的内容是理想信念教育。马克思主义政党成立之初就确立了实现共产主义是党员的最高理想,科学社会主义运动历史上有千千万万的共产党员为了共产主义理想而抛头颅洒热血,支撑他们的精神力量就是远大的理想。理想信念是一个人的精神支柱,失去了理想,人生就会失去方向,共产党员就失去了为中华民族伟大复兴而奋斗的动力。加强党的思想建设,就是要引导广大党员和党员干部不忘初心,牢记宗旨,树立科学的人生观和价值观,把自己的奋斗建立在党的目标之上,把个人行为与实现中华民族伟大复兴的历史使命结合起来,以良好的精神状态为实现新时代党的历史使命而努力奋斗。

党的组织是党的领导力和组织力的组织基础,党的组织建设是提升党的领导力和组织力的根本保障。针对近年来出现的党的组织建设中的问题,要抓住基层组织建设这个关键环节,充分发挥基层组织的战斗堡垒作用,以提升组织力为重点,突出政治功能。要针对基层组织建设中弱化、虚化、边缘化的问题,充分发挥党支部的作用,尤其是在学习、教育和监督党员以及组织、宣传、凝聚、服务群众方面的作用。加强基层党组织的制度建设,认真落实"三会一课"制度,推动党员活动的创新,通过丰富多样的党员活动形式来凝聚人心,提升基层组织的凝聚力。重视党员发展工作,把愿意为党的事业奋斗的优秀分子吸收进党内来,增强党组织的战斗力。

一个政党和它的成员的作风不仅影响到自身形象,更影响到党的生命力。中国共产党自成立以来就注重加强党的作风建设,在作风建设上积累了许多成功的做法和经验。当前加强作风建设首先要提高政治站位,要把作风建设与党的生死存亡联系起来。作风建设的核心是加强党同人民群众的血肉联系,强化共产党员为人民服务的本色。现实生活中出现的形式主义、官僚主义、享乐主义和奢靡之风,表面上看是个别党员干部的工作作风问题,如果这些风气不能得到治理,将会对党的形象构成巨大的损坏,给党的事业带来严重威胁。加强作风建设要与制度建设结合起来,加强对作风问题的监督和惩戒,使广大党员和党员干部树立作风意识,保持良好作风。

严密的组织纪律是一个政党维护团结统一的根本政治保障,是全面从严治党的治本之策。从中国共产党的发展历史看,强调纪律是党的一贯主张,也正是依靠这种对纪律的遵守,中国共产党成了一个始终具有凝聚力和战斗力的党。加强纪律建设是新时期党的建设的重要内容,必须把纪律建设摆在突出的位置。加强纪律建设,首先要加强纪律意识教育,使党员和党员领导干部知纪律,懂纪律,把遵守纪律作为党员的自我修养,从而自觉服从党的纪律要求。同时要加强纪律处分和纪律监督,对违反党的纪律的行为实行零容忍的态度,在党内形成人人遵守纪律、人人维护纪律的良好风气。

把制度建设贯穿于政治建设、思想建设、组织建设、作风建设和纪律建设之中,这是党的十九大在党的建设工作上的新要求。制度建设是全面从严治党的重要保障,对于其他几大建设起到非常重要的保障作用。制度建设最核心的工作是完善党内法规,充分发挥党内法规的约束作用,把权力关进制度的笼子,规范权力的使用,让权力在阳光下运行,让权力服从于提高党的执政能力的需要,服从于为人民谋利益的需要。加强制度建设,必须建立全方位的反腐倡廉制度体系,形成对腐败行为的惩戒机制、不能腐的防范机制和不易腐的保障机制。加强制度建设要与其他建设协同推进,相向而行。制度建设为其他建设提供制度保障,政治建设则为制度的执行提供政治保证,思想建设为制度的执行提供思想基础,作风建设则为制度建设提供支持,组织建设为制度建设提供组织基础。

总之,在新的历史时期,如何继续坚持中国特色社会主义的鲜明特色,不断推进中国特色社会主义现代化强国的建设进程,是我们今天面临的重大历史性课题。只要我们高举中国特色社会主义伟大旗帜,全面贯彻习近平新时代中国特色社会主义思想,不忘初心,砥砺前行,中国特色社会主义的明天会更加美好,中华民族伟大复兴的前景就一定能够实现!

参 考 文 献

《马克思恩格斯选集》第 1 卷,人民出版社 2012 年版。

《马克思恩格斯选集》第 2 卷,人民出版社 2012 年版。

《马克思恩格斯选集》第 3 卷,人民出版社 2012 年版。

《马克思恩格斯选集》第 4 卷,人民出版社 2012 年版。

《马克思恩格斯文集》第 1 至 10 卷,人民出版社 2009 年版。

《毛泽东文集》第一至八卷,人民出版社 1999 年版。

《邓小平文选》第一卷,人民出版社 1989 年版。

《邓小平文选》第二卷,人民出版社 1983 年版。

《邓小平文选》第三卷,人民出版社 1993 年版。

《江泽民论有中国特色社会主义(专题摘编)》,中央文献出版社 2002 年版。

《胡锦涛文选》第一卷,人民出版社 2016 年版。

《胡锦涛文选》第二卷,人民出版社 2016 年版。

《胡锦涛文选》第三卷,人民出版社 2016 年版。

《习近平谈治国理政》,外文出版社 2014 年版。

《习近平谈治国理政》第二卷,外文出版社 2017 年版。

《习近平谈治国理政》第三卷,外文出版社 2020 年版。

《习近平关于社会主义文化建设论述摘编》,中央文献出版社 2017 年版。

《习近平关于社会主义政治建设论述摘编》,中央文献出版社 2017 年版。

《习近平关于全面从严治党论述摘编》,中央文献出版社 2016 年版。

《习近平关于协调推进"四个全面"战略布局论述摘编》,中央文献出版社 2015 年版。

《习近平关于严明党的纪律和规矩论述摘编》,中央文献出版社、中国方正出版社2016年版。

《习近平新时代中国特色社会主义思想三十讲》,学习出版社2018年版。

《中共中央关于党的百年奋斗重大成就和历史经验的决议》,人民出版社2021年版。

《中国共产党中央委员会关于建国以来党的若干历史问题的决议》,人民出版社1981年版。

《十一届三中全会以来历次党代会、中央全会报告公报决议决定》(上),中国方正出版社2008年版。

《十一届三中全会以来历次党代会、中央全会报告公报决议决定》(下),中国方正出版社2008年版。

《中国共产党的九十年——社会主义革命和建设时期》,中共党史出版社2016年版。

《中国共产党的九十年——改革开放和社会主义现代化建设新时期》,中共党史出版社2016年版。

《三民主义》,中国长安出版社2011年版。

《中国共产党与马克思主义中国化》,中国人民大学出版社2011年版。

《马克思主义中国化史》,中国社会科学出版社2010年版。

《改革》,上海人民出版社2013年版。

《中国特色社会主义发展史论研究》,中共党史出版社2011年版。

《马克思主义哲学中国化的理论与历史研究》,北京师范大学出版社2011年版。

《中国特色社会主义基本问题研究》,武汉大学出版社2007年版。

《马克思主义哲学中国化的历程及其规律研究》,北京师范大学出版社2012年版。

《生态学马克思主义的自然观研究》,中央编译出版社2010年版。

《中国的坎:如何跨越"中等收入陷阱"》,中信出版社2016年版。

《马克思主义哲学》,高等教育出版社、人民出版社2009年版。

《中国近代史》,高等教育出版社、人民出版社2012年版。

《冷战后的世界社会主义运动》,北京大学出版社2003年版。

《战后英共的社会主义理论及英共衰退成因研究》,中国社会科学出版社2010年版。

《日本共产党的"日本式社会主义"理论与实践》,中国社会科学出版社2010年版。

《美国共产党的社会主义理论与实践》,中国社会科学出版社2010年版。

《"古巴模式"的理论探索——卡斯特罗的社会主义观》,人民出版社 2012 年版。

《中国共产党治国社会方略研究》,中国人民大学出版社 2011 年版。

《全球时代的民族国家》,江苏人民出版社 2010 年版。

王伟光:《马克思主义中国化的当代理论成果——学习习近平总书记系列重要讲话精神》,《中国社会科学》2015 年第 10 期。

李君如:《马克思主义中国化若干问题研究》,《中共中央党校学报》2008 年第 1 期。

石仲泉:《马克思主义中国化的历史进程和基本经验研究》,《马克思主义与现实》2010 年第 4 期。

陈先达:《论马克思主义基本原理及其当代价值》,《马克思主义研究》2009 年第 3 期。

陶德麟:《关于马克思主义大众化问题》,《红旗文稿》2010 年第 2 期。

辛向阳:《"什么是社会主义"的多维解析》,《红旗文稿》2009 年第 24 期。

辛向阳:《习近平国家治理思想的理论渊源》,《当代世界与社会主义》2014 年第 6 期。

辛向阳:《中国梦一刻也没有脱离过马克思主义》,《党建》2013 年第 10 期。

徐崇温:《关于如何理解中国模式的若干问题》,《马克思主义研究》2010 年第 2 期。

俞吾金:《马克思对现代性的诊断及其启示》,《中国社会科学》2005 年第 1 期。

俞吾金:《对马克思主义中国化主体的反思》,《探索与争鸣》2009 年第 1 期。

汪信砚:《西学东渐与马克思主义哲学中国化》,《中国社会科学》2012 年第 10 期。

韩喜平、张皓翔:《新时代马克思主义的真理力量展示——纪念马克思诞辰 200 周年》,《思想政治教育研究》2018 年第 6 期。

陈金龙:《马克思主义中国化的主体探析》,《马克思主义研究》2010 年第 5 期。

肖贵清:《习近平新时代中国特色社会主义思想的重大意义》,《中共中央党校学报》2017 年第 6 期。

程建军:《论新时期马克思主义大众化的基本经验》,《马克思主义与现实》2008 年第 3 期。

王国焱:《当代中国马克思主义大众化的实践路径探析》,《马克思主义研究》2009 年第 3 期。

秋石:《大力推进马克思主义中国化、时代化、大众化》,《求是》2009 年第 23 期。

高长武:《理解马克思主义与中国传统文化关系的三个维度——学习习近平关于

中国传统文化的重要论述》,《党的文献》2015 年第 1 期。

邹诗鹏:《马克思主义中国化与中国现代性的建构》,《中国社会科学》2005 年第 1 期。

魏荣、吴波:《习近平关于战略定力的重要论述研究》,《中国特色社会主义研究》2018 年第 6 期。

杨瑞森:《弘扬中华优秀传统文化四题——学习习近平同志关于弘扬中华优秀传统文化重要论述的几点体会》,《思想理论教育导刊》2014 年第 12 期。

郭广银:《习近平关于人民主体地位的思想》,《中共中央党校学报》2014 年第 5 期。

周振国:《习近平新时代中国特色社会主义思想体系结构研究》,《河北学刊》2019 年第 1 期。

成杰、任新民:《习近平关于新时代民族团结的重要论述探微》,《广西社会科学》2018 年第 10 期。

史向军、夏玉汉:《增强高校思想政治教育的时代性——新时代高校思想政治教育贯彻落实党的十九大精神的几个维度》,《思想理论教育》2017 年第 12 期。

黄晋太:《中国特色社会主义的蕴涵品质——纪念改革开放 40 周年》,《山西高等学校社会科学学报》2018 年第 12 期。

郭志云:《新定位新要求新征程——论新形势下党的统一战线工作》,《天津市社会主义学院学报》2018 年第 4 期。

冯静武:《新时代领导干部提高从政道德水平路径探析》,《中国浦东干部学院学报》2018 年第 6 期。

周泉、宋朝龙:《马克思思想的时代价值与马克思主义中国化——纪念马克思诞辰 200 周年》,《中共福建省委党校学报》2018 年第 8 期。

王潇:《习近平青年观的多维探究》,华北电力大学,2018 年。

夏自军:《习近平新时代中国特色社会主义思想的历史性贡献》,《江南社会学院学报》2018 年第 4 期。

后　　记

　　"中国特色社会主义'四大特色'的哲学意蕴和内在逻辑关系的研究"项目自立项以后,项目组就针对项目的研究要求进行了多次讨论,希望项目组成员对研究内容和研究目标达成共识,以期实现预定目标。在经过多次讨论以后,项目组一致认为,作为研究中国特色社会主义特色的国家社科基金项目,其研究必须体现三个方面的逻辑:

　　一是历史逻辑。中国特色社会主义首先是"社会主义"而不是其他什么主义,中国特色社会主义的特色是中国共产党和中国人民在建设社会主义的伟大实践中形成的特色。中国特色社会主义是科学社会主义运动在新的历史时代的现实运动,根本依据来源于科学社会主义的基本原理,是科学社会主义指导下的社会实践。因此,中国特色社会主义"四大特色"的研究必须立足于科学社会主义运动的历史视域。

　　二是理论逻辑。中国特色社会主义"四大特色"的研究本质上是要解决中国特色社会主义"特在哪里""为什么特"的问题,要解决这两个问题,必须从理论上找到依据,厘清中国特色社会主义的内在逻辑关系,挖掘内部各要素之间的内在矛盾以及外部环境对中国特色社会主义的影响,从而在理论上讲清楚中国特色社会主义的哲学意蕴及内在逻辑关系。

　　三是实践逻辑。中国特色社会主义伟大实践铸就了今天中国的辉煌,也形成了中国社会主义建设所特有的"四大特色"。实践是人类社会的生存之基,也是所有社会行为特征的产生之源。梳理中国特色社会主义的实践历程,是研究中国特色社会主义"特在哪里""为什么特"的根本遵循。

　　基于以上逻辑定位,课题组在经过多次讨论以后确定了研究大纲,并根据课题组成员的学科背景和研究方向进行了分工。在课题组成员完成初稿以后,课题负责人张小飞进行了统稿,并根据研究要求进行了修改与完善。历经5年多时间研究成果终于告罄,虽有大功告成之喜,但也有挂一漏万之忧。由于研究者水平有限,对这样一个理论性很强的研究题目,在研究中难免有应该涉及而未能涉及的领域,对问题的分析也需要进一步延伸拓展。研究成果未能尽如人意之处,敬请大家原谅!

　　本书写作中得到了四川大学王国敏教授、四川省社科院曾敏研究员的精心指导,电子科技大学邓淑华教授、吴满意教授,西南石油大学马克思主义学院崔发展教授、潘建屯教授、李学林教授,四川大学张培高教授,西南大学吴祖刚教授等,在该书的写作中给予了鼎力支持,其中,张培高教授对第二章、潘建屯教授对第六章、吴祖刚教授对第四章的部分内容有所贡献,我的学生罗文双、李锦韬、张帅帅、刘瑄、梁晨、张丽红、孙晓光积极参与了课题的研究和资料收集整理工作,西南石油大学社科处陈怡男教授、徐玲慧老师对课题的研究提供了大力帮助,在此一并表示感谢!

　　特别需要致谢人民出版社编辑,在本书出版过程中给予了精心的指导和热忱的帮助。我的家人在我完成书稿的过程中给予了更多的理解和支持,在此对她们的辛勤付出表示衷心的感谢!

张小飞

2022.2

责任编辑：夏　青

图书在版编目（CIP）数据

中国特色社会主义的哲学意蕴与内在逻辑关系/张小飞 著. —北京：
人民出版社,2022.10
ISBN 978－7－01－024723－6

Ⅰ.①中…　Ⅱ.①张…　Ⅲ.①中国特色社会主义-哲学-研究　Ⅳ.①D616-02

中国版本图书馆 CIP 数据核字（2022）第 064593 号

中国特色社会主义的哲学意蕴与内在逻辑关系
ZHONGGUO TESE SHEHUIZHUYI DE ZHEXUE YIYUN YU NEIZAI LUOJI GUANXI

张小飞　著

人民出版社 出版发行
（100706　北京市东城区隆福寺街99号）

天津文林印务有限公司印刷　新华书店经销

2022 年 10 月第 1 版　2022 年 10 月北京第 1 次印刷
开本:710 毫米×1000 毫米 1/16　印张:21.5
字数:300 千字

ISBN 978－7－01－024723－6　定价:70.00 元

邮购地址 100706　北京市东城区隆福寺街 99 号
人民东方图书销售中心　电话（010)65250042　65289539